ちくま文庫

俳優と戦争と活字と

濱田研吾

筑摩書房

はじめに

　昭和に活躍した俳優が好きで、そうした人たちが書いたり、語ったりしたものを高校時代から蒐《あつ》めてきた。映画・演劇・放送関係の本や雑誌、俳優が書いた（語った）本、プログラムや広告の類いまで、いろいろである。

　大学卒業後に上京し、社会人となり、それからたびたび引っ越しをした。そのつど古本屋に売ったり、売れずに捨てたり、処分したものは少なくない。それでもまだ、わが家の本棚と押し入れにはけっこうな冊数がある。一度は処分したものの、買いなおした本、雑誌もある。他人様《ひとさま》に見せられない、整理整頓がまるでなっていない状態である。

　ここで気づく。大正時代から戦前にかけてデビューしたり、戦後まもなくニューフェイスとなった俳優がいる。映画にしろ、舞台にしろ、多かれ少なかれ第二次世界大戦、日中戦争から太平洋戦争のことを知っている。

　自伝、エッセイ、小説、聞き書き、対談などなど、一冊のわずかなページであっても、戦争をめぐるエピソードがだいたい出てくる。自分から好んで、延々と戦争体験を明かすわけではないけれど、無視することはない。単著はもちろん、新聞・雑誌への寄稿やインタビューで、みずからの戦争体験、戦中と戦後の日々をふりかえる俳優もいる。阪東妻三郎《ばんどうつまさぶろう》は、大正から戦後にかけて活躍した時代劇の大スターとして知られている。その長男で、自身も俳優として息のながい活動をした田村高廣《たむらたかひろ》（一九二八～二〇〇六）は、晩年の雑誌インタビューでこう語った。

僕らの世代というのは端境期ばっかりなんですよね。勉強しようと思って中学校に入ったらその年が真珠湾でしょう。お国の為に死のうと思ったら卒業の年が敗戦。大学出て、貿易会社のサラリーマンになって頑張ろうと思ったら親父（阪東妻三郎）が亡くなって、それでこの世界（映画界）に来てしまいました。紆余曲折が激しいんです。

（『ノーサイド』一九九五年二月号「総特集『戦後』が匂う映画俳優」文藝春秋）

『トラ・トラ・トラ！』（20世紀フォックス、一九七〇年）の淵田美津雄《ふちだみつお》（真珠湾攻撃を指揮した海軍中佐でのちに大佐）、『大日本帝国』（東映東京、一九八二年）の下村定《しもむらさだむ》陸軍大臣など、実在する軍人の似合う人だった。でも、田村本人が好んだのは、そうした役ばかりではなかった。

昭和三年に生まれて、あの不幸な時代を通過してきたのですから、あの世代の語り部になれるような仕事をしたいものと思っています。少ないんですよ、役者で昭和三年って。だからこういう世代の男を後の人が見たらどう思うだろうか、そういうものを僕はやりたい。『泥の河』（木村プロ、一九八一年）なんか好きですね。やっぱり。ごく普通の黙々と生き続けている平均的日本人像をね。戦争物とは限らない。サラリーマン物でもね、昭和一ケタの人間が一所懸命生きているような――。

（前掲書）

太平洋戦争下、田村高廣は、旧制の京都府立京都第三中学校（現・京都府立山城高等学校）の生徒であった。学徒動員で、中島飛行機の半田製作所（愛知県）で働いていた。おなじころ、黒澤明作品をはじめ、多くの東宝映画に出演した土屋《つちや》嘉男《よしお》（一九二七〜二〇一七）も、半田製作所に動員されていた。

阪妻の息子であることは有名だったらしく、それをライバル視したのか、土屋は田村にチャンバラで決闘を申し込んでいる。それが若い彼らにとっての娯楽だった。こっそり工場で、ジュラルミンの切れ端で二本の刀をこしらえ、田村のいる寮に出かけた。ところが会うことができず、ずっとのちに俳優として果たし合った。そのエピソードを土屋は、著書『思い出株式会社』（清水書院、一九九三年）に書いている。
一九四四（昭和十九）年十二月七日、日本海軍の艦上攻撃機「天山」を組み立てるため、田村は、その胴体に入っていた。そのとき、紀伊半島南東沖を震源とする「東南海地震」に襲われる。半田製作所をはじめ、東海地方の軍需工場の多くが被災した。田村は助かったものの、この地震で多くの学友をうしなった。別のインタビューで、こうふりかえる。

もう、あっという間のことでした。ぼくにとっては、あの戦争と地震による惨禍は切り離しては考えられない。戦争がなければ『学徒動員』もなかったし、半田まで行って学友一三人も死ぬことはなかった。京都の中学生が何んで半田の工場に動員されなければならなかったのかも、いまだにわかりません。動員されるとしても、もっと近い所があった筈ですから。ぼくたちは実に純粋な気持で悲壮感すらもっていませんでした。戦争なんだからあたりまえのことだと考えてね。その時、そう教育されたというよりも、子どもの時からお国のために戦争に行く、お国のために死ぬのはあたりまえだと教えこまれ、信じきっていましたから。教育というのはこわいですね。だから今、『戦争反対』を口先で叫ぶだけではダメですよ、その戦争をくりかえさないために、どうしなければならないか、もっと考えるべきではないですか。戦争は人災でしょう。

（山下文男『戦時報道管制下 隠された大地震・津波』新日本出版社、一九八六年）

戦争は人災でしょう。そう語った田村高廣は、二〇〇六（平成十八）年五月十六日、七十七歳で亡くなった。

苛酷で凄惨な、かなしく、怒りにふるえるエピソードを通して、反戦と平和を祈る。それは、読者に好まれる〝戦争体験の語り口〟かもしれない。田村が遺したのは、そうした言葉だった。いっぽうで、きわめて牧歌的なエッセイのなかに、戦時下の日々が綴られることがある。

『暮しの手帖』（暮しの手帖社）一九七一（昭和四十六）年初夏号の「某氏某日」というコーナーに、「古いアルバムのなかの自転車」と題した文章がある。書き手は滝沢修《たきざわおさむ》（一九〇六〜二〇〇〇）、劇団民藝の創立者のひとりで、新劇の名優である。冒頭の三分の一ほどを引用する。

布表紙のこん糸がほつれ、台紙のふちも赤茶けた昭和十八年のアルバムのなかに、亡き妻文子が自転車の荷台に、末娘の雅子――麦わら帽子にパンツ姿の――をのせ、配給の醤油を取りにゆこうとする時の写真が四枚のこっている。

こんなことが書いてある。

——四月三日、清水将夫君の壮行会を、水曜会の連中が寄ってする。そのとき乗ってきた自転車を、清水君が貸してあげると言って残していった。ベンガラ色の油絵具で車体を塗ってあるところが、いかにも絵を書く人の持ちものらしい。

その自転車が、ちょっとしたお使いや外出を便利にしたことは、思いのほかだった。筆不精のお父ちゃんが葉書をしたためると、すぐポストや郵便局へ走ってゆくようになったのを、お母ちゃんは笑っていた。

（滝沢修「古いアルバムのなかの自転車」『暮しの手帖』一九七一年初夏号、暮しの手帖社）

《昭和十八年のアルバム》《配給の醬油》《清水将夫君の壮行会》という言葉くらいしか、戦時下の空気は感じられない。滝沢は当時、世田谷区の成城で暮らしていた。清水将夫《しみずまさお》（一九〇八～一九七五）とは、藝文座という劇団でいっしょだった。戦後ふたりは、劇団民藝の創立にかかわり、先に清水が亡くなるまで付き合うことになる。

清水の愛称は「まーちゃん」だったけれど、当時はそこまでの仲ではなかったのか、滝沢日記には《清水君》と書いている。《水曜会》は、アマチュア画家のグループで、滝沢も、清水も、絵のレベルはかなり高かった。

エッセイはこのあとも、自転車の話がつづく。壮行会、つまり出征した清水君の自転車は、借りものである。妻の文子も、すっかり自転車のファンになってしまう。こう毎日のように乗っていたら、傷んでしまう。そこで滝沢は、新劇では先輩にあたる俳優、小杉義男の紹介で、中古の自転車を手に入れる。部品をとり替え、きれいに磨いた自転車で、妻はお使いに出かける。そのうしろには、末の娘が乗っている。

それから二十八年のち。滝沢は新調した自転車に乗って、近所（成城）をサイクリングする。そして、亡き妻を想う。ただそれだけの話である。エッセイの最後には、《かつて私の耕していた畑は住宅地に変って、昔の俤げはさらにない。》とある。その言葉に、この名優の戦時下の暮らしと思い出が込められている（第三章「キューリの葉っぱのかげで」参照）。

大好きな俳優が、こんなすてきなエッセイを書いていたとは……。見つけたときは、本当にうれしかった。滝沢修は、二〇〇〇（平成十二）年六月二十二日、九十三歳で世を去った。今年でちょうど二十年になる。

二〇二〇（令和二）年は、戦後七十五年の節目にあたる。終戦のとき二十歳だった人が、今年で九十五歳になる。本、新聞、雑誌、テレビ、ラジオ、トークショーなど、戦時中のことをいまも（いまこそ）証言する俳優はいる。

戦後デビューした香川京子《かがわきょうこ》（一九三一〜）は、現役の語り部のひとりである。デビューまもないころから、関川秀雄監督『終戦秘話　黎明八月十五日』（東映東京、一九五二年）をはじめ、先の戦争をテーマにした作品に数多く出演した。「ひめゆり学徒隊」の一員、上原文《ふみ》にふんした今井正監督『ひめゆりの塔』（東映東京、一九五三年）は、香川の代表作となる。

『ひめゆりの塔』から二十六年のち、香川は、テレビの仕事でひめゆり学徒隊の生存者たちと出会う。その交流は、著書『ひめゆりたちの祈り―沖縄のメッセージ』（朝日新聞出版、一九九二年）にまとめられた。戦後七十年の二〇一五（平成二十七）年三月には、共同通信社の取材に応じ、こんなメッセージを寄せた。

　戦争で犠牲になるのは、いつも若い人なんです。命令する人は自分は安全なところにいて、戦場には行かないですからね。自分自身はあの戦争でそんなにつらい思いをしてないので、申し訳ないって感じますが、やはり、今、自分が感じていることを話さなければいけないと思います。

　私の神様はお月さまなんです。満月でなくてもいい、何かあればお月さまに祈るんです。日本が二度と戦争を起こさないように、皆が幸せに生きられますように、と祈っています。

（「平和を祈る」『凜たる人生　映画女優 香川京子』ワイズ出版、二〇一八年）

第一線をしりぞいた人はのぞいて、戦争の語り部となる現役の俳優はいま、どのくらいいるだろうか。八十代以上でいくと、鈴木《すずき》瑞穂《みずほ》、香川京子、宝田明《たからだあきら》、有馬《ありま》稲子《いねこ》、仲代《なかだい》達矢《たつや》、浅丘《あさおか》ルリ子、渡辺《わたなべ》美佐子《みさこ》、奈良岡《ならおか》朋子《ともこ》などなど、けっして少なくはない。いっぽうで、「ああ、もうこんなに」と感じることがある。

ウェブサイト「NHK戦争証言アーカイブス」の「あの人の戦争体験」では、各界の著名人による証言を、動画で見ることができる。好きな俳優も多く、ときどきアクセスしている。

二〇二〇（令和二）年五月現在、動画で見ることのできる故人の俳優は二十四名いる。愛川欽也《あいかわきんや》、赤木《あかぎ》春恵《はるえ》、朝丘雪路《あさおかゆきじ》、淡島千景《あわしまちかげ》、池部良《いけべりょう》、岡田眞澄《おかだますみ》、織本順吉《おりもとじゅんきち》、加藤武《かとうたけし》、金《かね》田《だ》龍之介《りゅうのすけ》、北村和夫《きたむらかずお》、京唄子《きょううたこ》、久《く》米明《めあきら》、児玉清《こだまきよし》、小林桂樹《こばやしけいじゅ》、坂上二郎《さかがみじろう》、宍戸錠《ししどじょう》、丹波哲《たんばてつ》郎《ろう》、土屋嘉男、内藤武敏《ないとうたけとし》、藤岡琢也《ふじおかたくや》、藤田《ふじた》まこと、藤間紫《ふじまむらさき》、森光子《もりみつこ》、米倉斉加年《よねくらまさかね》……。どの俳優も、ちょっと前まで活躍していたように感じるけれど、もういない。

わが家の書棚にならぶ本の著者、雑誌で取り上げられた俳優もまた、ほとんどもういない。うちに何冊もある『悲劇喜劇』（早川書房）は、演劇人の戦時体験を積極的に載せた得がたい演劇誌である。戦争や終戦にまつわるバックナンバーを読むと、さまざまな俳優の体験に触れられる。そして、その多くが故人になっていることに気づく。

それぞれが綴り、語った戦争体験が、いつの言葉なのか。戦時中の雑誌か、当時の日記や俳句か、戦後まもなくの本か、俳優として名が売れてからのものか。最晩年に、遺言のつもりで綴ったものか。時期によって、心境の濃淡や信憑性が変わっていく。戦時中の文献ならいざ知らず、戦後何年も経ってからの文章には、記憶違いや事実の誇張の可能性がある。そこに、昭和史料としての価値や意義があるのかどうか。

それでも、俳優たちの戦争体験、メッセージが息づいているのは間違いない。ここまでに挙げた何冊かの本や雑誌も、活字として残っていく。そうした記録を一冊にまとめたら、見えてくるもの、聞こえてくる声があるのではないか。戦争を知らない世代の、これもひとつのアプローチの仕方ではないか。そう考えて、この本を書いた。

わずかな人数の、ごくかぎられた体験に過ぎないけれど、それぞれの俳優の戦争に、活字を通して触れてみたい。

目次

はじめに　3

第一章　昭和二十年八月十五日

玉音放送、それぞれ　久米明、金田龍之介、高峰秀子、田崎潤、宇野重吉、芦田伸介、高橋とよ、嵐寛寿郎、加藤武、徳川夢声　20

ふたつのアンケート　加東大介、加山雄三、小林桂樹、島田正吾、志村喬、仲代達矢、中丸忠雄、平田昭彦、三井弘次、三船敏郎、笠智衆、神山繁、宮口精二、小山源喜、夏川静江、一の宮あつ子、細川俊夫、淡島千景、浪花千栄子、藤山寛美、渥美清、野々村潔　45

第二章　戦場《せんじょう》にありて

北満《ほくまん》に友をかへりみて　伊東薫、池部良　74

五郎さん、幻の舞台　友田恭助、田村秋子　91

戦線《せんせん》の主役　佐野周二　115

馬面《うまづら》の二等兵　伊藤雄之助、恩田清二郎　139

第三章　旅と、疎開と

特急三時間半　信欣三　168

湯田中渋温泉郷《ゆだなかしぶ》　十五代目市村羽左衛門、月形龍之介　191
演ズ。寫ス。女ふたり　山本安英　215
キューリの葉っぱのかげで　山田五十鈴、滝沢修　234
武蔵《たけぞう》の恋　片岡千恵蔵　255

第四章　閃光《せんこう》の記憶

ヒロシマ・ユモレスク　丸山定夫、徳川夢声　278
長崎の鐘　佐々木孝丸、千秋実　317
門前に佇《たたず》む母　鈴木瑞穂、渡辺美佐子、木村功　341

第五章　戦後となりて

葫蘆《ころ》島《とう》の風、冷たく　芦田伸介　366
ラーゲリの献立　三橋達也　392
雲ながるる果てに　江見俊太郎、鶴田浩二、西村晃　412

あとがき　457
参考・引用文献　459／人名索引　巻末

本書は、ちくま文庫のために書き下ろした。

発表時の時代背景と資料性を考慮し、参考文献はできるだけ忠実に引用し、原則として旧字体のママとした。今日の人権感覚に照らして不適切と思われる語句も、原文通りとした。

出版・発表された当時の状況を鑑みて、参照した文献・資料の引用などに際しては、現在では使われない表現・用語・地名をそのまま使用した。

生没年表記の有無は、筆者の判断で取捨選択した。

「写真提供」の表記なき掲載図版は筆者所蔵のもの。

俳優と戦争と活字と

やがて火傷がなおって、一緒に山形へ劇団疎開、冬の山形市で、秋の上の山で、春の酒田《さかた》の町で……色々な芝居をやりました。苦しい中で大八車に道具を積みながら……。そして慰問に行く汽車の中で終戦の報せを聞いた時も、恩ちゃんは声をあげて号泣しました。もう一年、一年だけ早く戦争が終ってくれていたらと。

伊藤雄之助「わが悪友伝・酒としるこの交わり」

（『太陽』一九六八年十月号、平凡社）

第一章　昭和二十年八月十五日

玉音放送、それぞれ

久米明、金田龍之介、高峰秀子

俳優と戦争と活字と。ここで取り上げる戦争とは、一九三一（昭和六）年九月の満洲事変から、一九四五（昭和二十）年に終戦となるまでの「十五年戦争」をさす。なかでも一九三七（昭和十二）年七月七日の「盧溝橋事件《ろこうきょう》」以降の話を中心とした。

そのなかで象徴的に綴られ、語られるのが、一九四五年八月十五日（水曜日）の正午から放送された玉音放送《ぎょくおんほうそう》である。天皇陛下（昭和天皇　一九〇一〜一九八九）による放送を俳優たちは、どう受けとめたのか。七十五年前、それぞれの八月十五日がそこにある。

俳優としてだけでなく、語り手、吹き替え、声優としても親しまれた久米明《くめあきら》（一九二四〜二〇二〇）は二年前、著書『僕の戦後舞台・テレビ・映画史70年』（河出書房新社、二〇一八年）を出した。久米が師と仰いだ演出家、岡倉士朗《おかくらしろう》と福田恆存《ふくだつねあり》の人物点描《てんびょう》をベースに、これまでの俳優人生をふりかえる。八月十五日のことをはっきり覚えていて、書いたり、語ったりできる俳優のひとりだった。

一九二四年（大正十三）二月早生まれの僕は第二次学徒出陣組になり陸軍に入った。訓育見習士官として東京陸軍幼年学校に赴任したのが一九四五年（昭和二十）八月十五日、玉音放送の日である。正午、全校生徒が校庭に集合、中央演壇には白布がかけられ、ラジオが置かれていた。僕は将校団の最後尾についた。玉音が流れた……。校長の少将閣下の白髪が揺れている。将校団は声を殺して嗚咽《おえつ》しはじめた。それが生徒隊の隊列に波のように移っていった……。

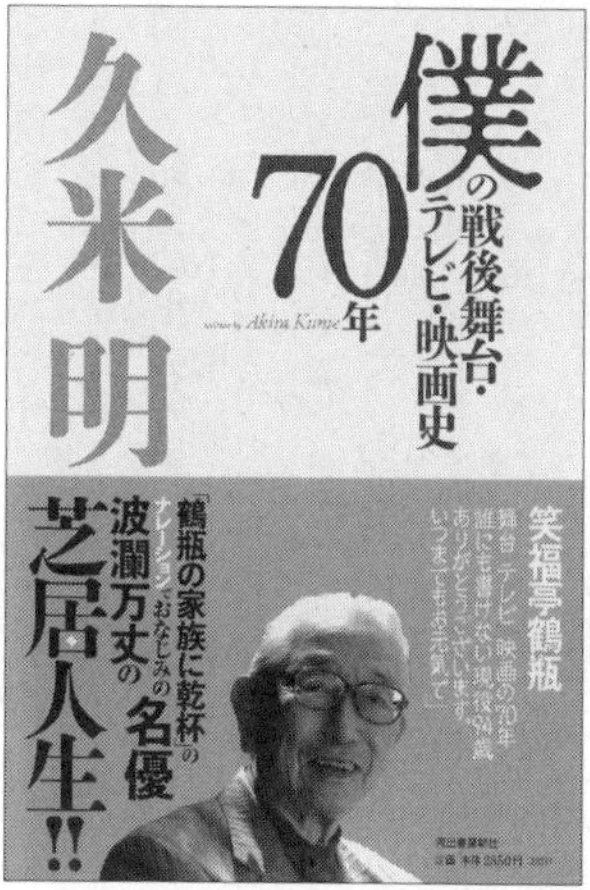

久米明『僕の戦後舞台・テレビ・映画史70年』（河出書房新社、2018年）

僕は直立不動の姿勢のまま、涙も出ず、突っ立っていた。何も考えられなかった。「戦争は終った」、その言葉だけが頭の中を巡っていた。見詰める空はどこまでも青かった。

（久米明『僕の戦後舞台・テレビ・映画史70年』河出書房新社、二〇一八年）

一九四六（昭和二十一）年三月、俳優座公演『検察官』、東京藝術劇場公演『人形の家』にそれぞれ感銘を受けた久米は、新劇俳優をこころざす。東京商科大学（現・一橋大学）に復学した久米は、学内の「一橋演劇研究会」に属し、戦前の新築地劇団にいた山本安英《やまもとやすえ》と薄田研二《すすきだけんじ》に出会う。これが、岡倉士朗との出会いにつながっていく。

一九五一（昭和二十六）年十月、山本や久米が属したぶどうの会が、木下順二の『山脈《やまなみ》』を岡倉の演出で上演した。久米は、その二年前の民衆藝術劇場（第一次民藝）公演で滝沢修が演じた、山田の役を演じた。

その稽古の前に岡倉は、出演者たちにこんな課題を出した。《それぞれが戦争をどう受けとめ、どう生きたのか、「私と戦争」をみんなの前に披瀝せよ》（前掲書）。戦後六年、忙しさにまぎれていた久米にとって、その問いは自分と家族が戦後、いかに生きたかを見直す機会となった。二〇二〇（令和二）年四月二十三日、久米明は九十六歳で亡くなった。『僕の戦後舞台・テレビ・映画史70年』は、ひとりのベテラン俳優が戦争とどう向き合い、俳優としての糧《かて》にしていくのか、貴重な記録となった。

この世代の俳優たちの多くが、久米明のように自叙伝を残している。デビュー前にしろ、デビュー後にしろ、戦時中の話は避けてとおれない。新劇から新派、商業演劇、三代目市川猿之助《いちかわえんのすけ》（現・市川猿翁《いちかわえんおう》）の「スーパー歌舞伎」まで、さまざまな舞台に出た金《かね》田《だ》龍之介《りゅうのすけ》（一九二八～二〇〇九）は、そのひとりである。映画出演も多いけれど、お茶の間には、テレビ時代劇の悪役でおなじみだった。

一九四二（昭和十七）年の春、大阪の都島《みやこじま》工業学校（現・大阪市立都島工業高等学校）機械科に入学した金田は、勤労動員として大阪の大丸百貨店で働いていた。戦争の末期、大阪は大空襲に見舞われ、金田は家族とともに戦火から逃げまどう。疎開先の岡山でも、大空襲に遭遇した。

岡山から大阪に戻り、工場でプロペラのリムを運ぶ仕事に励み、百貨店での仕事もこなした。八月のはじめ、都島工業学校の代表として「学徒特別攻撃隊訓練」に参加することを、直属の教官（少尉）から命じられる。広島と長崎への「新型爆弾」投下の報を新聞で知るなか、八月十日に特攻訓練を終えた。

金田龍之介（『四十四年目の役者』）

そののちすぐ運搬の仕事に戻るが、十四日、ふたたび大阪は大空襲に遭う。この前後のエピソードは、著書『四十四年目の役者』（レオ企画、一九七七年）の第二章「昭和二十年八月十五日までの三カ月」にくわしい。十四日の大空襲後のことを、こうふりかえる。

十五日の朝は晴れていた。集合した時に、

「本日正午、天皇陛下の玉音放送があるから、松坂屋一階の書籍売場に集合するように」

と担任の平田先生に言われて、職場へ散った。

やがて正午近く各クラスごとに整列した。雑音がはげしくブルブルいう中で、陛下の玉音が生まれて初めて聞こえて来たが、何をおっしゃっているのかサッパリわからなかった。やがて放送が終り、みんな職場に引き返して行った。私はこういう時、まったく軽薄なところが出るので恥かしい次第であるが
「どうせ国のために死ね！というてはるんやで」

と瀬戸や何人かの仲間と喋って笑いながら歩いた。隣りの組の疋田君が
「忍びがたきを忍びいうたら、戦争やめようということやないか、ほな敗けたんかいな」

とちょっと聞き取っただけの内容をもとにして推理した。頭のいい奴だ。

「ええ！」

ということになって私は慌てた。

松坂屋地下の工場におりて行くと、女子挺身《ていしん》隊達は、みんな、仕事場の机の前に座って泣いていた。だんだん声が大きくなって、ごうごうという泣き声になった。私も

悲しくなって泣き出した。横にいたクラスの仲間も大半が泣いた。

（金田龍之介『四十四年目の役者』レオ企画、一九七七年）

松坂屋の裏には、高射機関銃隊がいた。そこの若い隊長が、刀を抜きながら興奮し、「戦争は終っとらん、負けたんじゃない！」と怒鳴りながら走っていた。狭い通路でのことなので、金田は、危くて仕方がなかったと書く。

作業はそのまま中止となり、学校も休校となった。学徒特別攻撃隊訓練の成果はいかされないまま、金田は家族のいる疎開先の岡山に戻っていく。それからまもなく、授業を再開した都島工業学校で、学生演劇に目覚める。金田の戦後と役者人生が、そこから始まった。

高峰秀子（『映画朝日』1940年10月号）

玉音放送が聞き取りにくかった、という話は、俳優にかぎらず、よく読む話である。女優であり、名エッセイストとして多くの著書を出した高峰秀子《たかみねひでこ》（一九二四～二〇一〇）は当時、東宝の女優であった。終戦日のことは、一九七五（昭和五十）年に『週刊朝日』（朝日新聞社）に連載された『わたしの渡世日記』のなかで、「神風特別攻撃隊」と題して触れられている。俳優が綴った八月十五日の手記としては、名文のひとつといえる。

八月のはじめから、高峰は千葉県館山《たてやま》で映画のロケに参加していた。山本嘉次郎《やまもとかじろう》監督の『アメリカようそろ』という戦意高揚映画で、「ようそろ」とは海軍用語で「まっすぐ」という意味がある。アメリカへまっしぐらに突っ込め、という意味らしい。航空基地の近くで暮らす海軍軍人の未亡人（入江たか子）と娘（高峰秀子）の物語で、娘は特攻隊員である青年将校（市川扇升《いちかわせんしょう》）と恋に落ちる。

空襲で撮影が何度も中断されるなか、高峰は山本から、松の木の曲がりぐあいや、たくわんの臭いを引き合いに出され、プロの女優魂を示唆される。《「普通の人でもタクワンは臭いと思うだろう？　でも俳優は普通の人の二倍も三倍も臭いと感じなきゃダメなんだな」》（前掲書）。謎かけのような山本の言葉に、高峰は「プロになれ」というメッセージを感じた。「プロに徹しよう」。そう決心してまもなく、広島と長崎に「新型爆弾」が投下されたことを知る。それから数日のことは、エッセイにない。

そして、終戦の日がくる。高峰たち俳優陣は、東宝から応援でやってきた踊り子、楽団の人たちと、館山航空隊、洲崎《すのさき》航空隊を慰問でおとずれる。飛行機の格納庫で歌ったり、踊ったりしたあと、ステージ衣裳のまま、軍のトラックで洲崎航空隊へ向かう。

天皇陛下のラジオ放送があったのは、「洲の空」の慰問が終わった直後の正十二時だった。広い飛行場に据えられた一個のラジオを前にして、全航空隊員が整列し、私たち慰問団もそのうしろに並んだ。ラジオから流れ出す天皇陛下の声は、ピイピイ、ガアガアという雑音にまぎれ、一言も聞きとることができない。ジリジリと照りつける太陽の下で、直立不動の姿勢で全身を耳にしている航空隊員たちは、あっちで一人、こっちで二人と卒倒した。いずれも十七歳から二十歳くらいの若者である。二十分や三十分ぐらい炎天下に立っていてもビクともしないはずの年齢ではないか。その若者たちがつぎつぎとくず折れるようにアスファルトの上にノビてしまうということに私はビックリし、日ごろの猛訓練が心身ともに若者たちの限界にきたのではないかと哀れに思った。

（高峰秀子『わたしの渡世日記（上）』文春文庫、一九九八年）

玉音放送を聴いただけでは、いまひとつ要領を得なかったのは、金田龍之介も高峰秀子もおなじである。高峰は、「いっそう心をひとつにして、必勝の精神を固めなければならない」という将校の演説を聞いても、事情がよくのみこめなかった。エッセイには《なにがなにやらチンプンカンプン》（前掲書）とある。

慰問団一行はそのあと、昼食をごちそうになり、記念写真を撮り、宿へ戻るトラックに乗ろうとした。そこへ、帽子をかぶらず、スリッパを履いた軍服姿の将校が、自転車に乗って追いかけてきた。高峰は将校の口から、日本が無条件降伏したことを知る。

私たちは半信半疑のままトラックに乗った。宿の玄関さきへ一歩入ったとたんに、私の眼にとびこんだのは、玄関のホールにベッタリと座り込んだ何十人かのロケ隊の姿であった。私たちを迎えた、そのノロノロとした力のない眼差しを見たとき、私はようやく「敗戦」を納得したのである。何をどう考えていいのか、嬉しいのか、悲しいのか、口惜しいのか、さっぱり分からない。ただ「戦争が……終わった。……戦争が……終わったのだ」と、まだ実感の湧かない言葉を心の中でくりかえすばかりだった。

（前掲書）

ロケ先の館山で、山本嘉次郎からプロの女優魂をたたきこまれた高峰は、終戦からまもなく精力的に映画出演を続けた。成瀬《なるせ》巳喜男《みきお》、木下恵介《きのしたけいすけ》、小津安二郎《おづやすじろう》と、戦後の華々しい活躍はここに書くまでもない。

田崎潤、宇野重吉、芦田伸介

久米明、金田龍之介、高峰秀子、いずれも玉音放送を聴いたのは「内地」である。俳優のなかには、「外地」で玉音放送を聴いたケースも少なくない。

田崎潤《たざきじゅん》（一九一三〜一九八五）は、十九歳のとき、役者を夢みて青森から上京した。ドサ廻りの田舎芝居を皮切りに、無声映画の端役、上海でのレビュー、浅草における喜劇と、下積み生活が長かった。二度にわたる応召と従軍では、死線をさまよった。最初の応召では、手りゅう弾にやられ、北京の病院から内地へ送還された。二度目の応召のときは、傷痍《しょうい》軍人であった。

田崎潤（『ズウズウ弁の初舞台』）

釜山から汽車で満洲へ向かい、奉天《ほうてん》（現・遼《りょう》寧《ねい》省瀋陽《しんよう》市）、北京をへて、黄河をわたり、漢《かん》口《こう》（現・湖北省武漢市）にたどり着く。そこからさらに行軍し、敵の迫撃砲にさらされながら、行軍なのか、退却なのか、いよいよもって心細くなる。そのさなかに、迫撃砲でふたたび負傷する。手当て（赤チンを塗るだけ）を受けたものの傷は悪化し、武漢大学の兵站《へいたん》病院に入院、手術を受けることになった。

入院して四日目の昭和二十年八月十五日、身体の動く者、歩ける者は講堂に集合しろとの命令が出た。

その時、天皇陛下の玉音を聞いた。ときどき音の聞えないところがあったが、日本が戦争に負けたことはわかった。若い将校で泣いている人もいたが、私は正直いって「これで日本へ生きて帰れる」と思って嬉しかった。

それから毎日、いろんな噂やデマが伝染病のように広がって大変だった。「日本へ帰る前に皆殺しにされる」とか「帰ってもアメリカ兵や中国兵がいて、われわれは奴隷扱いか死刑だ」とかいう者もあれば、「そんなことはない。現に終戦から何日かたっているが危険なことは一度もなかったじゃないか。蔣介石《しょうかいせき》は日本の軍隊にいたから、日本の武士道を心得ているのだ」と、もっともらしく勝手なことをいうものもいる。

(田崎潤『ズウズウ弁の初舞台　悔いなし、役者人生』サイマル出版会、一九八三年)

そののち上海の病院に移されたが、芸者をあげて敗戦のやけ酒をあおる軍医につきあわされ、傷が化膿《かのう》してしまう。自暴自棄などんちゃん騒ぎのなかで、田崎は泥酔する。部隊内で俳優だった素性は知られていたので、都々逸《どどいつ》、さのさ、浪花節と乞われるまま、ありったけの芸を披露した。入院する病院のとなりには駐屯地があり、浅草時代からの田崎を知る軍曹がいた。

軍曹は浅草時代から私のファンだったらしい。ここでまた役者である故に得をした。終戦後の毎日の食事は、飯盒《はんごう》のふたに半分くらいのご飯に薄いみそ汁。みそ汁の表面には豚でも入っていたのか、油が少し浮かんでいた。そういう時に、毎日、石油缶に半分のご飯をもらってごらん。天下を取ったような気持ちになるよ。

（前掲書）

手術しては酔っぱらい、五回も手術したすえ、待ちに待った内地送還の日がやってきた。戦後は、劇団たんぽぽ公演『肉体の門』で注目を集め、新東宝映画のバイプレーヤーとなる。さらには東宝、大映、東映と各社の作品に出演し、活躍の場を広げていく。この内地送還のとき、田崎は終生忘れえぬハプニングに遭遇している。《もう戦争の話は書きたくない。》（前掲書）というそのエピソードは、第五章「葫蘆島《ころとう》の風、冷たく」で後述する。

田崎潤は、外地で玉音放送を聴いた。同じく外地にいた宇野重吉《うのじゅうきち》（一九一四〜一九八八）は、玉音放送そのものを聴いていない。宇野は当時、東南アジアの北ボルネオにあ

宇野重吉、応召時（『新協劇團五周年記念出版』新協劇團、1939年）

るクチンという町で、警備のような、戦争準備のような、本人もよくわからない兵役についていた。
新協劇団から瑞穂《みずほ》劇団《げきだん》へと、戦前から熱心に新劇運動に参加していたこともあり、宇野は軍部にとって要注意の演劇人であった。千葉の佐倉聯隊《れんたい》から赤坂の憲兵隊に送られ、陸軍刑務所へ収監、まもなく元の部隊に戻された。そののちボルネオへ送られ、そこで終戦をむかえた。

終戦の前後のことを宇野は、「北ボルネオに終戦を迎う」（『光と幕』村山書店、一九五七年）という文章にしている。執筆したのは、一九五五（昭和三十）年八月、終戦から十年の節目であった。この文章では、《八月十五日が、その辺のどの日だつたか、はつきりしない。》《何処で終戦の日を迎えたかさえ、ハッキリしないのだから、余程ぼんやりしていたのであろう。》と書いている。
宇野は、将校たちが「ポツダム宣言がうんぬん」と、コソコソ話していることを知っていた。それだけでは、くわしいことがわからない。部隊本部勤めの兵士から、「どうやら敗けたらしい」との噂を聞いてまもなく、中隊長が全員を集めて演説をぶった。それを、宇野は目の当たりにした。

やはり戦争は終つたのである。みんなポカンとして聞いていた。中隊長の手前、日本軍人である手前、戦争に敗けて喜んでは具合が悪いからであろうが、戦争が終つたという事実が、一向にピンと来ないのであつた。この戦争は終つたが、明日から又別の戦争にうけつがれて行くような気もした。戦争ばかり続いた時に、二十代から三十代に移つた僕らにして見れば、戦争が終つたなどということはとても信用出来ない気持であつた。中隊長の言葉は、どんなに悲壮に語られても、僕らには何時もの命令と同じように、虚ろにしか響かなかつた。「ハイ、そうですか」と、黙つて聞いていればいいようなものであつた。唯、その中で、天皇陛下が敗戦の放送をされた——という話が出た時はドキンとした。これなら本当かも知れないという手応えがあつた。それは、兵隊が「天皇恐怖症」にかかつていたからであるが、天皇が放送したというその事が、バカに生々しく本当らしく受け取れたのである。あの人が、マイクロホンの前に立つて、国民に何かしやべつたということ。それが「戦争は敗けたからもう止める」というような事であつたか「朕《ちん》は腹が痛い」というような事であつたか、そんな話の内容よりも、天皇が、ともかく国民にジカに放送したという事が、最も手つ取り早く僕らに敗戦をのみ込ませてくれたのであつた。

（宇野重吉「北ボルネオに終戦を迎う」『光と幕』村山書店、一九五七年）

たとえラジオの音が悪くても、玉音放送を聴いていれば、宇野重吉も終戦の記憶が刻まれていたかもしれない。俳優による終戦日の手記では、高峰秀子のエッセイや、後述する徳川夢声《とくがわむせい》の日記の印象が強いが、玉音放送を聴いていない俳優たちも多かった。

宇野は戦後、滝沢修、清水将夫、北林谷栄《きたばやしたにえ》らと劇団民藝を旗揚げした。その民藝に入った芦田伸介《あしだしんすけ》（一九一七〜一九九九）は終戦時、中国の安東《あんとう》にいて、玉音放送を聴いていない。自著『ほろにがき日々』（勁文社、一九七七年）を読んでみる。

私たちが安東の土を踏んだのは、八月十五日の真昼だった——。

街には青天白日旗《せいてんはくじつき》がひるがえり、「朝鮮独立万歳」ののぼりをおし立てた朝鮮人の群集でわきたっていた。

日本は戦争に負けたのだろうか——。到底信じられることではなかった。

（芦田伸介『ほろにがき日々』勁文社、一九七七年）

芦田はそののち、命からがら引き揚げた。そのエピソードは第五章「葫蘆島の風、冷たく」でくわしく触れたい。

高橋とよ、嵐寛寿郎、加藤武、徳川夢声

久米明、金田龍之介、高峰秀子、田崎潤、宇野重吉、芦田伸介と、うちの本棚にある何冊かを引っぱりだし、読んでみた。これだけの違い、表現、言葉がある。宇野にいたっては、終戦日のことを覚えておらず、玉音放送も聴いていない。それなのに、改行のない長文を綴っている。それぞれの俳優の本を、昭和二十年八月十五日という視点で読みくらべてみたら、いろいろと発見がある。

雑誌はどうか。戦後三十五年の節目にあたる一九八〇（昭和五十五）年八月、雑誌『悲劇喜劇』（早川書房）が「特集・わが終戦」（八月号）を組んだ。二十七名の新劇関係者、俳優、作家、演出家が〝わが終戦〟を寄せている。そこには当然、玉音放送のことも出てくる。

三鷹市西永福《にしえいふく》にいたフリーの佐々木《さ さ き》孝丸《たかまる》（一八九八〜一九八六）は、《「もう負けました。戦争はもうやめます」という敗北自認の天皇の言葉》と書く。金沢にいた俳優座の嵯峨《さ が》善兵《ぜんぺい》（一九〇九〜一九八九）は、《人々は戦争が終って平和が明日からという喜びにも半信半疑だった。私はこの放送を聞いて、なんと手前勝手な言葉だろうかと思っ

た。》と綴る。サイゴン（現在のベトナム・ホーチミン市）にいた民衆舞台の桑山正一《くわやましょういち》（一九二二～一九八三）は、《ピーンと張りつめた耳に聞こえてきたのは、殆んどがザーザー、ガアガアの雑音と妙にカン高いとぎれとぎれの声のキレハシだけ。》と回想した。玉音放送の受けとめ方はさまざまだ。

当時の日本人のほとんどは、天皇陛下がどういう声の人か、知らなかった。陛下が、ラジオを通して国民に語りかけること自体、大ニュースだった。終戦（敗戦）を告げるラジオ放送で、初めて陛下の肉声に接した人は多かった。このあと紹介する徳川夢声が、感激のあまり涙したのは、そうした事情がある。

秩父で終戦をむかえた高橋とよ（一九〇三～一九八一）は、玉音放送を聴いたような、聴いていないような随想を残している。戦前は高橋豊子《たかはしとよこ》を名乗り、築地小劇場、新築地劇団、東宝劇団などで活動した。戦後は小津安二郎の作品をはじめ、映画やテレビに数多く出演した。以下の随想は、亡くなる二か月前に出た文章である。

私は髪をかき上げ、膝《ひざ》に両手を組み、戦時のユニホームともいうべきモンペ姿で、防空頭巾は右膝の脇にキチンとそろえて正座した。やがてラジオから聞えて来るだろうところの天皇陛下の大みこと̇の̇り̇を、今か今かと緊張して御待ち申し上げていた。なのにその瞬間フッと、私の頭をかすめたのは、歌舞伎芝居でやる、殿様から切腹を仰せつけられ腹を切る直前の気持は、こんなふうではないのかしら、という思いだった。俳優はどんな危険が身に迫っている場合でも、俳優精神というのか、全く役者根性が抜け切れないものだ。やがて陛下からの御発表があった。私は、ハッとして我にかえったのである。

「日本は敗戦国になった。国民は全員自決せよ」の仰せが下るとばかり思っていた私は、とたんに身体がガックリして、正座などしていられなくなってしまった。しばらく経って気持も落ち着き、ふり返ってみると、実に恥しくなった。たとえ敗戦国になっても、日本国民は一人でも多く生き残って、国の繁栄を計る信念を持つべきである。まことに申しわけない考えだったと、このことは今もって悔いている。

（高橋とよ「八月十五日随想」『悲劇喜劇』一九八一年一月号「特集・女優の証言」）

高橋とよ（『沸る』東峰出版、1962年）

新劇女優が終戦前後をふりかえる特集は、『悲劇喜劇』一九八一（昭和五十六）年一月号「女優の証言」、翌年九月号「続・女優の証言」

悲劇喜劇編集部編『女優の証言　一九四五年八月十五日』（ハヤカワ文庫、1983年）

の二度にわけて組まれた。戸《と》板康二《いたやすじ》、尾《お》崎宏次《ざきひろつぐ》とともに『悲劇喜劇』の編集同人をつとめた早川清《はやかわきよし》は、最初の特集号でこう前置きしている。《こういう記録はほとんどが男の体験をとおしてつづられてきた。しかし、それは片手落ちで、女もまた苦難をともにしたのである。》。

　この特集はのちに、『女優の証言　一九四五年八月十五日』（ハヤカワ文庫、一九八三年）としてまとめられた。執筆した女優は、五十三名にのぼる。高橋とよ、岡田嘉子《おかだよしこ》、有馬稲子、杉村春子《すぎむらはるこ》、北林谷栄、村瀬幸子《むらせさちこ》、丹阿弥谷津子《たんあみやつこ》、奈良岡朋子《ならおかともこ》、小夜福子《さよふくこ》、文野朋子《ふみのともこ》、三戸部《みとべ》スエ、佐々木すみ江、北村昌子、野村昭子、山本安英、中村美代子、賀原夏子《かはらなつこ》、斎藤美和、初井言榮《はついことえ》、長岡輝子《ながおかてるこ》、南《みな》風洋子《かぜようこ》、加藤道子、河村久子、原泉《はらいずみ》、荒木道子、南美江《みなみよしえ》、七尾伶子《ななおれいこ》、杉山とく子、穂高のり子、菅井きん、葦原邦子《あしはらくにこ》とそうそうたる顔ぶれである。「戦争と俳優」の視点において、『女優の証言』は、これからも読みつがれていくべき証言であり、文献だろう。

　終戦の日の回想でユニークなのは、時代劇の大スター、嵐寛寿郎《あらしかんじゅうろう》（一九〇三〜一九八

嵐寛寿郎、『鳥人』（日活京都、1940年）（『日活多摩川誌』）

〇）の聞き書きだろう。『鞍馬天狗のおじさんは　聞書アラカン一代』は、フリーのルポライター、竹中労《たけなかろう》が聞き手となった快著である。一九七六（昭和五十一）年の初版（白川書院）以来、文庫化と新装復刊を重ね、ロングセラーとなった。戦時中の嵐は、日活・大都・新興キネマの三社が統合された大映で時代劇を撮るいっぽう、一座を組んで各地を慰問にまわった。終戦日のくだりを引用する。

　八月十五日、忘れられしまへんなあ。カンカン照りのまっ昼間、太秦《うずまさ》撮影所の庭に、全員集まって終戦のご詔勅《しょうちょく》を聞きました。口惜しかった。せやけど負けて当然やとも思うた。もっと早く何で手を挙げなんだのか、日本サランパンや。大陸や南方の兵隊、無事に引揚げてこられるのやろうか？　戦争負けて、カツドウシャシンどうなっていくのか？ お先まっくらダ、ほんまに途方に暮れた。

（『鞍馬天狗のおじさんは 聞書アラカン一代』（ちくま文庫、一九九二年）

加藤武（『かもめ』パンフレット、文学座、1965年）

東京生まれ、東京育ちの加藤武《かとうたけし》（一九二九〜二〇一五）は、文学座を代表する俳優であり、五年前に急逝するまで舞台、映画、テレビ、ラジオと活躍した。その加藤が、中・高校生向けの本に玉音放送の思い出を寄せている。

むずかしい漢語の羅列で、きいていてほとんどわからなかった。陛下の声を玉音という。天皇陛下は現人神《あらひとがみ》、生きている神さまだと教えられていた。いま、はじめて耳にする、神さまの声は非常にかんだかい声だった。生涯耳にすることはぜったいにないはずの神さまのお声をこうしてきいているということは、この日本によほどの事態がおこったにちがいないと私は思った。旅館の大広間にあつまった疎開者たちは、直立してラジオにききいっていた。あちこちですすり泣きの声がもれた。

（加藤武『新・のびのび人生論5　悪ガキ少年の俳優志願　芝居大好き』ポプラ社、一九九五年）

これらはいずれも、後日の回想談である。昭和二十年八月十五日の当日、玉音放送なり敗戦なりを、俳優たちは、どうリアルに受けとめたのか。とくに知られた記録として、徳川《とくがわ》夢《む》声《せい》（一八九四～一九七一）がつけていた日記と、その日記をもとにしたエッセイの類いがある。俳優の日記では、古川緑波《ふるかわろっぱ》（一九〇三～一九六一）の『古川ロッパ昭和日記　戦中篇』（晶文社、一九八七年）も有名である。ただ、終戦前後を記した日記の原本（ノート）は、生前に緑波が誰かに貸してしまい、行方がわからない。

徳川夢声『夢声戦争日記』（中央公論社、1960年）リーフレット

徳川夢声は、大正時代の初頭、無声映画の説明者（活動写真弁士）としてそのキャリアをスタートさせた。映画がサイレントからトーキーへ移行するなか、いわゆる「カツベ

ン」稼業を廃業する。そののち、笑《わらい》の王国や文学座、P.C.L. 映画と、俳優としての仕事が増えていく。終戦時は、漫談家、ラジオ物語の語り手として活動するほか、多くの東宝作品に顔を出す映画俳優であった。

ユーモア作家、エッセイストとして、百冊をこえる著書がある。そのなかで、玉音放送の印象を好んで書き残している。昭和天皇ファンを自認してやまなかった夢声だが、文章の長さはさまざまで、そこには微妙な言葉の差異がある。すべてに共通しているのは、陛下の肉声に初めて接した感激、である。年代順に三冊の本から引用する。

そして八月十五日の正午、竟《つい》に遂《つい》に、あの玉音御放送を聴いたのであった。

直立不動でゐた私の兩眼から、疊の上に大きな音を立てて、涙が落ちて行つた。

（徳川夢声「さらば昭和二十年」『VAN叢書　柳緑花紅録』イヴニング・スター社、一九四六年）

「君が代」は、私の全身に名状すべからざる悲しみとなって響く。

私は、呼吸をとめて待つ。

〝朕《ちん》深ク世界ノ大勢ト帝国ノ現状トニ鑑《かんが》ミ、非常ノ措置ヲ以テ時局ヲ収拾セムト欲シ、茲《ここ》ニ忠良ナル爾臣民《なんじしんみん》ニ告ク〟

と玉音が聴え始める。この第御一声を耳にした時の感動！　全身の細胞が震へ動いて、その音波に応えた。

なんという清らかな御声。

これは正しく、あらひと神の御声である。

（徳川夢声「終戦ラジオ日記抄」『河出新書　夢声随筆』河出書房、一九五五年）


続いて「君が代」の奏楽《そうがく》が流れ出す。この国歌、曲が作られてこの方、こんな悲しい時に奏されたことはあるまい。私は、全身にその節調《せっちょう》が、大いなる悲しみの波となつて、浸みわたるを感じた。

曲は終る。愈々《いよいよ》、固唾をのむ。

○

玉音が聴え始めた。

その第御一声を耳にした時の、肉体的感動。全身の細胞ことごとく震えた。

……朕深ク世界ノ大勢ト帝国ノ現状トニ鑑ミ非常ノ措置ヲ以テ時局ヲ収拾セムト欲シ……

……而《しか》モ尚《なお》交戦ヲ継続セムカ、終ニ我ガ民族ノ滅亡ヲ招来……

……然《しか》レドモ朕は時運ノ趨《おもむ》ク所堪エ難キヲ堪エ、忍ビ難キヲ忍ビ……

何という清らかな御声であるか。
有難さが毛筋の果まで滲《し》み透る。

（徳川夢声『夢声戦争日記　第五巻』中央公論社、一九六〇年）

俳優にかぎらず、芸能人の八月十五日をふりかえるさい、必ずといっていいほど引用されるのが、三番目に挙げた『夢声戦争日記』である。玉音放送の全文は、八月十五日の新聞各紙に「詔書《しょうしょ》」として掲載されている。夢声は、自分なりに共鳴した一節を抜き出し、日記にしたためたのだろう。

『夢声戦争日記』は、貴重な戦時下の記録で、本書でもこのあと、たびたび引用することになる。ほかに引用した三冊のエッセイもそれぞれ、日記をもとに書かれた。

ただ、それより前に、日記をまとめた『負るも愉し』（二十世紀日本社、一九五一年）が出ている。同じ日記をもとにしているのに、他の曜日や記述とくらべると、『夢声戦争日記』とは言葉の違いがある。八月十五日に関しては、先に出た『負るも愉し』には《敗けて好かつたのである。》とあり、あとに出た『夢声戦争日記』には《これで好かったのである。》とある。《敗けて》と《これで》では、ずいぶんと印象が違う。

言葉づかい、改行の入れ方ひとつとっても、受ける感じはけっこう異なる。それぞれの書き方が、そのときどきの夢声の心境だったのだろう。

ふたつのアンケート

加東大介、加山雄三、小林桂樹、島田正吾、志村喬、仲代達矢、中丸忠雄、平田昭彦、三井弘次、三船敏郎、笠智衆

俳優たちが記した八月十五日は、玉音放送のほかにもいろいろある。新聞、雑誌で見かける「その日、あなたはどうしていましたか」というアンケート企画もある。俳優に特化したアンケートでまず思い浮かぶのが、一九六七（昭和四十二）年八月公開、東宝創立三十五周年記念映画『日本のいちばん長い日』のパンフレット（東宝事業・開発部出版）である。

映画『日本のいちばん長い日』は、大宅壮一《おおやそういち》編『日本のいちばん長い日』（文藝春秋新社、一九六五年）を原作に、橋本忍《はしもとしのぶ》が脚本、岡本喜八《おかもときはち》が監督を手がけた。戦後五十年の節目にあたる一九九五（平成七）年には、文藝春秋新社の元編集者で、同原作を執筆した半藤一利《はんどうかずとし》を著者として、『日本のいちばん長い日　決定版』（文藝春秋）が刊行されている（二〇〇六年に文春文庫化）。終戦から七十年の節目にあたる二〇一五（平成二十

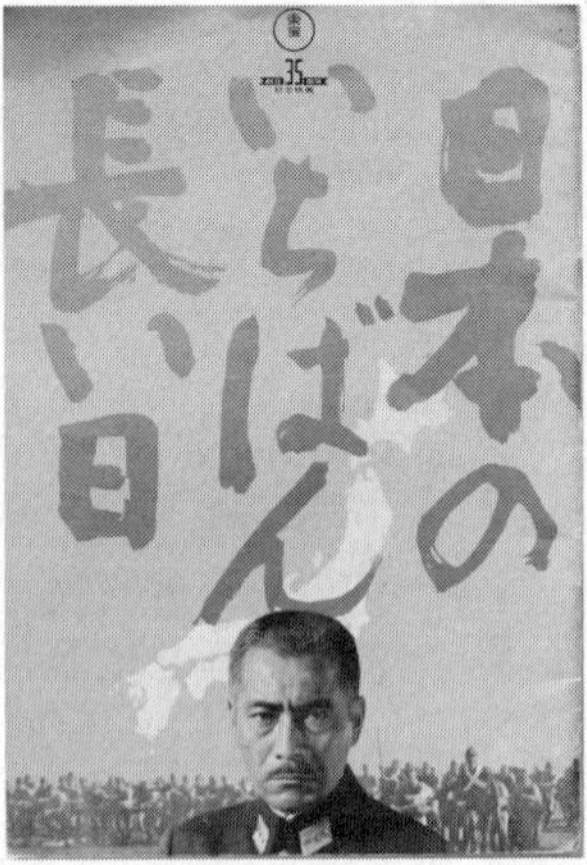

『日本のいちばん長い日』（東宝事業・開発部出版、1967年）パンフレット、阿南役の三船敏郎

七）年八月には、原田《はらだ》眞人《まさと》監督により、ふたたび映画化された。

タイトルが示す〝日本のいちばん長い日〟は、一九四五（昭和二十）年八月十四日正午から十五日までを指す。内閣、総理官邸、陸軍省、宮内省、放送局（ＮＨＫ）、青年将校、航空基地などなど、それぞれの思惑が入り乱れる二十四時間が、玉音放送をめぐるかけひきとともに描かれる。当時の陸軍大臣・阿南《あなみ》惟幾《これちか》にふんした三船敏郎以下、出演俳優のほとんどは男優であった。エキストラをのぞけば、女優は新珠《あらたま》三千代《みちよ》ただひとりしか出ていない（新珠が演じたのは、総理私邸で働く原百合子という女性）。パンフレットに記載された俳優だけで、およそ八十名にのぼる。戦後邦画史のなかでも、男くさい一本である。

手元にある公開時のパンフレットは、全三十六ページある。徳川夢声が「敢《あえ》て絶賛する」と題したエッセイを寄稿するなど、読みごたえがある。そのなかにアンケート企画「その日わたしは……」がある。設問は以下の通り。

①昭和二十年八月十五日あなたは何処でなにをしていましたか。（当時年令　才）
②終戦を知った時、どんな気持でしたか。
③『日本のいちばん長い日』の出演者の一人として感じたこと。

パンフレットには十一名の出演者（うち一名はナレーター）が回答を寄せた（五十音順）。具体的に誰にアンケートを依頼したのかは、わからない。映画への意気ごみを寄せた設問③をのぞいて、①②を以下に引用する。各俳優のルビ、生没年、役名は筆者による追記で、役名と肩書きは半藤一利の『日本のいちばん長い日　決定版』（文春文庫、二〇〇六年）を参考にした。

加東大介《かとうだいすけ》（一九一一～一九七五／NHK・矢部《やべ》謙次郎《けんじろう》国内局長役）
①西部ニューギニアのジャングルの中で、将兵のために演芸分隊を作って芝居をしていた。三十三才。
②死んだ大勢の戦友のことを考えさせられた。

加山雄三《かやまゆうぞう》（一九三七～／NHK・館野《たての》守男《もりお》役）
①小学校二年生の時だった。家に憲兵がいて、あの放送をきいて泣いていたのを覚え

ている。八才。

②僕はこれでヒコーキが買えるといってウンと叱られた記憶がある。

小林桂樹《こばやしけいじゅ》（一九二三〜二〇一〇／徳川義寛《とくがわよしひろ》侍従役）

①愛知県の白須賀で本土決戦に備え、待避壕《たいひごう》を掘っていました。当時陸軍兵長でした。二十一才

②復員出来る喜びが強かったようです。

島田正吾《しまだしょうご》（一九〇五〜二〇〇四／森赳《もりたけし》近衛《このえ》師団長役）

①自宅で玉音放送をききました。四十才

②泣きました。

志村喬《しむらたかし》（一九〇五〜一九八二／下村宏《しもむらひろし》情報局総裁役）

①東宝映画『アメリカようそろ』の撮影のため、館山にいました。四十才

②ただただ泣けて仕方なかったです。

仲代達矢《なかだいたつや》（一九三二〜／ナレーター）

①学童疎開をしてお寺にいました。十一才

②日本が敗けたのに、自分もまわりの自然も変らないで存在することが非常に不思議でした。

中丸忠雄《なかまるただお》（一九三三〜二〇〇九／陸軍省軍務課員・椎崎二郎《しいざきじろう》中佐役）

①当時、学校が夏休みに入っておりましたので、近所の池で泳いでいたと思います。十三才
②率直に云ってまだ中学一年でしたので、これで戦争も終り、学校に行っても帰されないでいいなと思いました。
平田昭彦《ひらたあきひこ》（一九二七～一九八四／厚木基地副長・菅原英雄《すがわらひでお》中佐役）
①陸軍士官学校歩兵科士官候補生として北軽井沢で訓練中。十七才
②徹底抗戦。
三井弘次《みついこうじ》（一九一〇～一九七九／老政治部記者役）
①滋賀県メンソレータム工場に慰問公演に行って居り、開演前にラジオにて終戦を知りました（佐分利信《さぶりしん》等もご一緒）。三十三才
②明治生れの私としてはやはり終戦によって皇室がどうなるのかとハッと心にとらわれました。
三船敏郎《みふねとしろう》（一九二〇～一九九七／阿南惟幾陸軍大臣役）
①十四年徴集陸軍航空上等兵として熊本隈の庄特攻基地に服務。二十六才
②快哉を叫んだ。
笠智衆《りゅうちしゅう》（一九〇四～一九九三／鈴木貫太郎《すずきかんたろう》総理大臣役）
①近江八幡にて芝居の打合せ（陸軍病院、慰問のため）四十一才

②玉音にタダ涙。カンカンでりの青空が空《むな》しかった。

アンケートに答えた十一人のうち、九人がこの世の人ではない。戦後二十二年経ってからの言葉だが、明治生まれの三井弘次が皇室の行く末を心配するなど、世代感の違いが興味ぶかい。彼らそれぞれの八月十五日をさらに追えば、それだけで一冊の本ができてしまう。

なかでも有名なのが、《西部ニューギニアのジャングルの中で、将兵のために演芸分隊を作って芝居をしていた。》と答えた加東大介である。加東には、『南の島に雪が降る』（文藝春秋新社、一九六一年）という名著がある。

一九四五（昭和二十）年四月二十九日、天長の佳節を節目にして、激戦の地だった西部ニューギニアに「マノクワリ歌舞伎座」がオープンした。前進座の俳優（芸名は市川《いちかわ》莚司《えんじ》）だった加東や元俳優、芸人、芝居ごころのある人間が中心となった「マノクワリ支隊演藝分隊」がここに生まれる。

加東が主人公の駒形茂兵衛を演じる『一本刀土俵入』が上演されるなど、激戦の地にあらわれた歌舞伎座は、兵隊たちの心身をなぐさめた。『南の島に雪が降る』では、その悲喜こもごものエピソードを知ることができる。敗戦を知ったときのくだりもある。

門馬がオリジナルの現代ものを手がけている最中に、やたらと空襲が激しくなった。一段落して、ホッとしたとき、もう戦争は終っていた。日本は無条件降伏したのだった。皮肉なことに、日露戦争の戦勝劇〈号外五円五十銭〉をやっている矢先だった。

発表があったのは、二十年八月十五日の数日あとであった。負けたということと、船がくるまでは、いまの場所にジッとしていなくてはいけないということと、それだけしかわからなかった。

加東大介、当時32歳、ニューギニアに出港前（『南の島に雪が降る』）

加東大介『南の島に雪が降る』（文藝春秋新社、1961年）

百年戦争のむなしさに、お先まっ暗の不安がとってかわった。

「もう、芝居どころじゃないねえ」

「戦争に負けたんだものな」

（加東大介『南の島に雪が降る』文藝春秋新社、一九六一年）


北ボルネオにいた宇野重吉、中国の安東にいた芦田伸介と同じく、加東も玉音放送を聴いていない。外地にいたどれほどの人が、天皇陛下の声に接したのだろうか。

戦争は終わったものの、「マノクワリ歌舞伎座」は、すぐには閉場とならなかった。「このまま無事では済まない」との覚悟を抱きつつ、加東たち演藝分隊のメンバーは、敗けたショックに打ちひしがれる兵士をなぐさめた。『南の島に雪が降る』は、「蛍の光」とともに姿を消す「マノクワリ歌舞伎座」の幕引きと加東の復員、ニューギニア戦線で散った戦友たちへの想いを記して、本が終わる。初版の刊行からおよそ六十年、いまなお読みつがれるロングセラーとなった。

『日本のいちばん長い日』の出演者アンケートから、もうひとり取り上げる。「終戦を知った時、どんな気持でしたか」との問いに対し、《徹底抗戦》と答えた当時十七歳の平田昭彦である。俳優らの回答のなかでも、明瞭簡潔にしてインパクトが強く、勇ましい。劇中で演じた菅原中佐とダブってしまう。ただし、ここがアンケートの落とし穴で、これだけがひとり歩きすると、勇ましい姿ばかりが印象づいてしまう。『シネマ個性派ランド』（キネマ旬報社、一九八一年）にあるインタビュー記事を読むと、また違った印象を受ける。平田は、東京陸軍幼年学校から陸軍士官学校に進み、そこで終戦となった。陸軍士官学校は、そのまま廃校となる。平田は、子どものころから軍人肌だったわけではない。作曲家や実業家を夢みていた。遠い親戚に陸軍大将がいたこと、平田の兄が東京陸軍幼年学校を二度も落第したなどの事情から、士官学校に進むことになった。

平田昭彦（東宝現代劇特別公演『人間の條件』東宝事業部、1958年）

陸軍士官学校に進むほどのエリートだった平田は、本土決戦に備え、長野県の浅間山麓で演習をしていた。そこで八月十五日となり、『日本のいちばん長い日』のアンケートにもそう書かれている。ただし、玉音放送前後のエピソードは、インタビュー記事にない。そのときの心境を、わずかにこう語っている。

「うーん、もう、空白ですね。当然、この戦争が終わるまでに死ぬものと思ってましたか

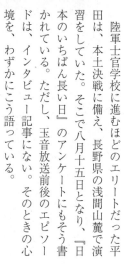

らね（略）軍隊で純粋培養というか、シャバから隔離されて、ただただ国のため天皇のために死ぬことだけを教えられて、何も知らない。ヘンな話ですけど、セックスのことも何も……これ（テープ）入ってんでしょうけどね（笑）。夢精すら知らなかった。朝起きると、ふんどしがゴワゴワになってて、さァ、これが何であるかわからない」

（キネマ旬報社編『シネマ個性派ランド』キネマ旬報社、一九八一年）

陸軍士官学校は廃校となり、平田は戦後まもなく東京大学法学部に入学する。その在学中に、演劇やダンスに精を出す。新東宝にいた兄の小野田嘉幹《おのだよしき》の紹介で、新東宝でアルバイトをするなど、映画界への距離を縮めていく。一度は三菱商事に就職したものの、役者の夢は捨てがたく、映画の道へと進んだ。

東宝第五期ニューフェイスに合格し、それからはおもにバイプレーヤーとして、多くの東宝映画に出演した。『ゴジラ』（東宝、一九五四年）で演じた芹沢博士をはじめ、東宝特撮映画の常連として、いまなお人気がある。晩年、テレビ時代劇で演じた、小物なのか大物なのかよくわからない悪役もよかった。

『日本のいちばん長い日』の出演者のなかに、戦後生まれは少ない。陸軍省軍務課の畑中健二少佐をエキセントリックに演じた黒沢年男《くろさわとしお》（一九四四〜、現・黒沢年雄）は、終戦当時は一歳だった。出演者では若い世代にあたる。

アンケート「その日わたしは……」は、終戦時の俳優たちを知る貴重な記録となった。

神山繁、宮口精二、小山源喜、夏川静江、一の宮あつ子、細川俊夫、淡島千景、浪花千栄子、藤山寛美、渥美清、野々村潔

『日本のいちばん長い日』パンフレットのアンケート「その日わたしは……」に回答こそしていないけれど、終戦時どうしていたか気になる俳優はいる。宮内省の加藤進総務局長を演じた神山繁《こうやましげる》（一九二九～二〇一七）はそのひとり。当時十六歳、海軍経理学校の三号生徒として、兵庫県の垂水《たるみ》に疎開中だった。

神山は、雑誌『悲劇喜劇』の「特集・わが終戦」（一九八〇年八月号）に、「七年間」と題して、そのつらい胸の内を明かしている（執事当時は演劇集団 円《えん》に所属）。俳優が、終戦前後について書いたすぐれたエッセイ、回想文はたくさんある。そのなかでも、神山の文章はとくに好きで、切々と迫るものがある。《今から思えばかわいいとさえいえる程の純情であったのだろう、終戦のその日まで》という冒頭の言葉には、徹底抗戦、若き血潮の、といった勇ましさがない。

神山繁（『三島由紀夫特集公演』パンフレット、文学座編集室、1955年）

八月十五日からの数日は、徹夜で武器に油を塗り、池の中へ棄て、校庭で書類等を焼く毎日であったと記憶している。その火があまりにも勢よく燃えて、それまでの燈火《とうか》管制下でのひそやかな夜と異なって生き生きと思え、自分といつも同居していた死の影が、少しずつ離れてゆくのをむしろ寂しげに感じたのも憶えている。

あの頃の少年の夢であった真白な軍服に身をつつみ、短剣を下げ、巡洋艦《じゅんようかん》に乗って七つの海を乗りまわす平和な海軍の姿は、二度と来ないであろうという諦めはあったものの、死ぬことについては少しも恐れてはいなかった。何はともあれ、この終戦の日をもってそれまで生きてきた私の夢は決定的になくなったのだという虚脱感が、日増しにふくれ上ってきたのはどうしようもなかった。

（神山繁「七年間」『悲劇喜劇』一九八〇年八月号「特集・わが終戦」）

若き日の神山は、演劇や俳優の仕事にまったく関心がなかった。敗戦で生きがいをうしなったのち、進駐軍の通訳やノースウエスト航空のアシスタント・マネジャーの仕事に就いた。しかし、その心は満たされない。

そうした日々のなか、たくさんの映画を観て、小説を乱読した。ジャン＝ポール・サルトルとアルベール・カミュの文学にふれ、人間の死と幸福について思索に耽った。その縁で、シェイクスピアの戯曲を知り、演劇の道、俳優の人生が見えてくる。

戦争を知らない世代はつい、「戦中派」とひとくくりにするかもしれない。神山のエッセイは、終戦を挟んだわずかな世代の違いが、実は大きいことを教えてくれる。


恐らくこれは私と同じ世代にしか解らないことだと思うが、当時私は、もう少し早く生れ、何らかの分別を持って戦争というものを体験したら、こんなに再生のために一から悩むこともなかっただろうし、また、もう少し遅く生れていたら、ただわけも解らず、戦争は恐ろしい、いやな体験として片づけてしまえたのではなかったかと、私達の生れた時をうらんだものだった。

（前掲書）


ティーンエイジャーゆえの虚脱感は、当時十七歳の平田昭彦がのちに語った《もう、空白ですね》という言葉からもわかる。神山は一九五二（昭和二十七）年、第三期舞台

宮口精二（『俳優館　宮口精二追悼特集』）

技術研究生として、文学座研究所に入所する（同期に加藤武がいた）。奇しくも初舞台は、神山を演劇の道へといざなったサルトルの戯曲で、芥川比呂志《あくたがわひろし》訳・演出の『恭《うやうや》しき娼婦』であった（役はジェイムス）。

　資格や素質など全く考えもせず、人間を演ずることは、多分何か意義のある仕事なのだろうと心にきめて、文学座の研究所の試験を受けるまでの七年間が、わたしの終戦ということになるのではないかと思っている。

（前掲書）

　平田昭彦、神山繁につづいて、あとひとり、『日本のいちばん長い日』に出演した俳優の八月十五日を書く。終戦工作に翻弄された時の外務大臣・東郷茂徳《とうごうしげのり》を演じた宮口精《みやぐちせい》二《じ》（一九一三〜一九八五）である。文学座の創立メンバーである宮口は、映画の二年前に文学座を退座、東宝演劇部に所属していた。

　東郷茂徳は、『日本のいちばん長い日』の重要な役のひとつで、宮口は『激動の昭和

史　軍閥《ぐんばつ》』（東宝、一九七〇年）でも東郷を演じた。アンケート「その日わたしは……」に、宮口の名が見当たらないのは、アンケートをもらったのに戻さなかったのか、そもそも依頼を受けていなかったのか、わからない。

　たとえ回答がなかったにしろ、宮口が終戦日の思い出を大切にしていたことはたしかである。それは一九七〇（昭和四十五）年に、「昭和二十年八月十五日あなたはどこでどうしておられましたか?」というアンケート企画を、宮口みずから立てたことではっきりしている。

『俳優館』創刊号（俳優館、1970年）

　宮口精二は、舞台、映画、テレビ、ラジオと活躍した名脇役だが、俳優のほかにふたつの顔があった。ひとつが「文学座チーム」をはじめとする素人野球チームの審判（腕前はプロ級）、もうひとつが雑誌の編集長である。

　この年の九月、宮口は総合演劇雑誌『俳優館《はいゆうかん》』（俳優館）を創刊した。コンセプトは、「役者がつくる役者の雑誌」。劇団など所属の枠をこえ、さまざまな分野の俳優が同居し、心ゆくまで語りあかすアパートのような雑誌だった。宮口はこの雑誌を、亡くなるまでの二十年間に、四十冊（四十号分）出した。

『俳優館』の創刊にあたっては、俳優仲間や演劇・映画・芸能関係者に、創刊の挨拶状と定期購読依頼を発送した。創刊号には、宮口への激励の声が三十五人分、掲載されている。

アンケート「昭和二十年八月十五日あなたはどこでどうしておられましたか？」は、創刊の挨拶と購読依頼に添えられたものか、別の機会に送られたものか。そこがはっきりしない。創刊号には、松竹新喜劇の藤山寛美による創刊祝いとアンケートの両方が載っているので、おそらくいっしょに送ったのだろう。このアンケートには、八名の俳優が回答を寄せた。以下に回答の一部を引用する（各俳優のルビ、生没年は筆者による追記）。

小山源喜《こやまげんき》（一九一五〜一九九一）

（前略）群馬県新田郡尾島町大字大館という、家族の疎開先で、白いゴハンを喰べ、休養しておりました。（中略）

天皇の放送を、そこで、聴きました。そのころ、私は、よく眠れ、よく喰べ、体重は最高で、すこぶる健康で、ひたすら熱心に仕事をし、虚しくあてどないゆえに、心ゆたかに学習し、半睡状態のように、静謐《せいひつ》でした。それが、放送を聴いて、いきなり、ハンモックから抛り出されたようなぐあいで、キョトキョトしはじめました。

すぐ、東京へひきかえし、局の方、三、四人と、宮城の前へ行きました。「慟哭」

というものを実行することにして、両の膝を折り、砂利を両手で摑んで、そして、羞恥に酔い痴れながら啼《な》鳴《き》ました。（後略）
夏川静江《なつかわしずえ》（一九〇九〜一九九九）
父は二十年の一月に死亡、主人は南方に徴用、弟は支那方面に出征しているので、母と姉と子供と四人でラジオから流れる天皇陛下の放送を拝聴しました。戦争が終ってヤレヤレとホッとしたのは事実でしたが、修善寺《しゆぜんじ》街道の山の上の一軒家で、しかも、女ばかりの事とて、アメリカ兵が上陸してきたらどうしようかと、こわくて其夜は、厳重に戸じまりをして皆な堅い決心をしてかたまって寝たのをおぼえています。
一《いち》の宮《みや》あつ子（一九一三〜一九九一）
（前略）私は東宝撮影所のお仕事をして居りましたが、家族を信州の下諏訪《しもすわ》に疎開させて居りましたので、たまたまお仕事の合間にその疎開先の農家のはなれで家族と一緒にあの終戦の詔勅の放送を聞き、涙をぼろぼろ流しながら、ほっとした様な、体中の力がぐんぐんぬけて行く様な、不思議な、気持ちを今でも忘れる事が出来ません。
細川俊夫《ほそかわとしお》（一九一六〜一九八五）
当時復員直後、まだ松竹大船でしたが、東宝劇団に出向（中略）。山形方面に慰問、機銃掃射《きじゆうそうしや》で危《あやう》く命を落す様な目に会い乍《なが》ら芝居をつづけていましたが、当日、左沢《あてらざわ》へ行く途中、寒河江《さがえ》の駅で終戦放送をきき大声で泣く恩田清二郎《おんだせいじろう》の肩を抱いて慰めた一コマが強く印象に残っております。他に、小夜福子、万代峯子《よろずよみねこ》、中村みほ子、伊藤雄之助《いとうゆうのすけ》さん等が居られました。日本が負ける訳はないとスゴイけんまくでどなったそうです、僕が。

淡島千景《あわしまちかげ》（一九二四〜二〇一二）

（前略）宝塚歌劇団に在籍、森野縫工所《ほうこうじょ》に通い、軍服を縫って居りましたが、十五日は朝から宝塚南口の寄宿に居りまして玉音を拝聴致しました。

浪花千栄子《なにわちえこ》（一九〇七〜一九七三）

八月十五日は戦争で焼け出されまして、生まれました田舎に居りましたが、いつも一座の人達が食べ物を取りに来て居りましたので十五日の日も一座の人達の「リック」に物を詰めてやったり、白い御飯を食べさせて帰えしたいと、料理をしたり、田畑の草取りを手伝ったりいたして居りました。

丁度敗戦ですが敗戦の報を知ってから、親類の子供達の頭を洗ってやって死ねといわれたらいつでも、死ねる様に仕度《したく》をして居りました。

藤山寛美《ふじやまかんび》（一九二九〜一九九〇）

当時、私は十六才。関西新派、都築文男《つづきふみお》一行とともに関東軍皇軍慰問隊として満洲巡演中、奉天の奉ビルというホテルで終戦を聞きました。

アツミキヨシ（一九二八〜一九九六）

十二人ばかりの少年だけ、東京、板橋の学校、城山にたてこもり……（昔、太田道《どう》かんの、ちく城したという）うら山でアメ公、一人一サツ……十二人は、カクジツに、コロセルと……その気に、ナッテオリマシタ……ジュンシンでした。

（アンケート「昭和二十年八月十五日あなたはどこでどうしておられましたか?」『俳優館』創刊号、一九七〇年）

最後に引用した《アツミキヨシ》は、当時まだ十代の「寅さん」こと渥美清と思われる。なぜ筆名をカタカナにしたのか。何かしら意図を込めたのか、わからない。《アメ公、一人一サツ》という回答文の生々しさを含めて、意味深である。

渥美は、旧知の俳優である松村達雄のエッセイ集『金はなくても　芝居と女と貧乏と』（未央書房、一九六八年）に、《あつみきよし》とひらがなで推薦の辞を寄せている。カタカナにしたことに、それほど深い意味はなかったのか。

渥美の八月十五日の回想は、これだけを読むと「ああ、そういう逸話か」と受け止められる。ところが別の文章を読むと、ニュアンスが異なる。二〇一九（令和元）年に新装版（毎日新聞出版）が出た自伝『渥美清　わがフーテン人生』（一九七六年に『サンデー毎日』に連載された聞き書きが元）に、おなじエピソードがある。当時は軍需工場にいて、そこで敗戦を知った。

その後、わたくしフーテン一家の兄ィは、もう一人の兄ィと相談いたしまして、身内のものどもを引き連れて、板橋の城山にたてこもり、「アメリカの占領軍が上陸して来たら、アメ公と素手で一戦交えたうえ、全員、玉砕《ぎょくさい》しよう」と決めたのでございます。もちろん、身内のものどもも賛成してくれました。

なに？　なんでございますか。城山にたてこもって一戦交えようなんて、まるで〝会津の白虎隊〟じゃないかって？

そう、そうでございます。おふくろは〝会津の女〟でございますから、その血が、わたくしの体にも流れているわけでございますよ。

（渥美清「敗戦のとき」『新装版　渥美清　わがフーテン人生』毎日新聞出版、二〇一九年）

おなじエピソードであるものの、『俳優館』に寄せたアンケートとは、ずいぶん違う印象を受ける。この自伝では《身内のものども》とたてこもっていて、《十二人ばかりの少年》が出てこない。文体そのものが、寅さんの話り芸である。ひとつ、ふたつの文献だけでは、事足りぬ想いを強くする。

『俳優館』に寄せられた終戦の日の回想は、八人それぞれだ。みじかいコメントではあるけれど、貴重な証言である。戦後のラジオドラマで人気を博した小山源喜、東宝系の商業演劇やテレビのホームドラマで活躍した一の宮あつ子、競歩の選手から俳優に転身し、新東宝映画などに出演した細川俊夫。この三人は、「終戦の日の俳優」として大きく取り上げられる大スターともいえないので、回答が興味ぶかい。

　アンケートを読んで重く響いたのが、夏川静江（執筆当時の芸名は夏川静枝）と浪花千栄子、ふたりの女優の証言である。いずれもベテランのバイプレーヤーで、このころはテレビドラマによく出ていた。夏川は《厳重に戸じまりをして皆な堅い決心をしてかたまって寝た》と書き、浪花は《親類の子供達の頭を洗ってやって死ねといわれたらいつでも、死ねる様に仕度をして》とふりかえった。その言葉からは、差し迫った女性の心境がわかる。

夏川静江（『躍進・東寳映画』東宝映画、1937年）

　終戦時、夏川の夫（作曲家の飯田信夫）は出征中だった。夏川家は女ばかりで、母親や生まれたばかりの長女（夏川かほる）とともに静岡県の伊東に疎開していた。
　夏川には『私のスタヂオ生活』という全四巻の自伝があるものの、戦前に出たもので終戦前後の話はない。晩年の聞き書き本『女優

浪花千栄子（1958年頃、浪花千栄子旧蔵写真）

事始め　栗島《くりしま》すみ子／岡田嘉子／夏川静枝』（平凡社、一九八六年）や最晩年のインタビュー（『ノーサイド』一九九五年九月号「総特集・キネマの美女」文藝春秋）も、戦前のことが中心で、戦時中のことは語られていない。ほかのインタビュー記事やエッセイを読んでも、女優業の話題が多い。『俳優館』のアンケートは、小さな記事に過ぎないけれど、終戦時の様子を知ることができる。

浪花千栄子には、『水のように』（六芸書房、一九六五年）という自伝がある。若かりしころの下積み時代、道頓堀の仕出し弁当屋で働いた奉公時代のエピソードが苛酷で、この自伝はテレビドラマ化された。ただこの自伝にも、終戦前後のことは書かれていない。二代目渋谷《しぶや》天外《てんがい》とのつらい結婚生活を綴るなかで、《今次の戦争をはさんで》《なにもかも灰にしてしまった戦後の混乱の中で》と記すのみである。二〇二〇（令和二）年度後期のNHK連続テレビ小説『おちょやん』の主人公は、浪花がモデルである。おそらく、戦時中のエピソードも描かれるはずである。

宮口精二はなぜ、みずから主宰する雑誌の創刊号に、このアンケート企画を立てたのだろうか。世代的に終戦日への関心が強く、知る俳優の責任と考えたのか。その趣旨について、あるいは宮口自身の終戦日について、『俳優館』ではなにも記していない。宮口が『日本のいちばん長い日』のパンフレットを読んでいないとは思えないし、終戦アンケートの存在を強く意識していたはずである。

終戦時の宮口は、三十二歳だった。その日はどこにいたのか。

三か月前の一九四五（昭和二十）年五月初旬、文学座の有志が石川県小松市に集団疎開し、移動演劇隊を組んだ。小松市に転入したのは、宮口、中村伸郎《なかむらのぶお》、三津田健《みつだけん》、龍岡《たつおか》晋《しん》、金子信雄《かねこのぶお》、戌井市郎《いぬいいちろう》ら十五名である。小松には、中村の養父が社長だった小松製作所の工員寮と社宅があった。文学座のメンバーは、そこを拠点に石川、富山、福井と北陸の町、農山漁村をまわった。情報局が小松製作所に対し、移動演劇を委託した関係で、小松製作所関係の軍需工場のほか、国民学校、傷病兵の診療所などで公演がおこなわれた。看板女優の杉村春子や賀原夏子は東京に残り、時に応じて小松へ来た。

八月一日夜には、富山市が大空襲に見舞われるなど、予定されていた多くの公演が中止を余儀なくされる。その合間をぬって俳優たちは、国民学校の講堂などで公演をつづけた。

八月十五日の昼は、石川県釜清水村（現・白山市釜清水町）の小松製作所分工場で公

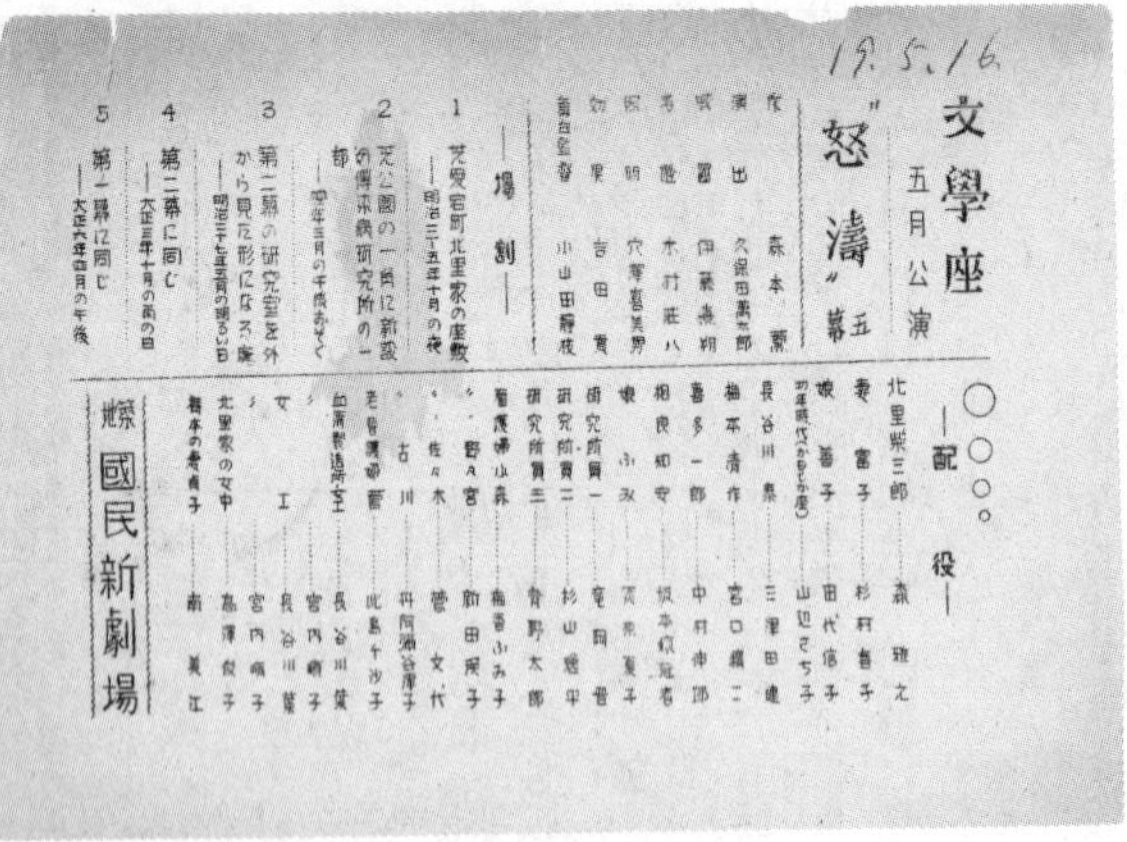
文學座
五月公演
"怒濤" 五幕
作 森本薫
演出 久保田萬太郎
装置 伊藤熹朔
考證 木村荘八
照明 穴沢喜美男
効果 吉田貢
舞台監督 小山田靜枝
—場割—
1 芝愛宕町北里家の座敷 —明治三十五年十月の夜
2 芝公園の一角に新設の傳染病研究所の一部 —同年三月の午後おそく
3 第二幕の研究室を外から見た形になる庭 —明治三十七年五月の明るい日
4 第三幕に同じ —大正三年十月の雨の日
5 第一幕に同じ —大正六年四月の午後
○○○。
—配役—
北里柴三郎……森雅之
妻 富子……杉村春子
娘 善子……田代信子
長谷川泰……三津田健
梅本清作……宮口精二
喜多一郎……中村伸郎
相良知安……坂本猿冠者
研究所員一……竜岡晋
研究所員二……杉山
研究所員三……青野太郎
看護婦小森……梅香ふみ子
〃 野々宮……町田
〃 佐々木……文代
〃 古川……丹阿弥谷津子
老看護婦……北島千沙子
血清製造所女工……長谷川葉
〃……宮内順子
〃 女工……長谷川葉
北里家の女中……高原
橋本の看護婦……南美江
國民新劇場

文学座公演『怒濤』チラシ（国民新劇場、1944年）

演が予定されていた。宮口が出演するのは、久里原一登作・中村伸郎演出『連唄　進撃の朝』、中江良夫作・戌井市郎演出『海の音』、亀屋原徳作・戌井演出『棒押し』の三本だった。玉音放送のことは、その開演前に一同に知らされ、公演は中止となった。

これが、宮口精二の八月十五日である。終戦前後の記憶はきっとあるはず。ところが、出演した『日本のいちばん長い日』のアンケートにその名はなく、編集長をつとめた『俳優館』にも書かなかった。だからといって、沈黙をたもったわけではない。一九八四（昭和五十九）年九月号『悲劇喜劇』の「特集・続 わが終戦」に、「白昼夢」と題した文章を寄せている。同誌の特集「わが終戦」の第二弾である。

そのうち正午近くなり、何やら重大放送があるというので、みんな旧式なラジオの前にかしこまった。山奥のこととてただガアガアと雑音が入って甚だ聞きとりにくかったが、天皇陛下極々の例の〝忍び難きをしのび……〟云々の放送が始まったのであった。しかし、何を言わんとするのか甚だ不得要領《ふとくようりよう》の裡《うち》に放送は終った。じっと押し黙って耳を傾けていた私達に「どうやら日本は敗けたらしい」ということだけは察せられた。そうとなればもう芝居どころではない。匆々に私達一行はそのまま小松市の宿舎へ引揚げた。

この釜清水に於ける思い出は私には白昼夢といったように、何か漠々とした、白々しく、苦い思いが今に頭に浮び上って来るのである。古い絵葉書写真のように、淡いセピア色の、周囲をソフトフォーカスにしたあんな按配である。突如として何という呆っ気ない終戦であったことよ……だ。

（宮口精二「白昼夢」『悲劇喜劇』一九八四年九月号「特集・続 わが終戦」）

終戦により、八月中の公演はすべて中止となる。文学座の座員は、東京へ戻った。ただこれで、移動演劇が終ったわけではない。十月にはふたたび石川県へ行き、慰問公演をおこなっている。宮口は、変わらずそれに参加した。『日本のいちばん長い日』に出演し、『俳優館』を創刊するのは、それから二十年以上ののちのことである。

「白昼夢」は、この一文で締めくくられている。

まさに四十年に垂んなんとする古びた絵葉書の断片は未だに未整理のまま、私の胸の裡に雑然として納い込まれている。

（前掲書）

この文章が出た翌年、一九八五（昭和六十）年四月十二日、宮口精二は亡くなった。享年七十一。終戦前後の断片を、胸の裡に雑然として納い込まれたまま整理するには、まだ早かったように思う。

終戦日の俳優たち、そのエピソードは尽きない。

本章の最後に、ある老優が明かした、終戦翌日（八月十六日）の光景を書きたい。先に紹介した、ふたつのアンケートとは関係がない。野々村潔《ののむらきよし》（一九一四〜二〇〇三）の自伝にあるエピソードである。野々村は、戦前の新協劇団から、戦後は新協劇団（第二次）、劇団中芸、劇団東京芸術座をへて、独立プロ「表現社」を旗揚げした。

江の島の見える薄暮の海岸に立った。相模湾深くアメリカ艦船が一列に並んでいた。

私たちは声もなく、じっと眺めていた。やがて夜の帳《とばり》が相模湾を包んでいった。艦船にポツリポツリと灯りが見えはじめ、ジャズの音が波頭を伝って聞こえてきた。アメリカ兵の姿は遠くて見えないが、無礼講で踊っているのか、楽しそうな音楽が次第に高鳴っていった。すると私と並んで見ていた八百屋の御主人が、突然大きな声で泣き出し、大粒の涙を拭おうともせず、身を震わせ続けた。涙が光って落ちていく。この八百屋さんは、子供を二人戦死させたあとも、毎日堪えて営々と働いていたが、今その悔しさが一挙に堰《せき》を切ったのであろう。私の瞳もいつの間にか濡れていた。戦争の虚しい結果を実感したが、自分は徴兵から逃れてこうして健在していることに思いをいたし、後ろめたさに似た感情が湧出し私を苛《さいな》んでいった。

（野々村潔『新劇運動回想』芸団協出版部、二〇〇一年）

野々村潔（劇団中芸公演『演歌有情—石田一松の生涯—』パンフレット、１９５８年）

野々村潔は、映画やテレビにも多く出演し、堅実な芝居を見せた。新劇畑の渋いバイプレーヤーで、岩下志麻の父親としても知られる。

『新劇運動回想』の帯には岩下が、《父の愛し闘った新劇運動の一つの足跡は、娘としてではなく一人の俳優としても、歴史として後世に残して欲しいと思います。》とメッセージを寄せた。

野々村が在籍した新協劇団は、当局により、一九四〇（昭和十五）年に強制的に解散させられた。一九四二（昭和十七）年の暮には、野々村のもとに赤紙（召集令状）が届き、世田谷の輜重《しちょう》連隊に入隊した。その身体検査のとき、風邪気味だったことを思い出し、体調不良を申し出た。その結果、「即日帰郷」の決定がくだされる。それから終戦の日まで、野々村は軍隊に行っていない。

八月十六日、アメリカ軍上陸の噂を聞きつけた野々村はひとり、江の島の見える海岸に立った。そこに、旧知の八百屋の主人がいた。先の回想は、そのときのものである。亡くなる二年ほど前、最晩年の一俳優が記した、終戦翌日の風景である。

第二章　戦場《せんじょう》にありて

北満《ほくまん》に友をかへりみて

伊東薫、池部良

満洲、樺太《からふと》への出征経験がある三國一朗《みくにいちろう》(一九二一〜二〇〇〇)は、放送タレント、俳優、エッセイストとして活躍した。それだけでなく、昭和史研究家としての顔があり、『戦中用語集』(岩波新書、一九八五年)などの著書もある。

昭和史研究のきっかけとなったのが、東京12チャンネル(現・テレビ東京)で、一九六四(昭和三十九)年から十年間放送された『私の昭和史』(全五百十八回)だった。国家的な大事件、世相、流行など毎回テーマを決め、その当事者、関係者を有名無名、男女とわずスタジオに招く三十分番組である。三國がきき手をつとめ、この仕事が、昭和の証言者を取材してまわるライフワークのきっかけとなった。

一九六八(昭和四十三)年一月二十二日放送の『私の昭和史』は、「映画『ハワイ・マレー沖海戦』と私—戦争とカツドウヤ—」と題された。ゲストとして、監督をつとめた山本嘉次郎と、特殊技術を手がけた円谷英二《つぶらやえいじ》をスタジオに招いた。

海軍省後援『ハワイ・マレー沖海戦』（東宝、正式には『ハワイ・マレー沖海戰』）は、日米開戦から一年の節目にあたる一九四二（昭和十七）年十二月に封切られた。海軍にあこがれ、予科練で厳しい訓練に耐え、パイロットとして成長するふたりの若者が主人公となる。かたや真珠湾攻撃へ、かたやマレー沖海戦へ向かうまでの成長物語だ。

番組では、三國がきき役となって、山本と円谷のふたりから映画にまつわるエピソードを引き出していく。山本は、後援の海軍省が記録映画を求めたのに対し、東宝がより商売になる劇映画をもくろんだことを明かした。「劇映画は無理ではないか、とずいぶん悩んだ」と山本は言う。『ハワイ・マレー沖海戦』は、海軍省が後押しし、組織的な動員もあったことから、大ヒットする。いっぽうで、隣組の寄り合いに山本が顔を出したとき、そこにいた百人のうち誰ひとり観ていなかった、との逸話も残る。

戦前からの映画評論の第一人者である飯島正は、当時の映画誌（『映画旬報』一九四三年一月号）でこう評した。《大東亜戦争の精神的意義が、かく具体化されたということは、日本映画界のためにまことによろこぶべきであった。（略）『ハワイ・マレー沖海戦』はここに、日本映画史上に一時期を画《かく》すべき作品として、長くその名をとどめるにちがいない》（『戦中映画史・私記』エムジー出版、一九八四年に再録）。

海軍省の後援ゆえ、批判できない事情があったにしても、日本映画史に長くその名をとどめる作品であることは間違いない。リバイバル上映、テレビ放送、ビデオ、ＤＶＤ

中村彰（左）、伊東薫（右）。（『「ハワイ・マレー沖海戰」宣傳参考資料』）

など、いまなお本作に接することは容易である。

山本、円谷、三國のトークは、出演者へとおよぶ。根っからの映画好きだった三國だけに、《原節子さんの美しいお姿とか、他の男優さん方の若いお姿が見られますね。》などと会話がはずむ。《若い主役が二人おられる。あのう、年下のほうをおやりになった。》との言葉に、山本がこうつづける。

山本　友田というのを。予科練出の……。これはね。「ハワイ・マレー」を作って、間もなく陸軍に召集になりましてね。そしてハルピンに行って、松花江で渡河訓練の時、船と船の間にはさまれて、死にましてね。あの人が生きていたら、今ごろいい二枚目になっていますがね。

――そうですね、ちょうどこのタフガイ的な二枚目として活躍されたでしょうね。

（「映画『ハワイ・マレー沖海戦』と私―戦争とカツドウヤ―」『証言 私の昭和史3』學藝書林、一九六九年）

とっさに名前が出てこなかったのか、山本は明かしていないが、友田は予科練出の友田義一（二飛曹）のことで、伊東薫《いとうかおる》（一九二二～一九四三）が演じた。三國が言ったもうひとりの若い主役は、大尉の立花忠明を演じた中村彰である。東宝で「カボちゃん」と呼ばれた伊東は、後述する友田恭助、歌舞伎俳優の林敏夫、ムーランルージュ新宿座の山口正太郎とおなじく、現役の俳優として出征し、映画や舞台に戻ることなく戦死した。

伊東は、一九四三（昭和十八）年八月、満洲の北部で戦没した。山本の証言によれば、中国の東北部を流れる「松花江《しょうかこう》」での訓練中ということになっている（戦死地には諸説ある）。その死は、友田恭助のときのように大きく取り上げられることも、映画や浪花節の題材にされることもなかった。戦局はすでに悪化していた。

山本嘉次郎をはじめ、『ハワイ・マレー沖海戦』を語るとき、伊東薫の名を挙げる人は少なくない。一九六八（昭和四十三）年にリバイバル上映されたさい、東宝のＰＲ誌『宝苑』（同年八月号）が「作品で追う 東宝映画・演劇史（第一回）座談会『ハワイ・マレー沖海戦』」を掲載した。そこでも伊東の話題が出ている。東宝副社長の森岩雄は《カオ《原文ママ》ちゃんというのは、うまいね。》と言い、山下分隊長役で出演した藤田進が《感

『「ハワイ・マレー沖海戰」宣傳参考資料』（社団法人映画配給社、1942年）

心しました。うまいですね。》とつづけた。

友田二飛曹を演じた伊東薫本人は、この作品に気合いをこめた。真珠湾攻撃に参加した大尉に取材するなど、役づくりに励んだ。『「ハワイ・マレー沖海戰」宣傳参考資料』（社団法人映画配給社、一九四二年）に、友田役の伊東、今宮二飛曹役の松尾《まつお》文人《ふみんど》、林二飛曹役の澤村昌之助の座談会がある。

伊東　僕は徴兵檢査で甲種《こうしゅ》合格だから、〇〇月頃入營することになると思ふが、自分は〇〇月に入營するのではなく、この仕事にかゝつた七月以來、帝國の兵隊であると考へてゐる。

松尾　土浦のロケの時、本當の豫科練《よかれん》の人達と訓練をやつてゐると自分だけが目立つて俳優に見えるのではないかと、それが恐ろしかつたね。

伊東　始めの中は僕もそんな氣がした、だんだん仕事をしてゐる中に、役者でなくなつた。

澤村　實際は山本監督が演出に當《あた》つてゐるが、軍の方《かた》が號令をかけたり、叱つたりするので、キヤメラに狙はれてゐることを意識しなくなつた。

伊東　そこが大事なことなのだね。

（中略）

伊東　僕は〇〇月に兵隊になる。それで、この映画に出演する心構へは今までにない緊張したものだ、と自分でも思つてゐる。僕達もこの仕事にかゝつた以上、今後とも今の精神を失はないで頑張つてゆかねばならない。

（「少年飛行兵に扮して」『「ハワイ・マレー沖海戰」宣傳參考資料』（社団法人映画配給社、一九四二年）

『あるぷす大将』（P.C.L. 1934年）広告（『P.C.L. 映画』第13号、1934年）

この映画が、「カボちゃん」こと伊東薫の遺作となった。

伊東薫は、一九二三（大正十二）年、東京生まれ。玉川学園在学中の一九三四（昭和九）年、東宝映画の前身P.C.L. 映画の『あるぷす大将』でデビューする。山本嘉次郎監督の本作では、「あるぷす大将」と呼ばれる、信州から上京する少年・於菟《おと》を演じた（当時の渋谷駅でロケされ、本物の忠犬ハチ公が特別出演した）。ともに上京する先生役の丸山定夫とダブル主演で、戦争の犠牲という俳優との意味で、悲しい縁《えにし》を感じる。

当時の松竹大船作品では、伊東のひとつ年下にあたる青木富夫《あおきとみお》が「突貫小僧《とつかんこぞう》」の名で、子役として活躍していた。一九三三（昭和八）年から本格的な劇映画製作をはじめたP.C.L.映画にとって、伊東は貴重な子役となる。P.C.L.が東宝になってからも、伊東は少年俳優として重宝された。成瀬巳喜男《なるせみきお》監督の作品のほか、時代劇にもよく顔を出した。徳川夢声ファンの筆者としては、成瀬監督の『はたらく一家』（東宝、一九三九年）での夢声の次男役、斎藤寅次郎監督『子宝夫婦』（東宝、一九四一年）での夢声の四男役の印象がつよい。

そうしたなか、ひとりの若手俳優が、東宝映画にさっそうと登場した。伊東より四つ年上の池部良《いけべりよう》（一九一八〜二〇一〇）である。池部はもともと、俳優になるつもりがなかった。ところが、島津保次郎《しまづやすじろう》監督の目にとまり、一九四一（昭和十六）年七月封切りの『闘魚』に出演、ヒロインの多巻笙子（里見藍子）の弟・清を演じた。本来であれば伊東が、この役をやるはずだった。はた目から見ると、伊東より池部のほうが眉目秀麗《びもくしゆうれい》である。それを意識したのか、しなかったのか、伊東は池部をライバル視する。

この作品のあと、千葉泰樹《ちばやすき》監督の『白い壁画』（正式には『白い壁畫』）の企画が持ち上がる。台湾に近い島を舞台にした医療ドラマで、富沢有為男《とみさわういお》の同名小説が原作である。

伊東は、島の医師椎名（月形龍之介）のもとで働く少年、牟礼朝香を演じた。ヒロインのひとり、加奈子（立花潤子）と惹かれあう重要な役である。監督の千葉は、この役に伊東をあてた。いっぽう東宝側は、この役に池部を考えた。それを知った伊東が、池部に面と向かってクレームをつけた。

晩年の池部が『サンデー毎日』（毎日新聞社）に連載した『そして夢にはじまった』に、その顚末が書かれている。「俺の名前、知ってんだろ」とはなから喧嘩ごしの伊東は、『闘魚』で役を奪われたくやしさを池部にぶつける。さらにまた『白い壁画』の役も奪われそうになり、直談判したわけだ。

池部は、立教大学を卒業した。伊東は、「大学出って奴は、横からものを引ったくって行くのが、うめえんだな」と八つ当たりした。池部としては、島津監督や東宝の意向に従ったまでで、迷惑な言いがかりであった。伊東は、ボクシングの手つきをしながら、池部に降板を迫った（以下引用文にある岸辺は、東宝の演技課長）。

「僕は、なんだい。じゃ、はっきりさせとくけどよ。池部、お前、白い壁画、降りろよ」

「降りる？」

「そうだよ。何んだ、何んだ。その目付き。自分にや出来ないってさ。岸辺の禿《はげ》に、

池部良（1950年代、生写真）

そう言やあ、それでいいのよ」

「でも、一旦、決まったことだから、岸辺さんには相談してみるけど」

「それじゃ、駄目なんだ」

「どうして？」

「遅いんだ。相談なんかしたら」と言った伊東君は、目を半分伏せた。

「俺さ、今年の十二月、兵隊に行くんだ。兵隊に行きゃあ、死んじまうかも知んねえ……。だから、最後の、いい役を演りたいんだ」と言って額に付いた雨の滴を手の甲で拭いた。

（池部良『そして夢にはじまった〈木蓮《もくれん》の巻〉』毎日新聞社、一九九四年）


池部良がエッセイの名手であることは、古い邦画好きのあいだで知られている。若いころからシナリオを研究するなど、物書きの血が流れていた。一九五八（昭和三十三）年十月には、中国と南方への出征経験をもとに小説『オレとボク』（小山書店、一九五八年）を発表し、話題となった。そのあとも出征中のあれこれを、たくさんのエッセイにした。連載『そして夢にはじまった』は、映画界に入ったころの回想録で、そこで書かれた伊東薫のエピソードは達者なものである。脚色がすこし加えられたにしても、その情景が思い浮かぶ。

『白い壁画』の一件は、内務省からの通達で、池部が国家公認の俳優学校を卒業していないことを理由に、出演できなくなる。のちに東宝が、内務省公認の俳優学校をつくることを池部は書いている。一九四一（昭和十六）年三月には、「東宝映画俳優養成所」が開所された。池部の書く俳優学校とは、これのことだろうか。

オレとボク
池部良著
俳優池部良作家として誕生
北支・南方に転戦し、生きるギリギリの条件の下で天性の快活とユーモアを爆発させた笑いと涙。彼の兵隊物語！
￥280
池部良『オレとボク』（小山書店、1958年）

結局、『白い壁画』の朝香役は、伊東が演じた。封切りは一九四二（昭和十七）年二月である。封切り時に観た飯島正は、《伊藤《ママ》薫一人が、いい演技を見せていた。》（『新潮』一九四二年三月号）と評した。この年の九月、『東寳映畫十年史抄』（東寳映畫）が刊行された。《充實《じゅうじつ》せる藝術家陣》の俳優の項目（五十音順）の最初に伊東薫の名が、五番目に池部良の名が掲載されている。そして迎えた十二月三日、『ハワイ・マレー沖海戦』が公開される。俳優として、これからというときに、伊東は満洲へ出征した。

当初、俳優に乗り気でなかった池部にとって、芝居が大好きな伊東の記憶は、晩年まで残った。『そして夢にはじまった』には、志なかばで戦地に赴《おもむ》き、そのまま帰らなかった伊東のことが、ところどころに綴られる。

たとえば、『白い壁画』の降板を迫ったとき、伊東の目に涙が溜まっていたことを、池部は見逃さない。《言葉は恐喝めいていたけれど、溜めた涙には、もう直《じ》き兵隊に行って生か死かの悩みを宿しているような気がした。だから、『白い壁画』の少年役はなんとしても、遺書のようなつもりで演りたかったのだろう。》(『そして夢にはじまった』)。

本章で後述する佐野周二、中田弘二、岡譲二のケースとは異なり、伊東の従軍記が、新聞・雑誌をにぎわすことはなかった。一九四三(昭和十八)年八月に、満洲で戦死したときも、友田恭助のときのような騒ぎは起こらなかった。それだけ戦局が悪化していたといえる。

伊東の死について、まわりはどう受けとめたのか。徳川夢声の『夢声戦争日記』(中央公論社、一九六〇年)と、古川緑波の『古川ロッパ昭和日記　戦中篇』(晶文社、一九八七年)を読む。両日記には、有名無名とわず、戦死したり、亡くなった関係者のことが書かれている。しかし、公刊された両者の日記から、伊東の戦死について書かれた箇所は、見つけられなかった。夢声と緑波は、東宝の仕事を多くこなし、本社や撮影所、劇場へよく足を運んでいる。東宝には伊東薫戦死の報《しら》せが伝えられたはずだが、ふたりはそれを知っていたのだろうか。

池部良は伊東の死を、演技課長の岸辺から聞かされた。池部もまた、出征を控える身である。同世代である俳優の戦死は大きな衝撃となった。《芝居がしたくて堪《たま》らないというのに、とんでもない横槍に腹を刺されて天界に行ってしまった、とは情の上で理解出来ないことだった。》（『そして夢にはじまった』）と池部は書く。岸辺課長が「ほんとに運のない人でした」と口にしたときは、「運が悪いと片付けちゃ、カボちゃんも可哀そうですよ」と反論した。それに対して岸辺は、だからこそ東宝の俳優として生きていくことを、池部に説いた。

戦地での伊東薫は、どんな様子だったのか。

東宝の宣伝部にいた石井眞一が、『東宝産報會報』（東宝）に寄せた追悼文「かへりみて　伊東薫の英靈に謹《つつし》みてこの拙き一文を捧ぐ」（第一号、一九四四年一月）を読んだ。名誉の戦死をきわだたせるタイトルで、石井はこう書く。《軍人の本分を全うした立派な彼の死、この一言に、彼の死を私は東寶映畫の全社員の方々によく知つて頂きたいとおもふ——。》。読んでみると、一期一会といえる戦場での出会いと別れが切々と綴られていて、とてもいい追悼文である。出だしはこうある。

——伊東薫が死んださうだぜ。

ぶつきらぼうな調子で、戰友が私にさう知らせてくれたのは、八月も中旬の、初秋の風が飄々《ひようひよう》として吹いてゐるある日の夕方だつた。

が、私はその知らせに對《たい》して、別になにも感じなかつた。さう知らせられた時、私はつい四五日前に私を訪《おと》づれて來た、元氣な顏の彼を想ひ出したからである。私は親切なつもりで知らせてくれたのであらう、戰友のぶつきらぼうなその言葉が、私にはなにか他人事《ひとごと》におもへただけだつた。

が、二日ばかりにして、彼の死が確實《かくじつ》なものであるを、私ははつきり知らなければならなかつた。遠く中隊ははなれてゐたのだが、同じ部隊故、まして彼の名は『ハワイ・マレー沖海戰』以來、部隊中に知れわたつてゐた。

その死が確實であると知つた時、私はぼんやりした氣持だけを味つた。ほかに感じる事はなにもなかつた。何故《なぜ》ならば私一人はその死をほんとうにしたくなかつた。嘘だ、嘘だ！と、私は誰かにさう云ひたかつたのだが。ちつぽけな私一人の感情なぞ、彼の死をくつがへすに、なにに役立つだらうか。私は整理のない氣持をもてあました。私が、さやうに感じたいろいろを、一體《いつたい》誰が知つてくれるだらうか。誰かに知つてもらひたかつたその時の氣持。私は四邊《あた》りを見廻して、彼の死に一人の寂しさを味ふ以外なにもなかつた。薺々《せいせい》として咲く初秋の風。その風も亦《また》今の場合、私には必要のないものである――。

（石井眞一「かへりみて　伊東薫の英霊に謹みてこの拙き一文を捧ぐ」『東宝産報會報』第一号、東宝、一九四四年一月）

そう書いたあと、伊東との出会いをふりかえる。石井はある日、おなじ部隊に伊東薫が入隊したことを小耳にはさむ。宣伝部員だけに、その名はもちろん知っていた。けれども面識はない。人一倍さびしがりやの石井は、会社の仲間に会えるような気がして、伊東を探した。

寒い風の吹く夜、ようやく探しあてた伊東の中隊を、さっそく訪ねた。戦場では、伊東薫と名乗っていないかもしれない。演芸会が催され、にぎやかな笑い声があふれるなか、中隊の関係者に「東宝の役者がいないか」と訊ねた。石井は、伊東の本名を知らない。

間もなく彼は私の前に現《あら》はれた。一ツ星の、なにか弱々しい感じ（すくなくとも、私にはその時さう見へた）の彼が、私の前に不思議な顔で立つた。私は言葉のきつかけのないまゝに、彼の顔に笑ひかけた。彼も亦《また》、つられて笑ひ顔になつた。一面識もなかつた二人の、これが挨拶であつた。
私は昔宣傳部に居た事。同じ社の君故《きみゆえ》懐しくおもつたこと、などを私は彼に話した。
（前掲書）

伊東は、東宝の宣伝部員である石井のことを知らなかった。初対面では会話も盛り上がらず、時と場を慮《おもんぱか》った石井は、早々にその場をあとにした。伊東が建物の外まで見送ってくれる。ただそれだけのやりとりだった。でも石井は、伊東とふたたび会う機会を楽しみにした。しかし、任務でいそがしい日がつづき、伊東のいる部隊を訪ねることはできない。

そこへ今度は、伊東のほうから訪ねてきた。日焼けして、そのたくましい面構えに、石井は目をみはる。伊東は、部隊の慰問で『ハワイ・マレー沖海戦』が上映され、主演俳優としてスピーチしたことをうれしそうに語った。この日の語らいをきっかけに、ふたりは仲よくなった。毎週のように伊東が、石井を訪ねた。ふたりは、おなじ会社の人間と話せる喜びをそれぞれ口にした。

八月のはじめ。
雨の降る日であつた。彼が私を訪ねて來た。私達はまた同じ話で異國《いこく》にある寂しさを慰め合つた。この日、彼はなかなかの雄辯家《ゆうべんか》だつた。私が社にある頃、親しくしてもらつた兒《こ》井《い》英雄《ひでお》（のち児井英生）氏を、彼も『白い壁畫』以來よく知つてゐるとかで、その日の話題は賑やかだつた。彼は亦、彼の母から來た手紙を私に見せたりした。

彼の母の手紙も、世の母と變《かわ》ることない切々の情あるあたたかい手紙だつた。私は今、その手紙を思ひ出してなにか涙を禁じ得ない。二人の話もやうやく落着いた頃、彼は何時もと變らぬ調子で歸《かえ》つていつた。

（前掲書）

『はたらく一家』一場面。左より徳川夢声、伊東薫、椿澄枝（『東寶映畫十年史抄』）

それから四、五日が経ち、石井は、伊東の死を知る。秋風が吹く北満の地で、友は二度と遊びに来てくれない。そのさびしい気持ちを、その拙き一文に込めた。追悼文の巻末には、《伊東薫出演映畫》として、『あるぷす大将』から『ハワイ・マレー沖海戦』まで、三十六本の出演作が列挙されている。俳優・伊東薫の足跡が、そこにある。

三十六本のうちのひとつ、成瀬巳喜男脚色・演出の『はたらく一家』が、この原稿を書いているとき、東京の神保町シアターで上映された（「没後50年成瀬巳喜男の世界」二〇一九年十一月九日〜十二月二十日）。貧しい一家（家族が十一人もいる）を束ねる職工の石村を、徳川夢声が演じた。一家の大黒柱にしては甲斐性がなく、でも、子どもへの慈愛《じあい》に満ちている。夢声の主演作のなかでは秀でたもので、たびたび観ている。大好きな映画なので今回も観に行った。

『はたらく一家』は徳永直《とくながすなお》の原作で、これといった劇的な展開はない。長男の希一（生《うぶ》方明《かたあきら》）と四男の栄作（平田武）の進学問題に、父（夢声）と母（本間敦子）が苦悩する姿が、エピソードの中心になる。

伊東薫は、両親と兄弟の関係を心配しつつ、明るくふるまう次男の源二を演じた。海軍に憧れ、大河内《おおこうち》傳次《でんじ》郎《ろう》の声色《こわいろ》が得意な映画好きで、喫茶店の女の子（椿澄枝《つばきすみえ》）に恋する若者である。スマートにコートを着こなしながら、とても人なつっこい笑顔を見せる。まだまだこれからの人だったのにな、とくらがりで思う。

伊東薫の名が、有名俳優として語りつがれているかといえば、そうでもない。旧作邦画ファンは別として、一般的な知名度は高くない。池部良のエッセイと、石井眞一の追悼文には遠くおよばぬまでも、ささやかな供養になれば、と思って書いた。なお、鈴木《すずき》聡司《さとし》著『映画「ハワイ・マレー沖海戦」をめぐる人々〜円谷英二と戦時東宝特撮の系譜〜』（文芸社、二〇二〇年）に、伊東の最期への言及があることを書きそえておく。

五郎さん、幻の舞台

友田恭助、田村秋子

戦後はラジオドラマの全盛期で、そうそうたる名優の出演する作品が、ほぼ毎日のように放送されていた。音源が残るものはいくつかあるけれど、CD化されたのはわずかで、容易に手元において聴くことはむずかしい。

一九五四（昭和二十九）年一月二十八日の夜、ラジオ東京（現・TBSラジオ）で放送された『戦争と平和』は近年、CDBOX『戦後作曲家発掘集成～TBS VINTAGE CLASSICS』（日本コロムビア、二〇一五年）に収録された。このラジオドラマが大好きで、何度となく愛聴している。

作 武田泰淳《たけだたいじゆん》、語り手 田村秋子、音楽 黛敏郎《まゆずみとしろう》、演奏 ネオ・ドラム・トリオ、合唱 二期会というスタッフとキャストで、ラジオ東京社会部の企画・演出である。提供は「リリナクリーム本舗」のユゼ産業で、放送時間は二十六分ある。日本演劇協会編『年刊ラジオドラマ 第三集』（宝文館、一九五五年）に、そのシナリオが収録されている。放送された音源とはやや文言が異なるけれど、参考までにドラマの冒頭を引用する。

英子　あなたあなたあなたあなたあなた（エコー）

あなたが赤紙をうけとって、わたしから離れていったころ、広子《ひろこ》はまだ赤ん坊でしたわね。広子が生れてからあなたは三日目に召集。入隊の朝わたし門口《かどぐち》までやっと歩いて行って、お見送りしただけで、貧血してしまって、何もかも見えなくなったものですわ。

あのときは我慢して、泪《なみだ》一つこぼしませんでしたけど、今考えると、思い切り泣いておけばよかったと思います。今ではもう、あなたの胸にすがって泣くこともできません。

広子も、もう十《とう》になって、元気で学校へ通っています。わたしは広子を、学校へ出してやったあと、病院へ出勤して、赤ちゃんたちの元気な泣き声にとりまかれ、目の廻るような忙しさです。

効果　赤ん坊の泣き声。

工場のサイレンの音。

（武田泰淳「戦争と平和」『年刊ラジオドラマ　第三集』宝文館、一九五五年）

『戦争と平和』は、看護婦（看護師）の英子《えいこ》が主人公である。戦争で夫を亡くし、十歳になるひとり娘の広子《ひろこ》を育てている。新劇の名女優として、多くの舞台人から慕われた田村秋子《たむらあきこ》（一九〇五〜一九八三）が、英子を演じる。戦後九年たった日本の様子を、あるときは哀切をもって、あるときは朗らかに、ときには憤りをたぎらせて、泉下の夫に語りかける。多くの新劇ファンを魅了した田村の語り口が、切々と沁みる。

英子の語りの合間には、ラジオ東京報道部記者の宿谷禮一《しゅくたにれいいち》が街頭で録りためた音が、コラージュのように挿入される。それがなにであるか、英子は夫に語る。ジェット機の音、傷痍軍人の訴えと歌声、成人した女子学生のメッセージ、子どもたちの合唱、ストリップ劇場のステージ、キャバレーの嬌声と軍艦マーチ、保安隊の号令と行進、職業安定所の朝、子どもたちへの保母の本読み、チャンバラごっこをする子どもたち、再軍備を説く右翼の演説、軍需工場の大砲の発射実験音、モンテンルパ慰霊祭の様子、戦没学生（特攻隊員）である我が子からの遺書を読む母親……。

一九五〇年代は、世情の揺れる時代だった。米ソ対立があり、朝鮮戦争があり、国内では「血のメーデー」事件があり、警察予備隊（のちに保安隊から自衛隊に）発足と再軍備問題があった。ドラマは、戦場の銃声と不気味な爆発音（武田のシナリオには《原爆の音》とある）が響いたあと、英子の叫びで幕となる。

田村秋子（『ステーヂ』創刊号、ステーヂ社、1935年）

英子　何万という男を片ワモノにし、何億という家庭をメチャメチャにし、何千という都会を焼きはらい打ち壊す、戦争だけは、どうぞどうぞ、止めにしておいてくださいと、お頼みしているだけなのです。わたしたちは、わがままなのでしょうか、贅沢なのでしょうか、ねえ教えて頂戴、戦争の犠牲者たるあなたの口から、教えて下さい。ねえもっと大きな声で、もっとわたしたちにわかるように。
あなたあなたあなたあなた

（前掲書）

シナリオをおさめた『年刊ラジオドラマ 第三集』には、武田の「作者のことば」が添えられている。《僕はただナレイションの文案をこしらえたのみ。苦心の録音はどれも貴重で棄てがたかつた。とても個人のあたまのはたらきでは想像も吸収できぬほど、豊富で複雑な「現世の音響」を切りすてて痩せほそらせてしまつたうらみがある。》と書き、宿谷が録りためた音に敬意を表している。

この「作者のことば」に、田村秋子への言及はない。それでも当時の聴取者、それこそ根っからの芝居好き、戦前からの新劇ファンは、友田恭助《ともだきょうすけ》（一八九九〜一九三七）と田村秋子夫妻のことを、思い浮かべたはずである。一篇のラジオドラマとして、とてもすぐれたものである。それ以上に、ふたりの軌跡を想像して聴くと、さらなる深みをもってこちらに迫ってくる。

一九三七（昭和十二）年七月七日深夜、中国河北省豊台郊外で「盧溝橋事件」が勃発した。日本は華北（現在の中国・華北地域）への出兵を決め、中国は「対日抗戦」を決定する。同二十九日には、緩衝《かんしょう》地域だった通州《とんちゅう》で保安隊が反乱、日本人居留民と軍人が殺害される「通州事件」が起きた。つづく八月九日には、日本の海軍将校と水兵が中国軍に射殺される「大山事件」が起こり、泥沼の肉弾戦となっていく。

この「第二次上海事変」のなかで、友田恭助こと陸軍工兵伍長・伴田五郎は、上海郊外の呉淞《うーすん》・蘊藻浜クリーク（小川）で戦死した。享年三十七。一九三七年十月六日の午前十一時五十分のことである（戦死の時間には諸説ある）。現役の俳優として出征し、戦死した人は少なくない。前述した東宝の伊東薫《いとうかおる》（満洲で戦死）、日活多摩川の根岸進（満洲・ソ連国境で戦死）と野澤實（中国の承徳で戦病死）、歌舞伎俳優の林敏夫（満洲で戦死、俳優・林与一の父）、ムーランルージュ新宿座の山口正太郎（フィリピンで戦死）など、ひとりふたりではない。そのなかで友田は、もっともセンセーショナルに騒がれた〝戦

友田恭助（『築地座』第7号、1932年）

死した現役俳優〟であった。
友田の戦死は、伊東や山口のように、太平洋戦争末期のころではない。かろうじてまだ日本に〝余裕のある〟時期といえる。新聞、雑誌、映画、浪曲（浪花節）と、さまざまなメディアが、友田の死を題材にした。遺された妻の田村秋子と、二歳になったばかりのひとり息子・英司の存在は、人びとの涙を誘う。国民全体からすると少数にすぎない新劇ファンもまた、友田の死を惜しんだ。舞台の友田を知る者と、そういう俳優がいたことを知らない者とのあいだには当然、哀悼の意にも温度差があった。
演劇評論家の戸《と》板康二《いたやすじ》は、『戦争と平和』が放送された前の年に、著書『新劇史の人々』（角川新書、一九五三年）を出した。《明治・大正・昭和のわが新劇運動のうへで忘れることの出來ない六人》として、坪内逍遥《つぼうちしょうよう》、松井須磨子《まついすまこ》、小山内薫《おさないかおる》、二代目市川左《いちかわさ》團次《だんじ》、友田恭助、丸山定夫《まるやまさだお》の評伝をおさめた（初出は白水社の雑誌『演劇』）。この六人に、友田と丸山を含めたところに、芝居をこよなく愛した戸板のくやしさがにじむ。

友田恭助といふ名前を、現在では知つてゐる人が多い。しかし、實は、彼の戰死が「軍國美談」風に喧傳《けんでん》されたのちにその名前が世間からみとめられるやうになつたのであつて、彼が妻の田村秋子と二人で作つた劇團築地座が東京芝田村町の飛行館で、つつましくとも氣持のいい公演をつゞけてゐた當時に於《お》てさへ、友田を語る者は、少數の新劇フアンにすぎなかつた。

（中略）

新劇の世界でこそユニークな個性をもつすぐれた舞臺人として、知られてゐた彼だが、世間はまだ知らぬ。まして、軍隊の中では、友田恭助といつた所で通らなかつた。だが、たまたま前線へ來たある新聞社の特派員が、顔見知りの人だつたことが、運命の岐れ目だつたかも知れない。

（戸板康二「友田恭助」『新劇史の人々』角川新書、一九五三年）

友田恭助は、一八九九（明治三十二）年、東京・日本橋に生まれた。本名は伴田五郎で、田村は終生、友田のことを「五郎さん」と呼んだ。米相場を扱っていた父親は不動産業で成功し、友田の家は裕福であった。少年時代は、神奈川県の茅ケ崎《ちがさき》に別荘があり、そこで芝居の真似ごとに興じた。

このころ、のちに新劇の名演出家となる伯爵の土方与志《ひじかたよし》と出会う。精華附属小学校

（現・神奈川学園 精華小学校）、錦城中学校（現・錦城学園高等学校）から早稲田大学文学部に進学。その在学中に、アメリカから戻ってきた畑中蓼坡《はたなかりようは》を知り、師事する。それからは芝居の道ひとすじ、中国戦線で命を落とすまでは——。

初舞台は、一九一九（大正八年）、新劇協会の第一回公演『伯父ワーニャ』（有楽座）での労働者役だった。そののち民衆座（出演を優先して早稲田を中退）、師走座（のちに「わかもの座」と改称）、芸術座（第二次）、築地小劇場、劇団「築地小劇場」（築地小劇場の分裂により誕生し客演）、劇団新東京とキャリアを重ねる。わかもの座に属していた一九二一（大正十）年には、水戸工兵隊へ一年志願兵として入隊したことがある。当時の新メディアであったラジオドラマにも積極的に出演した。

田村秋子は、一九〇五（明治三十八）年に生まれ、東京の下町で育つ。父は、作家で劇界に精通する田村西男《たむらにしお》である。神田女学校（現・神田女学園）を卒業後、一九二三（大正十二）年、明治座で催された文士劇（演芸通話会）『大尉の娘』で初舞台をふむ。舞台協会、芸術座（第二次）の公演に参加したのち、築地小劇場の研究生となる。ふたりが出会ったのは、田村が初舞台を踏んだころ。それからまもなく、芸術座の公演に出ていた友田の印象をこう回想する。

それ迄にあたしの見た役者は、それぞれに役者らしい顔と雰囲気を持っていたわ。

所が五郎さんの顔は、あたしにとって初めて接する顔だったのよ。あたしだけできめている顔の種別の、どの中にも入らない、新しい顔だったの。もっとも後で、「築地小劇場」の人人の顔も、皆さんそうだったけど、これは、あたしの属していた所と全く別の世界のせいだった事が判ったけれどもね。

（田村秋子、伴田英司『友田恭助のこと』私家版、一九七二年）

友田恭助と田村秋子（『友田恭助のこと』）

ともに舞台に立った築地小劇場の時代、ふたりは親しくなる。それぞれが「先生」と尊敬する小山内薫の仲立ちで結婚したのは、一九二五（大正十四）年三月のことだった。

ふたりが属していた劇団新東京の解散により、一九三二（昭和七）年、友田と田村は夫婦で劇団「築地座」を旗揚げした。田村町（現・港区西新橋）にあった飛行館が、築地座の劇場となる。久保田《くぼた》万太郎《まんたろう》、岸田《きしだ》國士《くにお》、里見《さとみ》弴《とん》が顧問となり、日本と外国、それぞれの作品を上演した。友田の回想録をいくつか読むと、築地座時代の多くの人がセリフ覚えの悪さと、ある種の憎めなさ、愛嬌のようなものを口にする。築地座に参加した中村伸郎は、こう明かす。

稽古場のようす見てると「それじゃ、ここでひと休みしよう」なんていうときにね、はっきり覚えてるんだけど、「ああ、ウンコ、ウンコ」っていってね、トイレへ行きかけて、「おお、そうだ！　セリフ覚えなくちゃ……」って、台本取りに戻ってからトイレへ行くわけですよ。持ってくの、一応。それで結果は一言も覚えてない。ところが、覚えてなくて芝居ができるってのが、またえらいと思っちゃうのよ。
（「肉体の感性――友田恭助・田村秋子さんをしのぶ――」『悲劇喜劇』一九八三年五月号「特集・中村伸郎」）

築地座のあれこれは、ふたりで一心同体というべき関係ゆえ、田村は友田にイライラさせられることがあった。劇作家の内村直也《うちむらなおや》は、友田が勘で人物を創造していたことと、夫婦の持ち味の違いが、築地座の芝居をつくっていたと指摘する。戸板康二が《つつましくとも氣持のいい公演》と書いたゆえんである。

築地座は、一九三六（昭和十一）年に解散するまで、二十九回の公演をもった。その最終公演、一九三五（昭和十）年十一月二十九日から三日間、丸の内の蚕糸《さんし》会館で上演された『秋水嶺』（内村直也作、岸田國士演出）の山田一策役が、友田にとって最後の舞台となる。

築地座の運営、劇団内の人間関係、やがての解散と、友田は疲弊していた。長男の英司が生まれ、田村には子育てもある。

そんなとき友田は、久保田万太郎、岸田國士、岩田豊雄（獅子《しし》文六《ぶんろく》）から、ある話を受けた。築地座のメンバーに加えて、徳川夢声ら新たな顔ぶれによる劇団「文学座（文學座）」の旗揚げである。友田と田村は文学座への参加を決める。新劇俳優として、次のステージに一歩、踏みだそうとした。

そう、支那事変ね。あの頃、あたし達も駅やなんかで日の丸の小旗に送られてゆく兵隊さん達をちらちら見かける様になったわね。五郎さんもそうだったけれど、あたしも内心では、大丈夫かしらと気にはしていたの。それが昭和十二年の九月一日の晩、不意に蒲田区役所の男の人が二人、提灯をつけ、赤紙の召集令状を持ってやって来たのよ。この時はあたし、ふるえがきちゃって、口の中のつばきがなくなり、それは何とも形容できない気持だったわね。一瞬さっと血がひくというのは、あの事だった。

（『友田恭助のこと』）

と。政府が陸軍の上海派遣を閣議決定したのは、一九三七（昭和十二）年八月十三日のこと。友田のもとに召集令状が届いてまもない九月六日には、久保田万太郎の家で文学座の下相談の会がおこなわれた。岩田豊雄は、《文學座は支那事變と共に生れた。》（「五周年」『文學座』第二十一号、一九四二年）と書く。その集まりは、友田の壮行会となった。

翌七日、友田は赤羽工兵隊に入営する。田村は、幼い英司を連れて、面会へ出かける。《五郎さんの眼の中に涙のあるのを、はっきりあたしみたわ。》（前掲書）。九月十六日の夕方、友田を乗せた軍用列車は赤羽を出発した。そのことは、田村に知らされていなかった。たまたまその列車の車掌が、友田の中学時代の友人であった。その人からの電話で、列車が品川駅で十分間だけ停車することを知る。

田村はひとり、差し入れの酒と寿司を手に、品川駅に向かう。軍歌の合唱と万歳の声で騒然とするホームで、ふたりは再会する。その喧騒のなか、妻の、夫の、それぞれの言葉はほとんど聞こえない。かろうじて田村がわかったのは、「今度帰ってくるときは、お酒が飲めるようになってくるよ」だけだった。

デッキにつかまり、軍歌を歌いながら友田は旅立つ。それが永久の別れだった。

出征からわずか三週間の十月六日、友田は呉淞《うーすん》・蘊藻浜クリークで戦死する。その同じとき、田村はこんな体験をしている。友田の戦死がセンセーショナルに報じられるなかで出た田村の談話に、そのエピソードがある。真偽のほどはわからない。

友田が戰死した十月六日の早暁《そうぎょう》のことでございます。三時半か四時ごろ、ふと目がさめると、裏の方の扉がギーッと開く音がして、バタ〳〵ッと誰やら入つてきたやうな異様な物音……。「おや？　今どき誰だろう……」ハッと思つて頭をもたげた私は、じいつと耳をすませました。が、音はそれつきり聞こえません。

（田村秋子「名譽の戰死をしたわが夫　友田恭助の御靈《みたま》に捧ぐ」『婦人倶楽部』一九三七年十二月号、大日本雄辯會講談社）

悲報が届いた田村のもとに、新聞・雑誌の記者や関係者が殺到した。十月十六日に二歳になったばかりの英司と、戦地から届いた何通かのハガキが、戦死という美談を盛り上げた。そのなかの一通、十月一日付けのハガキは、戦死後の十月九日、田村のもとに届いた。文中の榮造さんとは、田村の弟である田村栄造のことをさす。

――昨日《さくじつ》、榮造さんの戰友に偶然會《あ》つたので、英司君の寫眞《しやしん》に言傳《ことづて》を添へてたのみま

友田恭助と息子の英司（『友田恭助のこと』）

した。榮造さん私の事を心配して戰友に話しておいたので大變《たいへん》好都合でした。又その地を出發《しゅっぱつ》して前進しましたので、榮造さんには會《あ》へないで残念です。
英司その後丈夫ですか。では又、出します。十六日には英司君に買つてやつて下さい。
（前掲書）

ハガキを呼んだ田村は、英司の誕生日に涙ながら、木馬のおもちゃを買っている。死の前日（十月五日）に友田がしたためたハガキが絶筆となる。その最後には《では、さよなら》とあった。死を覚悟したものか、深い意味のない一文か、それはわからない。のちに田村は、『友田恭助のこと』のなかで、七通のハガキと一通の封書が戦地から届いたことを明かしている。

戸板康二が《前線へ来たある新聞社の特派員が、顔見知りの人だつた》（『新劇史の人々』）と書くように、戦地での友田の様子は写真に多く撮られている。それだけではない。その姿はニュース映画として、映像に記録された。映画監督の山本嘉次郎、劇作家の秋田《あきた》雨雀《うじやく》、都新聞（東京新聞の前身）の新米記者だった尾崎宏次《おざきひろつぐ》（のちに演劇評論家）らは、友田の勇姿を映画館で観た。戦死の報が伝えられたあとのことである。

山本嘉次郎と友田は、仲がよかった。友田が酒を一升びんでラッパ飲みしている姿を映画で観て、《私は慄然と寒気をおぼえた》（『カツドウヤ水路』筑摩書房、一九六五年）という。山本によれば、友田はふだん酒を飲まない人だった。それは連隊長から配給された、決死隊の別れの酒であった。友田が死ぬ一時間前の映像だと、山本は著書『カツドウヤ水路』に書いている。

尾崎宏次が友田をニュース映画で観たのは、銀座の「金春館《こんぱるかん》」だった。ほんの一、二秒、鉄かぶとをかぶった友田の表情と伍長の肩章、ふたつに折れた救命袋が映し出された。その映像に尾崎は、生と死のはざまを感じた。《ただそれだけのショットに生と死の冷やかな境界線がひかれているようであった。私は一度見ただけで映画館をでることができなかったので、居残って、次の回の上映も見た。》（尾崎宏次『蝶蘭の花が咲いたよ演劇ジャーナリストの回想』影書房、一九八八年）。明日はわが身、いつ戦地に送られるかわからない二十代の若者にとって、戦死を前にした友田の姿が、重くのしかかった。

演劇関係者の尾崎や秋田雨雀とは異なり、大衆の多くは、新劇俳優としての友田恭助をよく知らない。戦死したという事実が、リアルな素材としてひとり歩きする。もてはやされる。友田の戦死を書きたてる記事があふれ、真偽のほどが定かではないものも少なくない。たとえば――

『満洲支那全土明細地圖』（読売新聞社、1939年）部分拡大（上海付近）

森井上等兵がどぶんとクリークの中へ滑《すべ》り落ちた。敵弾に腕をやられたのだ。森井は右腕から血潮を吹きながら、クリークの水を紅《あけ》に染め、シュッ、シュッとあがる敵弾の水煙《みづけむり》の中を、勇敢《ゆうかん》に抜手《ぬきて》を切りはじめた。

「森井、潜《もぐ》つてゆけ！」

誰かゞ叫んだと同時だつた。

一陣の颶風《ぐふう》のやうに、さつと頭上へ薙《な》ぎつけてきた機銃の掃射を恭助も林田も、まともにうけた。

「あッ……」

途端に、二人ともよろめきながら、クリークの水中へ轉《ころ》び落ちさうになつた。瞬間！

「危い……」

やつと林田が、恭助の體軀《からだ》を抱き止めた。血だ！　二人とも物凄い血潮だつた。やがて、

「伴田！　伴田！　しつかりしろ、傷は浅いぞ……」

絞り出すやうに叫んだ林田の聲《こえ》も、重傷の苦痛に絶え〴〵だつた。

「…………」

そして、胸を射貫かれた恭助は、戰友の情けの腕の中で、かすかに頭を動かすだけだつた。

（岬夏夫「壯烈友田恭助伍長」『冨士』一九三七年十二月号、大日本雄辯會講談社）

「友田恭助伍長」は通称で、戦地では「伴田五郎伍長」である。出征まもなくの戦死は、新劇ファンくらいしか知らなかった友田恭助の名を広めることになった。

友田の死は、浪曲や映画にもなった。東天晴《あずまてんせい》の語りでSP盤『浪花節　噫《ああ》友田伍長』（コロムビア）が発売された。戦死から四か月後の一九三八（昭和十三）年二月には、日活多摩川の『敵前渡河　噫！友田伍長』が封切られた。伊賀山正徳監督の本作では、活動弁士出身で戦後は小津安二郎の作品などに出演した北龍二《きたりゆうじ》が友田を、のちに大映映画の脇役で活躍した村田知栄子《むらたちえこ》が田村を演じた。

こうした世間の盛り上がりは、戦争未亡人となった田村秋子の心身を苦しめた。《死

ぬものも生きのこるものも秋の風》。久保田万太郎が田村に詠んだ句である。都新聞の新米記者だった尾崎宏次は、写真部員とともに蒲田にある友田邸へ取材を試みている。友田の遺児、英司を抱いた田村は、「遺骨もこないのにどうして戦死なんです」と玄関先で語気を荒げた。その姿を尾崎は、忘れることができなかった。

友田をうしなうなか、文学座旗揚げの準備は進められた。戦争未亡人の女優を前面に出し、華々しく旗揚げ公演をやろうともくろむ関係者もいた。その申し出を、田村は頑として拒んだ。創立から関わった文学座の戌井《いぬい》市郎《いちろう》は、著書『芝居の道 文学座とともに六十年』（芸団協出版部、一九九九年）で当時を回想する。友田と田村の言動についても、触れられている。

本書によれば、文学座の創立に乗り気だったのは友田のほうだった。田村はもともと消極的で、《座員連名に名はとどめているものの、座員意識はこの時も、これから先もまったく持たなかったのではないかと思う。》（『芝居の道』）と戌井は書く。戦死したために夫が名優として祀り上げられ、妻である自分にもスポットライトが当てられる。それが我慢ならなかった。

岸田國士をはじめ、文学座を束ねる作家たちへの不信感も大きい。芝居の実力ではなく有名になったことに対し、《ほんとにしゃくにさわった》（田村秋子、小山祐士『一人の女優の歩んだ道』白水社、一九六二年）とのちに語った。世間が好戦的なムードのなか、ここまではっきりと意思を貫いた強さを考えてしまう。

　文学座自体は、一九三八（昭和十三）年一月に勉強を兼ねた自主公演を、三月に「試演」の名目で第一回公演をおこなった。杉村春子、森雅之《もりまさゆき》、徳川夢声、中村伸郎、宮口精二、三津田健らが出演するなか、田村の姿はない。当時の文学座演技部に「田村秋子」の名はあるものの、舞台に立つことはなかった。

　大衆が友田の死を悼み、遺族に情を寄せるなか、多くの新劇仲間は、友田が志なかばで斃れたことを悲しむ。

　当時、新協劇団にいた小沢栄《おざわさかえ》（小沢栄太郎）は、新協の仲間だった松本克平《まつもとかつぺい》と悲報を知った日のことをふりかえる。《克平さんがおれんとこへ泊って、朝、新聞見たら、友田さん戦死の記事が大きく出てて、二人でうーんと唸ってたら、そのうち克平さんがポロリと涙落した。しばらく二人とも黙っちまったのよく覚えている。》（小澤栄太郎、松本克平、嵯峨善兵、信欣三『四人でしゃべった』早川書房、一九八七年）。

　築地小劇場でいっしょだった丸山定夫は、そのくやしさを一篇の詩にこめた。

其の彈丸《たま》よ知れ
お前のした事は
お前が知らうと知るまいと

一ばんひどい事だつたのだぞ
今度の出來事の中でも一番の悲劇だつたのだぞ
日本の或る層をタテに深く
たつた一發《いつぱつ》で射貫《いぬ》いたのだ
彼の魂は眞の藝術を生む魂だつたのだ
彼の胸板は彼によつてどんなに精神上の
食べ物を與《あた》へられてゐたか知れないのだ
順調に育ち
ひねくれる事を知らなかつた彼の
慈愛にみちた心根《こころね》は
演劇の胎内《たいない》にどんなに良質の芽生えを約束
してゐた事か――彼は僕の最もよき競争相手だつたのだ――
彈丸《たま》よ知れ
やがては君もその事が
お前自身をも損失に導くのだと云ふ事を
眞の文化は常に萬人をよき生活へ推進さ

せやうと努力するものなのだ
お前はその力の一辯をもぎ取つた
クリークの引き潮よ
お前の呑んでゐるものを返せ
(丸山定夫「支那の彈丸に與ふ—友田を悼みて—」『科學ペン』一九三七年十二月号、科學ペンクラブ)

その丸山は七年後、移動演劇「桜隊」の隊長として広島で被爆し、隊員たちとともに非業の死を遂げた(第四章「ヒロシマ・ユモレスク」参照)。戸板康二が『新劇史の人々』のなかで、友田と丸山のふたりを取り上げたことは、すでに述べた。

女手ひとつで英司を育てた田村は、戦時中、長野に疎開した。戦争が終わり、新劇が息をふきかえしてからも、なかなか舞台に復帰しなかった。

節目となったのは、一九四八(昭和二十三)年のことである。この年の一月、田村は自身の戯曲『雪ごもり』につづいて『姫岩』を発表、十一月に文学座が上演した。その初演に田村は出ていないが、翌年三月、東京の三越劇場と大阪の毎日会館で再演され、主人公のおちかを演じた。そののち舞台、映画、ラジオ、テレビと出演したものの、文学座の杉村春子や賀原夏子らにくらべると、出演本数は多くない。俳優としての活躍を期待する声は強かったけれど、演じる仕事には、それからずっと距離を保った。

新劇ファンや演劇関係者は別として、戦争が終わり、どれほどの人が友田恭助のことを忘れずにいたのだろうか。第三章「演ズ。寫ス。女ふたり」で取り上げた山本安英は、田村が亡くなるまで親交をふかめた新劇人である。

山本はあるとき、「今日ね、五郎さんの形見の虫干ししてたのよ、少しっきりだけどね」と電話で言われた。山本は思う。《あの戦争の犠牲者になった五郎さんのことが、あまり世間の話題にのぼらないのを、秋ちゃんが淋しく思っている感じが、言外に受けとれたりもしました。》(「秋ちゃんのこと」『悲劇喜劇』一九八三年七月号「特集・田村秋子」)。

俳優としての友田を語りつぐことは、その死を語りつぐことになる。活字メディアで、それをもっとも果たしたのは、本稿でもたびたび引用した雑誌『悲劇喜劇』(早川書房)だった。田村の戯曲『雪ごもり』が掲載されたのは、戦後創刊された第一号(一九四七年十一月号)で、同誌と友田・田村夫妻とは、浅からぬ縁がある。

その『悲劇喜劇』誌上で、「友田恭助のこと」がスタートしたのは、一九六七(昭和四十二)年四月号からだった。この連載(全三十六回)は、父のことをほとんど覚えていない息子の伴田英司に、母の田村秋子が、友田の芸や人となりを語るかたちをとっている。それは実際の対談速記でなく、自分ひとりで書いたことを、田村は里見弴に打ち明けている。のちに「友田恭助のこと」が私家版でまとめられたさい、里見は「まえがき」にこう寄せた。《大部分、秋子さんみづから筆を執つての記述だと、たしか本人の口から訊いたやうに思ふ。（略）こんな綺麗なのろけつてあるだらうか。》。

田村が同連載の最後に語ったのは、友田のことを忘れてほしくないという願いと、忘れない人たちへの感謝、俳優として名が残ることへの喜びだった。呉淞のクリークで壮烈な戦死を遂げた友田伍長は、そこにいない。「友田恭助のこと」に、戦死する前後のことは、ほとんど語られていない。

新劇一点張りで終った五郎さんは、考えようによっては、役者冥利《みょうり》につきるかも知れない。今の様に生活の苦しさも知らず、舞台以外の誘惑もなく、それだけにおっとり打ちこめたんだから。あたしも、歳とったせいか、昔の事を思い出すと、築地時代の颯爽《さっそう》とした彼が浮んで来るのよ。してみると「築地小劇場」の頃が五郎さんにとって、一番よき時代だったのかも知れない。役者はいい舞台をみて下さったお客様の心の中にだけ残るほかないけれど、純粋とでも呼んでみたい幻の舞台を、人々にしっかり植えつける喜びがあるのよ。その証拠を五郎さんは身をもって証明したわ。思いがけない人から手紙をいただいたり、直接おはなしを伺ってありがたいと思ったりする

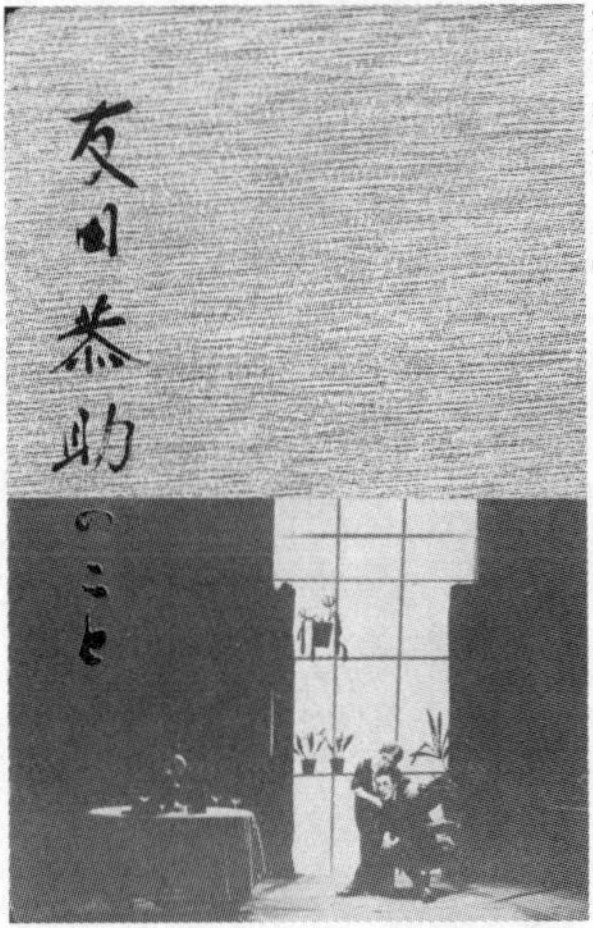
『友田恭助のこと』（私家版、１９７２年）

心のどこかに、役者としてうらやましい気持になる事がよくあるわ。役者なら彼の様に愛され、いつまでも皆さんにとって忘れがたい役者になる事よね。

（『友田恭助のこと』）

友田恭助が築地座で最後の舞台に立ってから、八十五年になる。築地座の公演を観て、その姿をはっきり覚えている世代は、ほとんどいない。私家版としてまとめられた『友田恭助のこと』と、ＣＤ化されたラジオドラマ『戦争と平和』は、友田をしのぶよすがとなった。

『戦争と平和』については、小島英人（「ＴＢＳヴィンテージクラシックス」プロデューサー）の連載「ラジオ東京 音楽部の夢（１９５３～１９５９）」第八回（『調査情報』二〇一五年一～二月号、ＴＢＳ）および第九回（同三～四月号）にくわしい。この〝音の名作〟を発掘し、ＣＤ化した背景には、小島の尽力が大きかったことを書き添えておく。

戦線《せんせん》の主役

佐野周二

新聞、雑誌、チラシやポスターといった紙ものの類いなど、蒐めはじめるとキリがない。部屋が古本屋の倉庫みたいになっているので、気に入ったもののほかは、安くても買わないようにしている。

その紙もののなかに、『同盟ニュース』という一枚きりのグラフ報道紙がある。同紙は戦時中、会社や学校、公共施設に配られ、掲示された。その一九三八（昭和十三）年八月十日号に、ある有名スターの消息が報じられた。タイトルは「奇遇に歓喜《かんき》の佐野周二大陸を背景に堅き握手」とある。

関口伍長と云へば誰も知らぬが松竹の人氣者佐野周二と云へば全日本の女性映画ファンが萬歳《ばんざい》の嵐と共に戰線に送り出した人とは誰でも知つてゐるが、これも東寶《とうほう》レポート・ドラマの材料蒐集を兼ね、前線將士の慰問に馳《は》せ廻《まわ》つてゐる坂東簑助《ばんどうみのすけ》君と偶然

『同盟ニュース』1938年8月10日号（同盟通信社）。佐野周二（左）、坂東簑助（右）

に〇〇で顔合せ〝ヤアヤアー〟と灼熱《しゃくねつ》の大陸を背景に劇的交驩《げきてきこうかん》をした。寫眞《しゃしん》は元氣に談笑する両優。

（『同盟ニュース』一九三八年八月十日号、同盟通信社）

佐野周二《さのしゅうじ》（一九一二～一九七八）は、戦前、戦中、戦後と松竹大船の人気俳優として活躍した。坂東簑助《ばんどうみのすけ》は当時、東宝劇団にいた歌舞伎俳優の八代目坂東三津五郎《ばんどうみつごろう》（一九〇六～一九七五）である。前者を「関口宏《せきぐちひろし》の父親」、後者を「ふぐにあたって死んだ役者」と覚えている人はいるかもしれない。

軍の機密事項だったからか、《偶然に〇〇で顔合せ》と記されている。中国戦線のどこで、いつ撮られたものか、これだけではわからない。佐野の本名は関口正三郎で、当時は予備の陸軍歩兵伍長だったことから「関口伍長」と呼ばれた。

　俳優が著者となった単行本は、タレント本を含めると膨大な数になる。ただ、一九四〇（昭和十五）年前後に出たもので、時局を反映した俳優本は数としては多くない。佐野の戦地エッセイ『佐野周二戦地通信』（淡海堂出版部、一九三九年）、日活多摩川のスターだった小杉勇《こすぎいさむ》の『随想 銀幕劇場』（昭和書房、一九四一年）、小杉勇、夏川大二郎《なつかわだいじろう》、上《かみ》山草人《やまそうじん》、月形龍之介《つきがたりゅうのすけ》らの共著本『日本映畫叢書第四輯《しゅう》 映畫演技學讀本』（大日本映畫協會、一九四一年）などがある。

『佐野周二戦地通信』にある、作家の笹本寅に宛てた手紙（通信）に、坂東簑助と再会したことが書かれている。場所は記されていないけれど、日付けは《七月三十日》とある。簑助はこのとき、『同盟ニュース』の従軍記者だったそうで、《なつかしさのあまり、思はずかぢりついてしまひました》と佐野は書く。

　佐野周二と坂東簑助、ふたりが話題にしたことがある。前年の一九三七（昭和十二）年十月六日に上海郊外の呉淞で戦死した、陸軍伍長・伴田五郎こと友田恭助についてだ。友田の戦死について、簑助が東宝の舞台で話したことを、佐野は知っていた。《今度は僕が戦死したら、歌舞伎座邊《あた》りでフアンに話して貰《もら》ひ度《た》いと洩したら、笑つて引受けてくれました。》と、笹本に宛てた通信にはある。

映画・ラジオに出演する、慰問先で歌や寸劇を披露する、劇場あるいは移動演劇で公演をする……。俳優の仕事は戦争が激しくなっても、なくなることはない。俳優業を休んで、出征するケースもある（友田恭助、伊東薫、伊藤雄之助らがその一例）。

こうした俳優と異なるのが、佐野周二のようなスターが戦地に赴くケースである。銃をかかえて死闘を繰りひろげる、というよりは、どちらかといえば戦地でもスター扱いだった。従軍スター的な意味があったのかな、と感じる。

そうかといって、命があって戻れる保証はない。簑助に「僕が戦死したら、歌舞伎座あたりでファンに話してほしい」と言ったのは、なかば冗談、なかば本心ではなかったか。映画監督の山中貞雄《やまなかさだお》が、中国の野戦病院で亡くなったのは一九三八（昭和十三）年九月十七日、佐野が出征したあとだった。

『佐野周二戦地通信』におさめられた「應召日記《おうしゆう》」には、応召を受け、出征するまでの日々が綴られている。一九三八（昭和十三）年七月九日、大阪の友人宅にいた佐野は、自宅からの電報を受け取った。《ドウイン　スグ　カヘレ　セキグチ》。阪神地方は、七月五日の未曾有の大水害（「阪神大水害」）で甚大な被害を受けていた。

佐野は、友人たちが京都の祇園で急遽開いてくれた送別会に参加する。その日の夜行で東京へ戻るつもりが、「ひと晩のばせ」という友の勧めで、翌日の特急「燕」で帰ることにした。その夜、佐野が思ったのは、あの俳優のことだった。

呉淞《うーすん》のクリークで赫々《かくかく》たる武勲《ぶくん》をのこして壮烈《そうれつ》な戰死をとげられた藝界《げいかい》の先輩ー
ー友田恭助さんのことなどを思ひ、決心を新《あらた》にしながら、友人たちの激励と鞭韃《べんたつ》のなかに、祇園での最初の歡送《かんそう》の夜《よ》は更《ふ》けて行く。
（佐野周二『佐野周二戰地通信』淡海堂出版部、一九三九年）

佐野周二こと関口正三郎は、一九一二（明治四十五＝大正元）年、東京・神田に生まれた。父はとび職で、生粋の江戸っ子だった。その出自をいかしたのか、亡くなる一年ほど前には、高倉健主演のドラマ『あにき』（ＴＢＳ、一九七七年）に出て、島田正吾、佐々木孝丸とともにとびの親方を演じている。

立教大学経済学部予科を卒業したのち、サラリーマン経験と軍隊（近衛歩兵第一聯隊第十中隊）経験をへて、松竹の新人俳優募集に応募する。その狭き門のなかから選ばれ、できたばかりの松竹大船撮影所の俳優となった。デビュー作は、一九三六（昭和十一）年公開の佐々木康《ささききやすし》監督『Ｚメン青春突撃隊』で、その翌年には人気スターの仲間入りをする。さまざまな名作、ヒット作に出演し、上原謙、佐分利信とともに「松竹三羽烏《さんばがらす》」と呼ばれた。

一九三八（昭和十三）年七月、スター街道まっしぐらのときに応召となった。出鼻をくじかれた、とは思わなかったまでも、その心中は複雑だったかもしれない。その前年の秋には友田恭助が戦死し、センセーショナルな話題になったことを、佐野はもちろん知っている。

戸板康二が書いたように、友田には熱心な新劇ファンがいたとはいえ、全国津々浦々にまで知名度があったわけではない。戦死したとき、ジャーナリズムが派手に書きたてたものの、出征時はほとんど話題にならなかった。

佐野は違う。松竹大船のスターであり、出演作はすでに二十本近くあった。佐野が応召された報せは、映画雑誌を中心に、めでたいニュースとして取り上げられた。神田にある自宅の近所には、「祝出征佐野周二君」「祈武運長久関口正三郎君」ののぼりがはためいた。

『映画朝日』（東京朝日新聞社、大阪朝日新聞社）一九三八（昭和十三）年九月号に、佐野はエッセイ「應召《おうしゆう》の前夜に思ふ」を寄せた。この記事には、大船駅前で旅立ちを祝う俳優仲間（上原謙、佐分利信、夏川大二郎、近衛《このえ》敏明《としあき》、徳大寺《とくだいじ》伸《しん》）に囲まれた、うれしそうな佐野の写真が載っている。

思へば今まで、僕は全く送る側のバイプレヤーでしかなかつた。僕の不満が斷《た》えずそこに繰返されてゐたのだつた。

しかし今度こそ僕は「明日の主役」として送られる側の唯一の立役者なのである。

第一線でも僕は主役だけをやり度いと思つてゐる。勇猛果《ゆうもうか》敢《かん》な皇軍の将士の中に混つて戦線での主役はむづかしいことに違ひない。

しかし僕は必ずやりとげてみせる。そしてそれをファンの皆様への心からのお禮《れい》として代へたいと思つてゐる。

佐野周二、出征の前々日（大船駅前。前列左より徳大寺伸、近衛敏明、後列左より佐分利信、佐野、夏川大二郎、上原謙。『映画朝日』1938年9月号）

應召前夜
友人たちに圍《かこ》まれて

（佐野周二「應召の前夜に思ふ」『映画朝日』一九三八年九月号、東京朝日新聞社、大阪朝日新聞社）

祝ったのは、松竹大船の俳優たちだけではない。多くの友人、知人、俳優仲間、映画関係者、文化人、親類縁者が、あたたかい声をかけた。自宅には、祝電や速達が何百通と届けられた。出征までのわずかなあいだ、いくつもの壮行会が開かれた。「銀幕《スクリーン》から北支《ほくし》第

一線へ 應召兵・佐野周二君を尾行する」（『婦女界』一九三八年九月号、婦女界社）には、当時の文壇が主催した、お祭り騒ぎのような壮行会がレポートされている。

記事によれば、会場前には佐野をひと目みようと大群衆が出迎えた。《勤め歸《がえ》りのオッイスガール、銀座散歩のお嬢さん、角帽、會社員、中バアさん、年よりバアさんまで》と記事にあり、警察官が交通整理にあたった。そこへ、紺の上着に薄いねずみ色のズボン、軍国調のガリガリ坊主頭の佐野が、車から降り立つ。スクリーンではお目にかかれないヘアスタイルのため、少しハゲているのが目立ってしまう。聴衆のなかには、「チビハゲ、万歳！」と叫ぶ不心得者もいた。

文壇が主催した壮行会ゆえ、多くの有名作家が参加した。久米正雄《くめまさお》、片岡鐵兵《かたおかてっぺい》、白井喬二《しらいきょうじ》、木村毅《きむらき》、サトウハチロー、映画関係者では松竹大船撮影所長の城戸四郎《きどしろう》、監督の五所平之助《ごしょへいのすけ》、上原謙、女優の高杉早苗《たかすぎさなえ》らが顔をそろえた。

参会者が多いことから、開会の辞でサトウは、《僕の一番大好きな佐野周二君が入營する！ 嬉しいことです。テーブルスピーチは、出來るだけ簡單に願ひたい》と念を押した。外は壮行会が終わるまで、黒山の人だかり。その場をあとにする佐野に、「万歳！」の声があちこちでかかる。佐野が吹きこんだレコードが、誰かの手で大音響で流される。そのなかを佐野は、次の壮行会や舞台挨拶へと慌ただしく移動していった。

こんなこともあった。懇意にする出版社（博文館）に佐野があいさつに出向いたとき、受付の女性が『露営の歌』を口ずさんでいた。《勝ってくるぞと 勇ましく 誓って故郷《くに》を出たからは》の歌詞で知られたこの歌（藪内喜一郎作詞、古関裕而《こせきゆうじ》作曲）は、前年にコロムビアレコードが発売して、半年で六十万枚といわれる大ヒットとなった。

受付の女性は、佐野の顔を見ると、歌うのをやめてしまう。黙って手渡された紙には、『佐野周二伍長壮行歌』とあった。『露営の歌』の替え歌である。受付の女性がつくったものか、これがよくできている。五番まであるなかの、三番を引用する

三、弾《たま》もタンクも本物だ
ロケーシヨンとは違ふから
手柄《てがら》を立てるは此時《このとき》ぞ
往《ゆ》け快男兒!! 周二。佐野
ファンガ銃後についてるぞ

（『佐野周二戦地通信』）

こうして佐野は中国へ赴く。一九三八（昭和十三）年七月のことである。現役のスターが、かたちばかりの出征をしたのではない。一九四一（昭和十六）年に帰還するまで、北支の北京、天津、大同《だいどう》、石家荘《せっかそう》、済南《さいなん》、中支の上海、南京、九江《きゅうこう》、南支の海南島《かいなんとう》、海《かい》

口《こう》、広東と、あちこちを移動した。その期間は二年七か月におよぶ。

　中国へ渡った佐野を、ジャーナリズムは追いかけた。佐野が手記を寄せた『映画朝日』は、一九三八（昭和十三）年十二月号にグラビア「伍長どのは忙しい　戦地の佐野周二」を掲載した。そこに紹介されたのは、勇ましい進軍姿ではなく、戦友たちと楽しそうに洗濯をする姿だった。この様子をスクープした朝日の特派員は、《スクリーンの彼と些《いささ》かも異らない明朗さを見てやつて下さい》と伝えた。

　機密事項ゆえ、それらの記事で、任務地と任務内容があきらかにされることはない。『日本映画人名事典　男優篇〈上巻〉』（キネマ旬報社、一九九六年）には、暗号係として第十五航空通信隊に入隊し、中国各地のほとんどの航空隊を転々としたとある。こうした情報がおおやけにされたのは、戦後になってからである。

　佐野が各地を転々とするなか、一九三九（昭和十四）年五月、東京の淡海堂出版部が、『佐野周二戦地通信』を刊行した。

　戦地からの「母への通信」「撮影所への通信」「親戚への通信」「友への通信」「幼き者への通信」を中心に、エッセイ「今ぞ出で立つ」「応召の前夜に思ふ」「命み國に捧げて」、そして巻末には、戦友から佐野へのメッセージがおさめられた。巻頭のグラビアには、軍曹として中国にいた小津安二郎をはじめ、現地でのスナップ写真が数多く掲載された。『佐野周二戦地通信』に、南京で佐野と会った小津の文章が入っている。

南京ではからずも佐野周二に會《あ》つたお互に出動の前の慌しい身體《からだ》だつた。秦准《しんわい》に行つた河に臨んだ菜館の窓近く杯を上げてお互の無事を喜んだ。百日紅《さるすべり》のさかりだつた。やがて上弦の月が夕空に泛《うか》び漸く酔を發して畫舫《がぼう》にのつた。舷を接して唄を售《う》る船に、魏明珠と陳少芳の綺羅脂粉の二美女があり、ともに白蘭花を胸間に匂はせて、魏が胡弓をとれば陳は哀調嫋々《じょうじょう》と唄ふ。（略）翌日その宿舎を尋ねた。ゐなかつたすでに佐野周二は出動のあとだつた。兩三日、僕も前線に出發する。今度は漢口で會へる。
戌寅八月　小津軍曹

（小津安二郎「大陸の戰場も狭く……」前掲書）

「武漢三鎮《ぶかんさんちん》攻略戦」を控え、各部隊が南京に集結していた。そこに佐野と小津がいた（武漢三鎮が陥落したのち、佐野は軍曹に昇進）。公刊された『全日記 小津安二郎』（フィルムアート社、一九九三年）を読むと、一九三八（昭和十三）年十二月二十八日に、《佐々木隊に佐野周二を訪ねて会ふ。》とあり、翌二十九日にも佐野を訪ねている。

小津の没後十年に編まれた『小津安二郎・人と仕事』（蛮友社、一九七二年）では、「両軍曹」と題して、佐野が一文を寄せている。「関口伍長、面会！」との連絡で、相手が誰か知らずに出向いたら、そこに小津がいた。

佐野はデビューまもないころ、小津の『一人息子』（松竹キネマ、一九三六年）にわずかに出た。出征の前年には『淑女は何を忘れたか』（松竹大船）で本格的に小津と仕事をした。それからは「小津先生」と呼び、ときには父のように、また兄のように慕った。その縁もあって、南京での再会を喜んだ。占領下の南京で、日本軍による大虐殺がおこなわれたのはそれより前、一九三七（昭和十二）年十二月十三日のことである。

年があけ、ひと月ほどたった一九三九（昭和十四）年二月一日、ふたりは漢口で会う。小津の誘いを受けた佐野は、上官の許可をもらい、どしゃぶりの雨のなか、ふたりで飲みにいく。小川に小舟を浮かべ、胡弓の奏でる音楽とともに酔う。その情景はまるで一幅の墨絵を見ているようだった、と佐野は小津への追悼文「両軍曹」に書いている。その夜の酒宴を、小津も日記に書きとめ、《雨の中を連絡船の桟橋まで送つてくれる。いつまでも桟橋で帽子をふつてゐた。雨でも明日ハ出発になるらしい。》（『全日記 小津安二郎』）とある。

生と死が隣り合わせの戦場記は少なくないけれど、佐野の文章や小津の日記を読むかぎり、どこか牧歌的である。お国のために、と悲壮な想いが込められているかというと、そうは感じない。内地へ戻り、映画を撮りたいとの本音も見えかくれする。『佐野周二戦地通信』に高峰三枝子に宛てた通信がある。

暫《しばら》くペンを握《と》る事を忘却《わす》れてしまつてゐました。永い御無沙汰、申譯《もうしわけ》ありません。何《な》にしろ環境の急激な變化《へんか》のなかに、今日迄《まで》送つて來たものですから……それでも、近頃は少々馴れて來ました。軍服もまあ一人前に着られるやうになりました。遠く隔《へだた》つた支那と言ふ大陸に起居《ききょ》してるんですが、未《ま》だ時々横濱邊《よこはまあた》りの南京町へ來てるような気持も致します。

昨夜町を行軍途中〝螢の光〟の立看板を見て、齧《かじ》り付き度《た》いなつかしさにかられました。何處《どこ》まで、何時迄《いつまで》、この身體《からだ》が保てるか知れませんが、無事歸《かえ》れたら、御一緒に良い映畫《えいが》を造り度《た》く思ひます。いろ〳〵東京、大船、熱海で御世話になつて濟《す》みませんでした。

母上、妹サンによろしく。

（八月六日）

―高峰三枝子嬢宛―

（『佐野周二戦地通信』）

佐野の人柄か、ユーモアのある通信もある。上原謙へ宛てた通信がおもしろい。

高峰三枝子（『映画朝日』1940年1月号）

御案内
來る十二月二十八日十八時より、漢口東方一《いち》
粁藪中《きろやぶちゆう》に於て忘年會《ぼうねんかい》を開催します。
萬障《ばんじ》御繰《おく》り合せの上御出席を乞《こ》ふ。
會費《かいひ》時局柄不要、各自酒（支那酒《チャンチュー》にても良
し）及鶏二羽御持参のこと。尚姑娘《クーニャン》同伴者は
大いに歓迎《かんげい》します。（十三、十二、十七）
發起人關口伍長こと佐野周二
―上原謙氏宛―

（前掲書）

いっぽうで上原に宛てた別の通信では、血なまぐさい最前線での日々を明かした。露営に次ぐ露営、敵からの夜襲、野砲迫撃砲の攻撃、物資不足でタバコの吸い残りを拾う戦友たち、目の当たりにした娘子軍《じょうしぐん》の死骸……。こうした戦場のことも書いた。

娘子軍の死骸について、佐野は《御想像下さい》（前掲書）と上原に宛てて、ひとことだけ書いた。それがいかに苛烈な光景であったか、別の人気俳優が赤裸々に書いている。日活多摩川のスターで、佐野と同じく人気俳優として戦地へ赴いた中田《なかた》弘二《こうじ》（一九

○九～没年不詳）の陣中手記である。中田は、一九三七（昭和十二）年七月に応召、北支戦線に従軍した。

砲兵軍曹だった中田は、河南省《かなんしょう》と山西省《さんせいしょう》の境で、斃《たお》れた娘子軍のひとりを目にする。「中田弘二陣中手記　決死の合唱」（『婦人倶楽部』一九三九年十月号、大日本雄辯會講談社）に、その様子が生々しく書かれている。

中田弘二、戦地での様子（『映画朝日』1939年11月号）

　岩と岩との間に挟まれて、上半身を片方の岩に凭《もた》せ、仰向けに倒れてゐる一人の敵兵――少年のやうにあどけない顔だちだが、秀《ひい》でた眉《まゆ》と引締つた口許《くちもと》には、何か聰明《そうめい》な、近代的なものが感ぜられる。やはり正規軍の服装で、帽子は目《ま》ぶかにかぶつてゐる。私は、何げなく帽子をとつてみて、俄然《がぜん》驚いた。

　帽子の下から房々とした黒髪がバサリと出てきた。長髪ではないが、頭の刈り方から見ると、どうしても斷髪《だんぱつ》した女としか見えない。私はそつと胸をまくつてみた。小さな乳房が茶碗を伏せたやうに盛上り、乳首がチヨボツと小豆のやうに乗つかつてゐる。まさしく女だ。娘子軍の一人である。

（中田弘二「中田弘二陣中手記　決死の合唱」（『婦人倶楽部』一九三九年十月号、大日本雄辯會講談社）

中田がここで、斃れた女性兵士に憐憫《れんびん》の情を抱いたかというと、そうではない。死骸《しがい》に対して憤激し、敵意をむき出しにして、こんな言葉にした。《あゝこれが戦争だ！　勝敗の姿だ！　これでこそ初めて一昨日《おととい》麓の繃帯所《ほうたいじょ》で見た尊い我らの犠牲者に對《たい》して、幾分なりとも申譯《もうしわけ》がたつ……》（前掲書）。中田はそう天に祈り、熱い涙を流す。味方に多くの犠牲を出した一昨日の戦闘に、娘子軍がいたのが理由であった。

これはあくまで中田弘二の体験であって、佐野周二の話ではない。ただ、佐野がおなじ経験をしたとして、ここまで書いたかどうかわからない。執拗なまでに綴った中田とは対照的に、《御想像下さい》のひとことで済ませた佐野の人柄に、かえって慄然としたものをおぼえる。

二年七か月の任務を終え、佐野は無事に帰還する。一九四一（昭和十六）年二月であった。出征時と変わらず、ここでもスター扱いである。戦地から帰還した勇士として、さまざまな手記やインタビューが出た。『映画之友』（映画日本社）一九四一年四月号

「還《かえ》つて來た佐野周二」には、小倉武志による前文がつく。《つとむる業《わざ》は異れど、思ひは一つ、いつとても皇國《みくに》を護る赤誠《せきせい》は、吾等《われら》が胸に燃ゆるなり──還《かえ》つて來た佐野周二は、映画翼賛《よくさん》の信念で、第二の出發だ。》この記事に佐野の談話がある。

元氣で還《かえ》つて参りました。戰場にまだ残つて闘つてゐる戰友のことを思ふと自分だけこうして還つてきたことが濟まなく思はれてなりません。戰地の兵隊は、銃後の皆さんの御後援に感謝して一生懸命に働いてゐます。自分は銃後の皆さんの緊張ぶりを目のあたりにみて大變《たいへん》嬉しく思ひました。不自由をしのんでこの重大時局を共に乗り切りませう。自分は今から銃後國民《じゅうごこくみん》の一人として、映画報國《ほうこく》の道に邁進《まいしん》いたします。

（小倉武志「還つて來た佐野周二」『映画之友』一九四一年四月号、映画日本社）

「中田弘二陣中手記　決死の合唱」や、東宝映画で活躍した岡譲二《おかじようじ》（一九〇二～一九七〇）の「遠征千二百哩《まいる》」（『東宝映画』一九三九年八月下旬号～九月下旬号連載）のように、戦地での日々を発表する人気スターはいた。いずれも戦意高揚を意図したもので、敵兵と馬が斃《たお》れ、集落を焼き打ちにするような、生々しい描写がつづく。

佐野もまた、戦地でのエピソードを読み物にした。帰還してまもなく、雑誌『婦女界』（婦女界社）に「戰線實話小説　血に彩られし繪《え》」を発表している。中田の陣中手

岡譲二（帰還し、羽田空港に着いた岡譲二（『東宝映画』1939年8月下旬号））

記をほうふつとさせる題ながら、実際には部下の上等兵との友情秘話が書かれている。

五人の部下の一人、安村上等兵は、暇さへあれば繪《え》を描いてゐた。私は彼が兵隊になる前は繪描きであつたに違ひないと思つてゐた。私のやうな、繪について全くの素人にも安村上等兵の描く繪がうまいもので、繪描きさんの繪だと思へる程であつた。

「安村、歸《き》還《かん》できたら展覽會でもやるんだな」と私は、あるとき彼に云つたら、

「冗談云つちやいけませんよ、自分の繪なんかとても恥しくつてそんな眞似は出來ません」

と彼はいくぶん照れながら云つた。

あれ程描いてゐるのだから、もう隨分たまつたに違ひない、さう思つたので、

「ねえ、君の收獲を全部見せて呉《く》れないか」

と云つたら、彼は手をふつて、

「みせる程のものはありませんよ。それに描いたやつは直ぐ送つてしまふんで……」

「送るつて誰へ？　戀人《こいびと》へかい？」と私がひやかすと、彼はまじめな顔をして、

「戀人？　自分にはそんなものはゐません。國の子供たちに送るんです」と云ふ。

「國の子供たち？　ぢやあ君は子供があつたのかい？」

「いや自分の子供ぢやないんです。生徒たちです」

「生徒たち？　ぢやあ君は先生だつたのか」

（佐野周二「戦線實話小説　血に彩られし繪」『婦女界』一九四一年七月号、婦女界社）


戦地にいる安村のもとには、教え子たちから絵手紙が届けられた。それを大事に胸ポケットから取り出しては、佐野に見せた。返事の絵手紙を書く安村に、佐野は共感する。「手伝いたい」となれない絵を描き、それがきっかけでふたりは、暇をみつけてはスケッチしてまわるようになる。その日々のなか、現地の子どもたちとの交流が芽生える。風景のスケッチはいつしか、中国の子どもたちの絵に変化していく。

「この繪を國の子供たちに送つてやるんです。先生が支那の子供たちと仲よく寫生《しやせい》をやつてゐる、これをみたら、きつと支那の子供たちも自分たちの仲間だと思ふでせ

う。」と彼は云った。

次の日も彼はまた寫生に出かけた。私は相にく用事があつて行けなかつたので、若《も》し昨日《さくじつ》の子供たちに會《あ》つたら、これをあげてくれとキャラメルを彼に渡した。

（前掲書）

激しい戦闘で、安村は負傷する。教え子たちからの絵手紙は、かたときも手放さない。血に彩られし繪、である。その安村宛てに、「小野芙美子」という見知らぬ女性から慰問袋が届いた。佐野はそれを手に、入院中の安村を見舞う。その途中、現地の学校を訪れ、安村がモデルにした子どもたちに、名誉の負傷をしたことを伝える。病室でその話を聞いた安村は、感極まって泣き出す。そこで佐野は、芙美子からの慰問袋を手渡す。安村の顔が一瞬で赤くなる。病室の壁には、教え子からの絵手紙が貼られていた。

その後、安村は内地へ戻る。そして、一九四一（昭和十六）年に帰還した佐野の自宅を、妻となった芙美子とともに訪ねた。本作は、そういう結末である。「中田弘二陣中手記　決死の合唱」や岡譲二の「遠征千二百哩」を読んでからだと、すこしホッとする。

一九三八（昭和十三）年に出征したとき、『映画朝日』の特派員は佐野のことを、《スクリーンの彼と些《いささ》かも異らない明朗さ》と書いた。想像の域は出ないけれど、松竹、あるいは当時のジャーナリズムが、佐野の健康的なイメージを守ったと考えられる。少なくとも中田弘二のように、嫋《たお》れた女性兵士の胸をまくり、《小さな乳房が茶碗を伏せたやうに》と書くとは考えられない。周りもきっと、そんな文章を佐野に書かせなかったはずである。

佐野周二は戦地であっても、明朗かつ健康的な人柄を崩さなかった。帰還後もそれは変わらない。先の「戦線實話小説」を読めばわかる。いっぽうで別の雑誌記事では、人気漫画家の近藤日出造《こんどうひでぞう》の《(戦地で) いろんな人情を知るだらうなア》との問いに対し、こう答えた。

「うん。人の情《なさけ》を知り、自分の情も發見《はっけん》するよ。僕は散歩好きで、よくぶらぶらと出歩いたが、田圃《たんぼ》など歩いてると、負傷した敵の一人が慌てゝびっこひきひき逃げるのを見たりするんだが、撃ちにくゝてねェ。あいつにもおふくろがあるだらう、妹がゐるだらう」

「細君《さいくん》もあるだらう」

「いや、自分が獨《ひと》り者なんで、細君のことは考へ落すね、ハハハハ」

(近藤日出造「歸還兵《きかんへい》★佐野周二軍曹と一問一答」『主婦之友』一九四一年四月号、主婦之友社)

『愛唱歌　只今歸つて参りました』（ポリドール、1941年）

この話が、笑いのタネになるのか。戦争の闇を知るような気がする。出征前、友田恭助の死を通してわが身を想い、戦地での小津安二郎との再会、友や親しい人たちに感謝の念を綴った人である。その文章と読みくらべると、違和感をおぼえた。戦地で人が変わってしまったように感じるのは、考えすぎか。

一九四一（昭和十六）年の春、日米開戦がそう遠くないころ。佐野は撮影所に戻る。ふたたび人気スターとして、忙しい毎日が待っていた。この年の五月には、上原敏《うえはらびん》の歌と佐野の語りで構成された『愛唱歌　只今歸つて参りました』（ポリドール）が、八月には、佐野の語りで構成された『戦線日記の一頁』（同）がそれぞれ、レコードで発売されている。

『只今歸つて参りました』は、二〇一九（令和元）年に発売されたアルバム『親恋道中　上原敏　1936-1943』（ぐらもくらぶ）におさめられ、CDで聴くことができる。

《僕は佐野周二です　只今帰って参りました》のせりふのあと、《あゝ青空よ　飛ぶ雲よ

恋し故郷の　山川よ》と上原の歌がはじまる。作詞を清水みのる、作曲と編曲を米山正夫、伴奏を日本ポリドール管絃楽団《かんげんがくだん》が手がけた（元のSP盤では、裏面に田端義夫の『愛唱歌　夏草の夢』が入っている）。戦時下の人気スターと流行歌手がコラボした、好例だろう。同アルバムのブックレットには、当時のオリジナル歌詞カードから復刻した佐野のせりふが載っている。貴重な活字での記録である。

このように、ふたたび銀幕の世界で活躍する佐野だったが、俳優に専念することは許されなかった。帰還した年の夏にはふたたび応召、歩兵軍曹として東部第六連隊に入隊する。佐野は、六本木にあった大隊本部に通いながら、映画の仕事をつづけた。時局を反映した戦意高揚《せんいこうよう》映画が多いなか、庶民の哀歓を描くホームドラマもあった。『父ありき』（松竹大船、一九四二年）では、小津安二郎とふたたび仕事をした。

戦局が悪化すると、俳優との二足のわらじがむずかしくなっていく。軍曹から曹長となり、一度除隊になったのち、一九四四（昭和十九）年七月に帰還第一作『還って来た男』（松竹下加茂）が公開される。川島雄三の監督デビュー作で、ルネ・クレールを思わせるしゃれたこの小市民映画（脚本は織田作之助）に、佐野は主演する。帰還した軍医（中尉）の中瀬古庄平にふんした。

しかし、そのまま俳優業をつづけることはできなかった。一九四五（昭和二十）年三月、航空通信隊の一員として調布飛行場に勤務する。二年七か月におよぶ中国戦線での日々にくらべると、二度目、三度目の応召は内地勤務であり、メディアが追いかけることはない。そのような余裕は、もうなかった。このあいだ、のちに俳優となる長男の宏が生まれた（一九四三年）。終戦の年には、東京への空襲が激しくなるなか、妻を病気で亡くした。

終戦からまもなく、佐野は戦前と変わらず人気スターとして、松竹大船の作品に出演した。二十代から三十代、若手から壮年へのいい時期を、戦争にほんろうされてしまった。高峰三枝子に宛てた《御一緒に良い映畫を造り度《た》く思ひます》との願いが、ようやく果たされた。昭和二十年代、三十年代には、いい映画にたくさん出た。そのなかには、戦争の傷を引きずったような役柄もあった。

若き日の佐野はスポーツマンで、立教大学時代は、水泳の選手としてならした。関口宏のエッセイ集『テレビ屋独白』（文藝春秋、二〇一二年）によれば、一九四〇（昭和十五）年の東京オリンピックに出場が決まっていた。それが中止になったことは周知のとおり。関口は書く。《その悔しさも多少あったか、後年、「馬鹿な戦《いくさ》をしたもんだ」が父の口癖になっていた。》。

一九七八（昭和五十三）年十二月二十一日死去、享年六十六。『佐野周二戰地通信』という貴重な一冊を遺したものの、そのあと出た佐野の単著はない。戦後、みずからの半生をたどる自伝なり、聞き書きなりを、一冊にまとめてほしかった。

馬面《うまづら》の二等兵

伊藤雄之助、恩田清二郎

内外《ないがい》タイムス文化部編『ゴシップ10年史　日本人の〝好奇心10年〟』（三一新書、一九六四年）という新書がある。中村錦之助《なかむらきんのすけ》（のちの萬屋錦之介《よろずや》）の「錦之助ブーム」にはじまり、昭和三十年代の芸能・スポーツ界のさまざまなゴシップ、珍事、事件を一冊に集めた。巻末には「付録」として、スターや歌手の出演料、有名俳優の結婚事情（結婚式の年月日、会場、媒酌人、エピソード）、スターの出生地、前歴、学歴、副業、血縁関係、実家の稼業などのデータがつく。

そのなかでも、兵隊の位を記した「軍籍簿」（後頁参照）がおもしろい。鶴田浩二《つるたこうじ》から長谷川一夫《はせがわかずお》まで、多士済々の俳優の名がある。三橋達也《みはしたつや》は《陸軍伍長　道楽はいまでも鉄砲をいじること。》、平田昭彦は《海軍経理学校在学中　東大に復学、久我美子を妻にする。銀行に就職したとしても楽に支店長にはなっているはず。》、加東大介は《陸軍軍曹　衛生軍曹だったが薬品不足で芝居ばかりやっていた。偉勲は南の島に雪を降らせ

高田浩吉	陸軍一等兵	“イタワシイ”といって銃後の妻たちは前線の夫以上に彼の安否をきづかった。
立原博	陸軍一等兵	反戦抵抗者である。北支で脱走、延安までは逃げ切れず軍法会議に附せられ、終戦まで獄中生活。
佐野浅夫	陸軍二等兵	四ヵ月で敗戦。ずい分なぐられただけで、一発もなぐらずじまい。
長谷川一夫	陸軍二等兵	敗け出すと雪之丞までもが狩り出され。
尾上九朗右衛門	陸軍二等兵	この“上”もなく“苦労”したそう。
清村耕次	陸軍二等兵	砲兵大隊に入ったが砲の操作に習熟するまでもなく終戦のミコトノリ。
小林桂樹	陸軍二等兵	デビュー作が『将軍と参謀と兵』の兵。サラリーマン精神で御奉公した。
上原謙	即日帰郷	ウマイことやったという説、天皇も『愛染かつら』の津村を二等兵にするにはしのびなかったという説の二説あり。

軍籍簿

内外タイムス文化部編『ゴシップ10年史　日本人の“好奇心10年”』（三一新書、1964年）より俳優関係を抜粋

名前	兵隊の位	参考表
鶴田浩二	海軍中尉	兵隊より市井遊俠のニイサンの方がうまい。
西村晃	海軍中尉	学徒出陣組だが、陸軍伍長や、刑事役の方が多い。
池部良	陸軍中尉	終戦直後、軟弱の徒のチャンピオンになる。コペルニクス的転回をする。
南道郎	陸軍少尉	軍人精神の権化。いまも天皇帰一を信じる。しかし少尉より兵長のほうがうまい。
菅佐原英一	陸軍少尉	イメージちょっと湧かず。
佐藤英夫	海軍兵学校在学中	大酒飲みなので卒業したとしても提督コースには乗らなかっただろう。
平田昭彦	海軍経理学校在学中	東大に復学、久我美子を妻にする。銀行に就職したとしても楽に支店長にはなっているはず。
小沢昭一	海兵予科舞鶴分校在学中	入った小沢に罪はなく、採用した帝国海軍に責任がある。
佐野周二	陸軍曹長	よくぞそこまで漕ぎつけた。
加東大介	陸軍軍曹	衛生軍曹だったが薬品不足で芝居ばかりやっていた。偉勲は南の島に雪を降らせたこと。
市村俊幸	海軍一等兵曹	ピアノのキイは叩かず、水兵のシリを叩いたのでは？と推察する。
高原駿雄	陸軍伍長	高射砲隊にいた。B29を墜したこと、いちどもナシ。
三橋達也	陸軍伍長	道楽はいまでも鉄砲をいじること。
トニー谷	陸軍伍長	要領の悪かろうはずはなし。
八波むと志	陸軍兵長	交通戦争にカミカゼ出撃して散華。文字通り故陸軍兵長となる。

伊藤雄之助（『大根役者　初代文句いうの助』）

たこと。》といったぐあいである。わかる人にはわかるコメントがつく。

　この軍籍簿に挙げられたのは、出征経験のある俳優の一部にすぎない。戦地に赴き、復員し、俳優稼業をまっとうした人はもっといる。そのひとりとして、長い顔の名優であり怪優の伊藤雄之助《いとうゆうのすけ》（一九一九〜一九八〇）をまっさきに挙げたい。

　伊藤雄之助は、昭和十五（一九四〇）年一月、北支（現・中国華北地域）に入営した。二等兵として古参兵にいじめられながら、したたかに戦地での日々をおくった。生まれは歌舞伎の人で、戦前は舞台で活躍し、戦後になって映画に本格的に出るようになる。どの役もよかったけれど、戦地での経験が糧となったのか、戦争と平和、差別を題材にした作品に、いいものがたくさんある。

　監督の岡本喜八は、戦争をテーマにした作品に、この俳優をよく使った。「葬儀屋」と呼ばれる一等兵を演じた『血と砂』（東宝、一九六五年）、飛行団長として終戦目前に特攻隊員を見送った『日本のいちばん長い日』（東宝、一九六七年）、海を漂流する青年兵（寺田農《てらだみのり》）に終戦を伝えるおわい船の船長役の『肉弾』（肉弾をつくる会・日本ATG提携、一九六八年）などがある。

映画だけではない。テレビにも一本、印象的な作品がある。岡本が監修と脚本を手がけた連続ドラマ『遊撃戦』（日本テレビ）第七回「老兵は死なず」（一九六六年十一月二十四日放送）がそれだ。ひとり洞窟にとじ籠もり、敵の中国兵と相対するストイックな日本兵を、伊藤が熱演した。

名画座のラピュタ阿佐ヶ谷が、二〇一八（平成三十）年四月二十二日～六月三十日に特集「鬼才・奇才・キオ岡本喜八」を組んだとき、そのフィルムが上映された。四十七分間、長い顔のアップと、けだるく哀しみに満ちたモノローグと、憑《と》りつかれたように機関銃をぶっぱなすシーンが連続する。「ものすごい雄之助ドキュメントを目撃した！」と興奮した。芝居の熱量、なまなましい臨場感は、戦争を経験していない世代にはまず出せまい。岡本は、伊藤にあてて、この脚本（長野洋との共作）を書いたのだろうか。

もう一本、感銘をうけた作品がある。実話をもとにした主演映画『人間であるために』（新映画協会、一九七四年）である。伊藤は、国を相手にした「原爆裁判」訴訟の弁護士で、志なかばで亡くなる岡本尚一《おかもとしょういち》を演じた。

岡本は一九五五（昭和三十）年四月、原爆被害の損害賠償およびアメリカの原爆投下

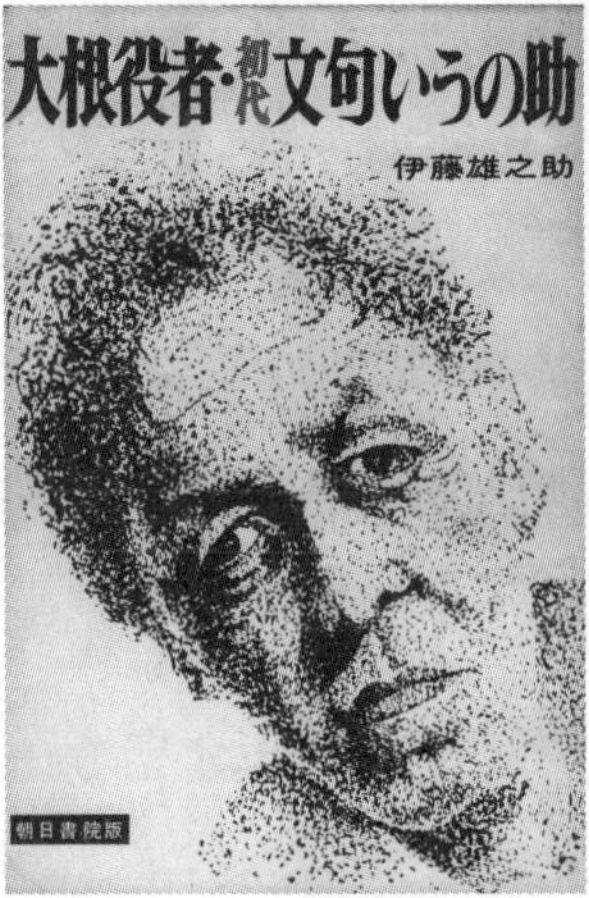

伊藤雄之助『大根役者　初代文句いうの助』（朝日書院、1968年）

の国際法違反を求め、東京地裁に提訴した。

高木一臣脚本・監督の本作は、大手映画会社が手がけない自主映画だった。名画座での上映、BS・CSでの放送、ビデオ・DVDなどのソフト化にめぐまれず、埋もれている。そのフィルムが、二〇一七（平成二十九）年七月十五日、東京・江古田《えごた》の武蔵大学における「被爆者の声をうけつぐ映画祭」でただ一度きり、上映された。

映画のラスト、大都会の人混みを、「原爆が落ちるぞ～!!」と叫びながら、岡本（伊藤）が走りぬける。そうしたエキセントリックな怪演もさることながら、ブランコにゆられながら公園の子どもたちを見つめ、「子どもはいいなあ」とつぶやく情味ある芝居がよかった。この俳優が、ますます好きになった。機会があればもう二度、三度、観たい。

伊藤雄之助は、一九一九（大正八）年、東京の浅草、雷門の筋むかいのあたりで生まれた。父は歌舞伎俳優の初代澤村宗之助《さわむらそうのすけ》、母は帝国劇場専属女優第一期生の鈴木徳子、いわば芸能一家である。雄之助は三人兄弟のまんなかで、満四歳のとき、初舞台をふんだ。そのわずか六日後、父の宗之助が三十八歳で急逝してしまう。のちに二代目澤村宗之助となる兄、雄之助、弟の澤村昌之助（伊藤寿章《いとうとしあき》）は、歌舞伎界の孤児として辛苦を重ねることになる。

昭和十年代、伊藤は東宝劇團（第一次、以下「東宝劇団」と表記）に参加する。そこで歌舞伎の坂東簑助（八代目坂東三津五郎）から、ひどい仕打ちを受けた。そのことは、伊藤の著書『大根役者　初代文句いうの助』（朝日書院、一九六八年）に書かれている。五十代を前に出したもので、簑助との因縁や自身の戦争体験にも触れている。

東宝劇団で幹部になっていた伊藤は、二十歳のころに応召された。「ヘンな兵隊さんのこと」。これが本人のつけた、みずからの戦地体験の見出しである。以下の引用文にある「朴念人《ぼくねんじん》」とは、人からそう言われた逸話に由来し、その呼び名を伊藤も気にいっていた。応召された伊藤は、一九四〇（昭和十五）年一月、北支で現地入営する。それからの日々を、こうふりかえる。

さて、そのひとつ、入営した翌日の朝、わたしはいきなり古参兵に呼びだされました。

「役者をしてたってのは、貴様か」

「ハイ」

「よくその顔で役者をやっていたな」

「ハイ」

「だいたい生意気である」

なにが生意気なのかわかりませんが、俳優だということだけで、わたしはいきなり百二十ほどなぐられました。わたしの頰は、目も鼻もわからないほどはれあがりました。だが、まだ解放してくれません。

「気をつけェー」

わたしはよろよろと立ちあがりました。古参兵は営庭《えいてい》を駆け足で五回まわってこいというのです。

「左《すだり》むきやあ、左。駆けあーす」

どうもムチャクチャでした。

かれは秋田出身の兵隊でしたが、なにが気にいらないか、初対面のときから徹底的にわたしをマークしました。ひどいときには、演習からもどって腹ペコになっているのに、わたしの食事のうえにオシッコをかけてしまうのです。

「戦地では、こういうものを喰わなきゃあならんときもある。喰え」

いくらなんでも、たべられた代物ではありません。そうかと思うと、浴槽の中でウンコをして、

「伊藤二等兵、汲みだしちゃならねえ」

と、いじわるそうな目でねめつけているのです。つくづく、

――とんだところへきちまったなア。

と思いました。

（伊藤雄之助「ヘンな兵隊さんのこと」『大根役者　初代文句いうの助』（朝日書院、一九六八年）

伊藤雄之助、当時24歳、4年兵のとき（『大根役者　初代文句いうの助』）

伊藤は、当時の軍隊を《日の丸会社》（前掲書）と書いた。日の丸会社に対して、ささやかな夢を抱いていた。軍隊生活における規律のなかで、一人前の男になろうとした。その夢は、いっぺんにふきとんでしまう。日の丸会社は、人間のいるところではない。それが伊藤の出した、ひとつの答えだった。

伊藤のエッセイやインタビューの類いを読むと、長い顔にかなりコンプレックスを抱いていたことがわかる。必ずのように女性にもてなかったエピソードが語られ、それは戦地でも変わらない。『大根役

者 初代文句いうの助』には、現在の中国・河北省、饒陽懸《じょうようけん》饒陽城内茶木隊中隊本部指揮班にいたときの写真がある。当時二十四歳、たしかに顔は長いけれど、古参兵からいきなり百二十発も殴られる顔……とは感じられない。理屈のかけらもない、戦場と軍隊の不条理に言葉をうしなう。

著書によれば、初年兵八十六名のうち、伊藤はどんじりの八十六番という成績であった。それが逆に本人の背中を押したのか、友だちに頼んで内地から芝居の台本を送ってもらい、大きな声で読んだ。

日の丸会社への夢は、とっくにうしなわれている。さすがに古参兵も、命まではとらないだろう。だったら、ひとりで芝居のマネをするほうが、精神衛生上にはよい。ほかに誰もいないトーチカ勤務のとき、外へ出て、声を張り上げ、セリフの勉強をした。

「バカヤロウ、貴様、なにしているか」

巡察に見付かってしまったのです。

「オレだからいいようなものの、もしオレが敵だったらどうする！」

まったくそのとおりでした。わたしがどれほどひどい罰を受けたか、みなさんのご想像にまかせます。それでも、わたしは台本を離さなかった。軍隊では、歩兵操典《そうてん》なら、

「忘れましたァ」

で、なんとかすみますが、舞台で
「忘れましたァ」

では、収拾がつかないからです。

「貴様は、まったく気違いだな」

わたしを尋問した中隊長もほとほとあきれていました。

（前掲書）


そんな伊藤を、「茶木隊」の中隊長である茶木弥四郎がかばってくれた。気取って革の長靴を履く上官が多いなか、茶木はゴム長靴を履いていた。人間味にあふれたその人を、伊藤は「ゴム長《なが》隊長」として慕う（茶木は戦後、伊藤忠商事の重役となる）。

二等兵の伊藤が、一等兵になった。このころから、古参兵の嫌味や意地悪は気にせず、ふてぶてしく立ちまわるようになる。師団指令部の軍旗祭では、大隊を代表して出演し、芸を披露した。子役時代から培ったそのキャリア、とくに踊りは人並みにできる。地方《じかた》をつとめた現地の芸者衆が、伊藤の踊りに目を奪われた。

芸者衆のなかから、伊藤のファンが出てくる。軍幹部専用の高級料亭の女将と、軽々しく口のきけない部隊長から、「芸者たちに踊りを指導してほしい」と声がかかった。

その申し出を、伊藤は受ける。公用外出証をつけて料亭に出向き、芸者衆に踊りを教え、なにがしかの授業料をもらう。そのお金で甘いものをたくさん買い、中隊の兵隊にだけ配給した。将校や下士官には、なにもあげない。ゴム長隊長の茶木が、こう忠告した。

「伊藤、少しは、上級のものにわけたほうがいいぞ」

「いいえ、軍隊でいちばん働くのは兵隊ですからね。それに、将校や下士官は、けっこううまいことをしていますす」

「伊藤、それが貴様、思想がよくないというんだ」

隊長は口を「へ」の字に結んでにらみつけるのですが、目はいつも笑っていたのを憶えています。

（前掲書）

一九四三（昭和十八）年に除隊となり、内地へ戻る。そのあいだ、日本の演劇界は大きく様変わりしていた。その一例が一九四一（昭和十六）年六月の「日本移動演劇聯《れん》盟《めい》」設立である。俳優たちはそれぞれの町や村に赴き、お国のためにふさわしい芝居を強いられた。いわゆる「移動演劇」の時代が到来する。

伊藤が属していた東宝劇団（第一次）は、すでに解散していた。同聯盟設立のあと、東宝映画のスターである岡譲二と宝塚歌劇団出身の小夜福子を座長として、東宝劇団（第二次）が旗揚げされる。一九四三（昭和十八）年のことだ。同年九月の『東寶劇團結成記念公演』（有楽座、一九四三年）のプログラムに、こう挨拶がある。

前線銃後おしなべて、文字通り總力決戰の秋、演劇もまた光輝《こうき》ある文化戰の一翼として戰力増強への重大使命を果たさねばなりません。そしてその舞臺《ぶたい》の働きが直ちに、勝ち抜くための敢闘《かんとう》をねぎらふゆたかな魂の糧となり、同時にそれが現代日本の清冽《せいれつ》な心の泉であるやうな演劇の創造こそ、私共のかねてよりの念頭とするところでありました。

（『東寶劇團結成記念公演』有楽座、一九四三年）

第二次東宝劇団が旗揚げしたあと、伊藤は復員し、東京へ戻る。当時、東宝の取締役会長だった渋沢秀雄の口ききで、東宝劇団入りが決まる。その喜びをこう書いた。

わたしは東京へ着くやいなや、有楽座へとんでゆきました。早朝のことなので、宿直の警備員をたたきおこし、だれひとりいない客席を走りぬけました。涙がとめどなく頰を伝わり、思わず、舞台にキスしてしまったことを憶えています。

東宝移動文化隊のトラック（『東寶十年史』）

「雄之助さん、よかったですなア」
警備員のおじさんも、舞台の埃と涙でくしゃくしゃになったわたしの顔を見あげながら喜んでくれました。
（伊藤雄之助「朴念人、非国民よばわりをされること」『大根役者　初代文句いうの助』）

しかし、大都市の劇場に俳優として立つことを、時代はもう許さない。一九四四（昭和十九）年三月には、決戦非常措置要綱により、大劇場が一斉に閉鎖される（翌四月には東京、名古屋、京都、大阪の計六劇場にかぎって興行を再開）。日本各地の大劇場の多くは、演劇やショーどころでなくなり、軍需工場などに使われるようになる。

伊藤は徴用され、東京の蒲田にある「中川航機」で、飛空機の部品づくりを強いられる。ところが、お国のためにせっせと部品を、という気になれない。「伊藤雄之助は、飛行機の部品をつくるより、芝居をしていたほうがお国のため」とみずから工場長に頼みこみ、芝居をつづけようとした。家族は「まったく、国賊《こくぞく》だね」と怒ったが、本人は気にしない。誰がなんと言おうと、芝居をやる。

それにも限界はある。今度は東部六部隊、いわゆる「麻布連隊」から召集令状が届いた。一度復員したあと、東部六部隊から応召されるのは、先述した佐野周二とおなじである。佐野は、映画俳優の仕事をしながら、大隊本部に通った。伊藤はどうか。日の丸会社からの呼び出しは、さすがに拒めない。『大根役者』にその顚末がある。

東部六部隊に応召された伊藤は、不安におびえながら、逃げる手だてを考えた。応召された男たちが居並ぶなか、「胸部疾患《しっかん》のもの、一歩前」と命令された。まわりにいた千五百人のうち六百人くらいが、一歩前に出る。それを見た伊藤も、つられるように前に出た。

白衣の衛生兵が、病状をひとりひとり確認してまわる。「肋膜なんて、病気じゃない」。衛生兵がそう言ったのを、伊藤は聞き逃さない。とっさに肋膜炎《ろくまくえん》より病状の重い、肺浸《はいしん》潤《じゅん》だと嘘をつく。衛生兵が体温をはかると、三十七度三分の微熱だった。肋膜炎でも、肺浸潤でもなく、応召の準備で疲れていたのが、微熱の原因だった。

ここで軍医の診察を受ける。検査室にはふたりの軍医がいた。伊藤は、人相のよさそうな若い軍医の前に並んだ。知恵が働きすぎである。吉と出るか、凶となるか。軍医は伊藤の予診簿を見て、胸に聴診器をあてた。首をひねった軍医は、背中を向けるように命じた。

「ああ、ひどい、ひどい、よく、ここまで放っておいたな」

わたしは耳を疑いました。丙種、即日帰郷。

わたしも俳優のことですから、思いきりガックリしたような様子で、しょぼしょぼと立ちあがりました。そして、こみあげる嬉しさをおさえながら、しばらく、泣きそうな表情でうなだれていたのです。おそらく、一世一代の名演技だったでしょう。人事係らしい曹長が席から立ってきて、わたしの肩を叩きました。

「気を落すんじゃないぞ、いいか、決して早まった考えをおこしてはならん。銃後には銃後のつとめがある」

「ハイ」

「お前が病気をなおせば、また、兵隊にとってやることもできるんだ」

冗談じゃありません。しかし、わたしは、コックリとうなずいて、検査室をでました。別にされた即日帰郷組は、たったの五人、すでに軍服に着かえだしている応召兵たちは、

——野郎、やりやがったな。

という顔をして見ています。

（前掲書）

とっさの悪知恵と軍医の誤診のおかげで、二度目の出征は逃れた。さっさと営門を出ると、「即日帰郷取り消し」という叫び声におびえながら、六本木まで逃げるように駈けだした。連れもどされることを、恐れたのだ。その心配は杞憂《きゆう》に終わり、誰も伊藤を追いかけてこなかった。

伊藤によれば、このときの応召兵は、インドネシアのセレベス島（現・スラウェシ島）で全滅した。それからは軍需工場に徴用されることもなく、東宝劇団の仕事に専念した。座長は小夜福子で、伊藤は男性俳優の班長となった。戦局が悪化し、内地の生活が不自由になるなか、一行は東北から南九州まで各地を旅した。

小夜福子（『東寶十年史』）

伊藤雄之助や小夜福子にかぎらず、戦時下の俳優は多かれ少なかれ、移動演劇や慰問巡業をやっている。たとえば宝塚歌劇団のトップスターで、「男装の麗人」として人気を博した宮城千賀子《みやぎちかこ》（一九二二〜一九九六）は、女性ばかりの一座を率いて、全国を旅した。一座の名は「ツバメ戦闘隊」。隊長の宮城は尉官待遇で、女性ばかりゆえの艶《なま》めかしいエピソードは、著書『むしっちゃった男』（サンケイ新聞社出版局、一九七〇年）に紹介されている。

移動演劇については、当時の雑誌『日本演劇』（日本演劇社）に日程表が掲載されている。一九四四（昭和十九）年の新年号を例にすると、くろがね隊、文化座、東宝移動文化隊、新興移動隊、松竹国民座、宝塚移動隊第二班、舞台座、みづほ劇団（瑞穂劇団）、吉本移動隊、あづさ隊、ほがらか隊、高井隊、井上演劇道場とともに東宝劇団の前年十二月の日程がある。《東寶劇團（下關大分《しものせきおおいた》方面三井化學工業株式會社主催）「からたち」「歌とをどり」「下駄分隊」》と日程表にあり、この移動演劇に伊藤も参加していたかもしれない。

軍の施設、軍需工場、農山漁村、国民学校、病院と、旅から旅への日々だった。過密なスケジュールをこなしつつ、《それでも、芝居のために一日をおえる充実感はあったように思います。》（『大根役者』）とふりかえる。演目は、戦意高揚を目的にしたものだったが、家族のように旅をし、芝居ができる幸せをかみしめた。

酒、食べもの、そして、女。それなりの知恵と工夫で、あいた時間を男たちは愉しむ。当時、伊藤と行動をともにした俳優の高本勝彦が回想する。《彼が歌舞伎界の名門、沢村家の出だということは知らされていたが、人が底抜けに好くて、腰が低い人に、私は後にも先にもあったことはない》（『高本勝彦遺稿集　柝《き》の鳴る世界』あーと企画、一九九五年）。

この移動演劇の旅で、無二の親友と出会った。「朴念仁」「大根役者」を自称する伊藤が、「本物の役者」「友」と公言する、恩田《おんだ》清二《せいじ》郎《ろう》（一九〇七～一九七四）である。世代は伊藤より、ひとまわり上にあたる。

恩田は、伊藤とおなじく浅草に生まれた。映画俳優をこころざすも芽が出ず、浅草の電気館で活動弁士となり、のちに新劇俳優に転じた。戦前は新築地劇団にいて、丸山定夫、山本安英、薄田研二らと共演した。

恩田清二郎（『俳優館』第17号、1975年）

一九四〇（昭和十五）年八月、新築地劇団が当局から強制的に解散（名目上は自発的解散）させられたあと、東宝劇団に入った。ここで、伊藤と出会う。

『大根役者』に、恩田清二郎の名はほとんど登場しない。ただ、『大根役者』とおなじ月（一九六八年九月）に出た雑誌『太陽』（平凡社）に、恩田との友情秘話を書いている。『大根役者』とともに残したい、伊藤雄之助の名エッセイである。

伊藤は下戸で、恩田は酒豪だった。旅先での公演が終わると、主催者に招かれての宴会となる。伊藤に差しだされた盃を見つけるや、恩田がひったくって飲みほしてしまう。酒が地獄の責苦となる友を、そうして救った。逆に恩田は甘いものが苦手で、おしるこなどが出てきたときは、伊藤が代わりに食べた。大の読者家で、俳句と詩をつくり、文学、芸術、社会、人間哲学と縦横に語る恩田に、伊藤は心酔する。戦争のむごさを身をもって教えてくれたのも、恩田だった。

一九四五（昭和二十）年三月九日から十日未明にかけての東京大空襲では、浅草をふくむ江東地区が焦土と化した。戦後七十五年たったいまも語りつがれる悲劇である。東京にいた伊藤は、空襲の翌々日、本所緑町（現・墨田区緑）にある実家の墓を確認しに行った。御茶ノ水で省線（現・JR）を降ろされ、おびただしい焼死体のなかを、三駅先の両国まで歩いた。墓石の無事を確認した伊藤は、ふとその近くに、恩田の自宅があったことを思い出す。


焼け崩れた家の跡にころっと一つ真新しい盃が転がっている。その時、何故だかここが恩ちゃんの家だと直感したのです。それから近所の学校を探したがわからず、とうとう新宿のある病院で罹災者《りさい》集団の中に、火傷《やけど》で真黒になり、ひっつりだらけになっていた恩ちゃんを見つけたのです。親戚をたよって八王子へ移る事になり、頭から赤い毛氈《もうせん》を掛けておぶい、紐で背負ったまま逃げ出すように新宿の駅を出た時、背中で恩ちゃんは声をあげて泣きました。それから八王子の駅で待合わせた須藤健君と一緒に、恩ちゃんをリヤカーに乗せて田舎の道をがたがた引張って行きました。

（伊藤雄之助「わが悪友伝・酒としるこの交わり」『太陽』一九六八年十月号、平凡社）

東京大空襲で恩田は、妻と小学生の息子を亡くした。大やけどを負った恩田と、妻の実家に疎開していた娘が遺された。悪友伝はさらにつづく。

やがて火傷がなおって、一緒に山形へ劇団疎開、冬の山形市で、秋の上《かみ》の山で、春の酒田《さかた》の町で……色々な芝居をやりました。苦しい中で大八車に道具を積みながら……。そして慰問に行く汽車の中で終戦の報《しら》せを聞いた時も、恩ちゃんは声をあげて号泣しました。もう一年、一年だけ早く戦争が終ってくれていたらと。

（前掲書）

終戦の日、この場に細川俊夫がいた。宮口精二の雑誌『俳優館』のアンケート（第一章「ふたつのアンケート」参照）に、細川はこう回答した。《当日、左沢へ行く途中、寒河江の駅で終戦放送をきき大声で泣く恩田清二郎の肩を抱いて慰めた一コマが強く印象に残っております》。この日、座長の小夜福子も、伊藤、恩田、細川と同行している。当日の小夜の証言は、ハヤカワ文庫の『女優の証言　一九四五年八月十五日』に「モンペを脱いだ日」として回想されている（第三章「特急三時間半」参照）。そこに、恩田が号泣した話は書かれていない。

戦後の恩田は、東宝映画のバイプレーヤーとして多くの作品に出た。代表作は、映画『ゴジラ』（東宝、一九五四年）だろうか。「山根博士（志村喬）の報告は、まことに重大でありまして、軽々しく公表すべきではないと思います」と国会で持論を述べ、ゴジラ出現の公表を主張する女性議員（菅井きん）と論戦する代議士である（恩田の滑舌のよさは、新劇の人だったことを思わせる）。映画だけではない。ラジオドラマ『ベーブルース物語』（新日本放送［現・毎日放送］、一九五二年）、テレビドラマ『私は貝になりたい』（ラジオ東京テレビ［現・TBS］、一九五八年）など、放送の世界でも活躍する。

俳優として活躍するかたわら、酒におぼれ、まわりの人たちを心配させた。その姿を、新築地劇団でいっしょだった俳優の池田《いけだ》生二《せいじ》が見ている。そうした恩田を見るにみかねたのか、山形に住む女性が恩田と再婚した。東京大空襲で大やけどを負ったとき、山形の旅館で看病した人である。疎開していて難を逃れた恩田の長女も結婚し、ふたりの娘が生まれた。戦争で受けた傷が癒えることはなかったにしろ、再婚し、ふたりの孫にめぐまれたことに、伊藤と池田は安心した。

一九七四（昭和四十九）年十一月二十八日、恩田清二郎は、六十七歳で亡くなった。再婚相手の女性が、彼を看取った。

一バイプレーヤーの死を、当時のマスコミはまったく取り上げていない。それを知った宮口精二が、主宰する雑誌『俳優館』にちいさな追悼特集を組んだ。池田生二が「恩ちゃん逝く」を、伊藤雄之助が「ああ恩ちゃん」をそれぞれ寄せた。伊藤は、東京大空襲前後のことには触れず、移動演劇時代の思い出をふりかえった。

彼程人間を愛し又人間の涙を愛し、人間の脆《もろ》さを許し自らも悲しく其《そ》の中に浮き沈みして居た人も少ないのではないでしょうか。あの激しい戦争中ですら彼の信念は少しも変りませんでした。「こんな馬鹿げた事を続ければ日本は必ず敗けるよ。それじゃあ あまり人間が可哀相だよ、人間が…人間が…」泣き乍《なが》ら大声で人間万歳を叫びつつ燈火管制中の暗い途《みち》を帰って行った恩ちゃんの後姿が今でもハッキリ脳裡《のうり》に灼《や》き付いて放《はな》れません。

終戦になり時代は移って人間尊重が当り前のようになって来た今日この頃！　但しそれも表看板だけに終って中々人間の幸せになる世の中は来そうに有りません。私は沁々《しみじみ》と思います。皆が恩ちゃんの十分の一でも勉強して文化に対し、政治に対し、芸能に対して鋭い意識や感覚を養ったらやがて全体の意識が大きく昂揚して日本も文化国家に成れるのではないだろうかと。恩ちゃんは居なくなって淋しいが恩ちゃんの人間尊重のあの精神は何十年何百年後に必ず花咲く日が来る事を信じ、皆で恩ちゃんを送り度《た》いと思います。

（伊藤雄之助「ああ恩ちゃん」『俳優館』第十七号、俳優館、一九七五年）

『俳優館』の追悼特集には、恩田の「遺稿」がおさめられた。古本屋であまり目にしない雑誌なので、記録として全文を引用する。

寒卵ばら色なせる孫の頰《ほほ》も
枕辺に鼠《ねずみ》はいよるこたつへ来よ
雪おろし廂《ひさし》にふるる残り柿
鯉得たりはっしと竿《さお》に水の冷え
廊下来て納戸に氷しまひおく
一の酉《とり》吉原かけて小じゃり道
これやこの役者ぞ吾はうす着の寒
老い呆け人おのおのの道寒し

奥羽本線いまだ汽笛の冷え鉄路
さびれたる古駅音なく貨車三箱

鬼ほうずき縁日わびし老ひての商《あきない》
神前にひそりと馬の鼻の汗
はや夏の切支丹《きりしたん》坂黒衣の人
駒形のどぜう屋東京の夏たしか
駒形に江戸の香のこるどぜう汁
浜木綿《はまゆう》や浪おとろえず夕陽つよし
故旧たちまち短夜の浅眠り
酒の別れ膳椀暗き遠稲妻
酒断ちの夜々風鈴やのきしのぶ
朝顔や友つぎつぎとあの世なり
月涼し遠山道に人渡る

（恩田清二郎「遺稿」前掲書）

恩田の遺稿を読んだはずの伊藤は、どう感じたのだろう。男泣きに泣いたのではなかろうか、きっと。

晩年の伊藤は、反戦と平和を願い、周恩来《しゅうおんらい》を敬い、ベトナム戦争への怒りを雑誌にぶつけた。信心ぶかく、人間と天下国家を論ずるようになる。劇界の孤児となった少年時代、コンプレックス、戦時中の出会いと哀しみが、まじめな人柄を培ったように思う。

二十代で戦地から生還したのち、伊藤はずっと俳優の仕事をつづけた。五十歳を目前に大病を患ったときも、リハビリに耐えて、カムバックした。映画に、舞台に、テレビにと出るいっぽう、本を出し、エッセイを書き、レコード（『四角い函』ワーナー・パイオニア、一九七七年）まで出した。遅咲きの新人歌手となった『四角い函』では、人生の悲哀をしみじみと歌った。

湯治で出かけた静岡県の伊東で急逝したのは、一九八〇（昭和五十五）年三月十一日のこと。六十歳だった。まだ若い、と書けるけれど、これだけの作品とエピソード、ことばを遺した。それでもうじゅうぶんかな、という気もする。

『四角い函』（ワーナー・パイオニア、1977年）

第三章　旅と、疎開と

特急三時間半

信欣三

戦時下、物資が不自由でも、空襲に遭っても、家族の身になにか起きても、俳優たちは演じる仕事をつづけた。

演目と役柄に制約があるなか、映画に、ラジオに、舞台にと出た。歌舞伎、新派、新劇、新国劇、軽演劇、映画スターの実演と、戦争が激しくなるにつれ、地方への慰問、移動演劇が盛んになっていく。使える劇場が減ったとの事情もあるけれど、そのように国家が組織的に仕向けた背景もある。ここでは信欣三《しんきんぞう》（一九一〇～一九八八）の移動演劇時代と最晩年の旅を通して、ひとりの新劇俳優の戦中、戦後をひもときたい。

一九四〇（昭和十五）年八月の新劇弾圧で、新協劇団と新築地劇団が解散させられた。当時の新聞には、警視庁が両劇団に対して、自発的解散を慫慂《しょうよう》した旨が報じられている。名目上は自発的な解散だったけれど、実際には強制的なものだった。

俳優へのしめつけは苛烈なものとなり、薄田研二、滝沢修、松本克平ら、多くの新劇俳優が検挙された。十一月には新劇の聖地というべき築地小劇場が、國民新劇場（以下「国民新劇場」と表記）に名を改められた。翌一九四一（昭和十六）年六月には、大政翼《たいせいよく》賛会《さんかい》文化部長の岸田國士が委員長となり、「日本移動演劇聯盟《れんめい》」が設立される。

日本移動演劇聯盟には、あらゆる劇団、映画会社、興行会社、新聞社、国策団体が加盟した。《これも「総動員」体勢の演劇界への現れでした。》（『暗転　わが演劇自伝』東峰書院、一九六〇年）とは、薄田研二の言葉である。

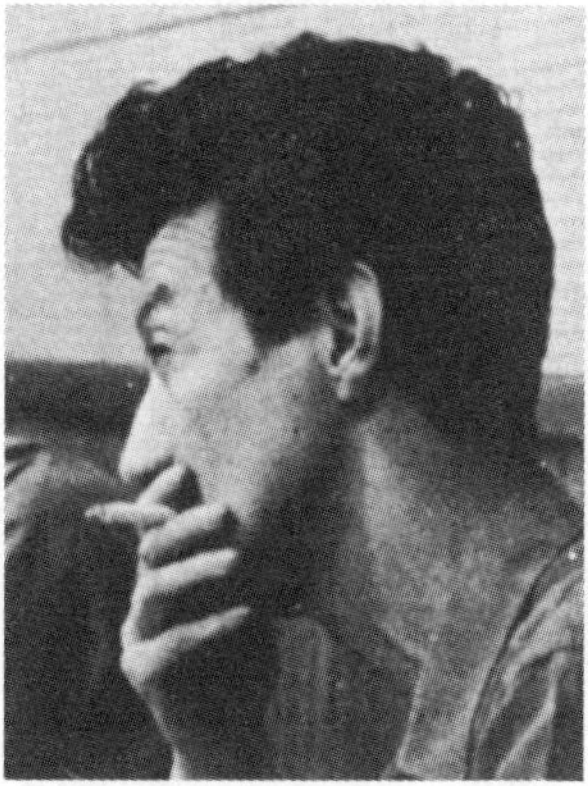
信欣三（『民芸の仲間』第56号、劇団民芸、1961年）

早稲田大學演劇博物館編纂『演劇年鑑１９４７』（北光書房、一九四七年）は、残された移動演劇に関する活字資料のひとつである。

一九四五（昭和二十）年六月時点での日本移動演劇聯盟の加盟組織は「専属劇団」「準専属劇団」「加盟劇団」「参加劇団」「演芸関係」あわせて五十以上におよぶ。俳優の顔ぶれも、十五代目市村羽左衛門、六代目尾上菊五郎、井上正夫、花柳章太郎、初代水谷八重子、島田正吾、辰巳柳太郎、長谷川一夫、古川緑波、丸山定夫などなど、そうそうたるスターが名をつらねる。

一九四四（昭和十九）年の一年間を例にすると、

同聯盟の公演回数は三九五〇回、観客動員数は四五八万人にのぼる。

俳優たちはそれぞれの町や村、施設で、お国のためのふさわしい芝居をした。その話は、伊藤雄之助の項で書いた。移動演劇に参加する俳優たちは、国防色の制服に移動演劇聯盟の腕章をつけ、男優は戦闘帽にゲートル、女優は国防色のピケ帽が定められた。『劇団文化座五十年史』（劇団文化座、一九九二年）には、移動演劇時代の活動の様子が写真とともに紹介されている。その写真のなかに、同聯盟の腕章をつけた戦闘帽姿の山形《やまがた》勲《いさお》が確認できる。

戦争を知る世代の俳優が当時をふりかえるとき、とくに舞台俳優は、移動演劇のことを書いたり、語る人が多い。それはまた、生と死が隣り合わせの旅であった。丸山定夫、園井恵子ら移動演劇「桜隊」の隊員たち九名が、広島の原爆で非業の死を遂げたことは、次章にゆずる。

移動中や旅先で見舞われる空襲もまた、移動演劇に参加する俳優、スタッフたちにとって生きた心地がしなかった。自宅が罹災した人、旅先で家が焼けたことを知る人も多かった。新生新派の同人だった柳永二郎《やなぎえいじろう》（一八九五〜一九八四）は、著書『木戸哀楽――新派九十年の歩み』（読売新聞社、一九七七年）に、移動演劇時代の回想を寄せる。

まだ焼け出されたばかりの同人たちの顔を見るのが辛かった。私は目白の家も焼けていない。京都の家も安全だ。何か悪いことでもしているような気持ちで、松下（筆者注、新生新派文芸部の松下誠）の持っていた乗車券で二十五日の夜行で京都へ帰ってきたが、それが東京の家を見た最後だった。

（柳永二郎『木戸哀楽――新派九十年の歩み』読売新聞社、一九七七年）

一九四五（昭和二十）年四月十三日の空襲で、東京・目白の柳の家は焼けた。演劇史・新派史研究家の柳が宝物にしていた演劇資料は、京都へ疎開させたものをのぞき、うしなわれた。こうしたなか、愛知県下への慰問公演に参加する。その先々で、空襲警報に見舞われた。

柳永二郎（『東宝歌舞伎十周年特別公演』東宝事業部出版課、1964年）

終戦の一、二日前、東宝劇団を率いる小《さ》夜《よ》福子《ふくこ》（一九〇九～一九八九）は、山形地方を旅していた。その移動中、列車内でアメリカの艦載機の攻撃を受けた。停車した列車からあわてて飛び出し、線路の斜面にへばりついたところを、低空から機銃掃射された。操縦する飛行士の顔がはっきり見えた、と小夜は証言する。《機銃をこちらへ向けるのまでよく見えて、本当に生きた心地がしなかったのをよく覚えています。》(「モンペを脱いだ日」『女優の証言』)。

そのいっぽうで、小夜と同行した伊藤雄之助は、《芝居のために一日をおえる充実感はあった》(『大根役者』)と書いた。移動演劇は必ずしもつらく、悲しいことばかりではなかった。一座、劇団が全国各地の農山漁村をまわり、その土地の人たちに芝居を届けてまわる。その光景を想うと、どこか牧歌的な印象を受けなくもない。

一九四二(昭和十七)年一月(二月という資料もある)、社団法人農山漁村文化協會(以下「農山漁村文化協会」と表記)は、日本移動演劇聯盟加盟の専属劇団として「瑞穗《みずほ》劇團」(以下「瑞穂劇団」と表記)を旗揚げした。「瑞々しい稲穂」を意味するその名は、演劇を通して、食糧増産の必要性を国民に説く意図があった。

農山漁村では、演劇が娯楽として人気を集めやすい。専門の劇場はおろか、芝居小屋すらない僻地に暮らす人たちにも、芝居を観せることができる。宇野重吉の自伝『新劇・愉し哀し』(理論社、一九七七年)によれば、農山漁村文化協会は当初、「皇農劇団」を提案した。それではあまりにかたくるしく、「瑞穂劇団」になった。

伯爵の有馬頼寧《ありまよりやす》が、瑞穂劇団の名誉団長となった。俳優は、宇野重吉、信欣三、永井《ながい》智雄《ともお》、北林谷栄、三好久子、浜田寅彦《はまだとらひこ》、瀬良明《せらあきら》、信の妻である信千代(赤木蘭子)、のちに西村晃《にしむらこう》と結婚する川尻則子らが参加した(『農文協五十五年略史・資料編』には三木のり平の名もある）。二年前に新劇弾圧を受けた人たちばかりである。

『農文協五十五年略史・資料編』（農山漁村文化協会、一九九〇年）に、同劇団の公演場所と公演数が紹介されている（資料「瑞穂劇団地方公演実績と劇団員」）。一九四二年三月の和歌山を皮切りに、長野、山口、東京、山口、佐賀、香川、広島、島根を巡回した。年が明けると、神奈川、静岡、東京、岐阜、山形など、東北から四国、九州におよぶ。終戦の年まで、およそ三百回近い公演をおこなった。

信欣三は、宇野重吉（のちに退団）とともに、瑞穂劇団で中心的な役割を担った。戦前、戦中、戦後を通じ、新劇ひとすじに生きた、お酒の大好きな俳優である。

一九一〇（明治四十三）年、東京・銀座の生まれ。祖父の信大蔵は、銀座で「函館屋」という店を営み、函館屋のアイスクリームは人気を博した（大蔵が「五稜郭の戦い（箱館戦争）」に参加し、そこでアイスクリームづくりを学んだのが屋号の由来）。新劇の道をこころざした信は、左翼劇場をへて、一九三四（昭和九）年、新協劇団の創立に参加する。新協時代は「藤ノ木七郎」を名乗った時期があり、ともに舞台に立った宇野から「七ちゃん」と呼ばれた。

その新協劇団が、当局の弾圧で強制的に解散させられた。信をはじめとする劇団員たちは、行き場をうしなう。その二年後に生まれたのが、農山漁村文化協会がバックについた瑞穂劇団であった。

同協会の雑誌『農村文化』一九四二（昭和十七）年十月号に信は、「移動日記 葉隠の地を行く」と題した記事を書いた。『葉隠《はがくれ》』発祥の地である、佐賀県下での移動公演について紹介したものである。瑞穂劇団では当時、一日ごとに隊員がもちまわりで日誌をつけていた。《これは仲々愉快で、文章の下手な人もあれば、大變面白く書く人もあるし、あんな事からこんなに大きな感動を受けてゐたのか、と吃驚する様な事もあるのです。》と信は前置きする。

お国のためのふさわしい芝居、と先に書いたけれど、具体的にどんな演目だったのか。一九四二年八月十日、佐賀での初日公演について、舞台監督兼俳優の浅野道夫が日誌をつけている。開演前の様子をこう書く。《小さな橋を渡ると劇場があつた。近在から集つた農家のお客さんが樂しそうに劇場の中へ吸ひこまれて行つた。場内の混雑は劇場の人達を喜ばせてゐた。》（前掲書）。劇場には千人以上の観客がつめかけ、十八時半に開幕のベルが鳴った。主催者のあいさつのあと、以下の演目が上演された。

一、宣誓《せんせい》劇『國民も闘ふ』
二、竹井一男作『春秋』一幕　農林省選定、農山漁村文化協會指定
三、『みたから音頭』踊り指導
四、『村は土から』歌の指導

1945年、瑞穂劇団の移動演劇（永井智雄『ぼくの俳優手帖』光和堂、1977年）

五、指人形芝居『馬と兵隊』四景
六、吉屋《よしや》信子《のぶこ》原作　阿木《あぎ》翁助《おうすけ》脚色『村と兵隊』二幕
七、宣誓劇『我等勝てり』
（信欣三「移動日記　葉隠の地を行く」『農村文化』一九四二年十月号、農山漁村文化協會）

終演は二十二時二十五分、四時間の長丁場である。浅野は、夫婦で訪れた老いた男性から《「こんな良い芝居は見た事がない」》（前掲書）とお辞儀をされた。そばに弁当が置かれているのを見て、「遠く離れた村から、はるばる観にきてくれた」と感謝した。

ほかの劇団員の移動日誌からも、それぞれ現場の雰囲気が伝わってくる。第二日目、八月十一日の多良村（現・佐賀県太良町《たらちょう》）公演の日誌を記した草村公宣は書く。《誠意には都會も田舎もない。誠意をもつて迎へて下さると嬉しい。》（前掲書）。とはいっても、設備の整った劇場とは異なり、不自由はある。多良村公演の会場は、山、森、畑、田んぼにかこまれた国民学校だった。広すぎて、暑すぎて、子どもは騒ぎすぎて、劇団員を悩ました。客席まで声を張り上げた草村は、喉を痛めてしまう。

劇団員たちの疲労は深刻だった。第三日目、八月十二日の鹿島村（現・佐賀県鹿島市）公演では、女優の三戸部スエが暑さで倒れた。近くの内科医師は運悪く亡くなったばかりで、専門外である耳鼻咽喉科の医師しか手配できない。手当てを受けた三戸部の腕には、しそんじた注射の跡がふたつ残った。公演を終え、宿に戻ると、今度は三好久子が苦しみだし、倒れた。あまりの高熱で、濡れたタオルがすぐ乾いてしまう。その手当てもした耳鼻咽喉科の医師は、「過労です」と言うことしかできなかった。

美談にするつもりはないけれど、こうした苛酷な日々のなか、劇団員たちは家族のような関係を深めていく。それは、伊藤雄之助が書いたことと似ている。佐賀公演の第一日目から三日目の日誌を紹介したあと、信はこうしめくくった。

今度の移動は主に氣候、風土の關係で瑞穂劇團の淺い歴史の内で最も辛苦をきわめたものでした。暑氣あたりで次々に隊員は倒れ、倒れつぱなしでは仕事を中絶するより外はないので、代役を立てたり、病氣を押切つて舞臺《ぶたい》に出たりしました。
もう少しで移動の日程を終ると云ふ時、遂に隊長の宇野君が四十一度五分の熱で動けなくなつてしまつたのです。

然し移動劇團は、「ただ辛いものだ」と、思はれては困ります。冷淡な態度や見當はづれの興味で、村の方々から迎へられない限り、僕等はいつでも實に愉快に仕事をしてゐます。

感謝の念で一杯になりながら一ツ一ツの村と別れるのが心殘りです。その村のお客さま御見物衆の喜びは永い尾をひいて續き、和歌山、長野、山口、佐賀と何本も何本も太くかたまり合つて、僕等の樂しさや、嬉しさを豊かに育くんで呉れるのです。

（前掲書）


瑞穂劇団でいっしょだった宇野重吉は、こんな思い出を記している。『村と兵隊』の劇中に、信欣三ふんする百姓のおじいさんが、上等兵（川瀬杏助）から肩をもんでもらう場面があった。すっかり芝居の世界に入り込んでしまった客席のおじいさんが、自分がもんでもらっているものと勘違いして、肩を上げたり下げたりしている。移動演劇の苦労を認めつつ、楽しく、晴れ晴れとした気持ちだったことが、自伝『新劇・愉し哀し』に記されている。

土屋嘉男の自伝エッセイ『思い出株式会社』（清水書院、一九九三年）に、瑞穂劇団のエピソードがある。土屋は当時、山梨の塩山《えんざん》にいて、地元の芝居小屋に瑞穂劇団がやっ

瑞穂劇団第3回都市公演『高原農業』（1944年）プログラム

てきた。その夜、劇団員が泊まる旅館に警察が踏みこみ、宇野重吉たちが屋根づたいに脱出した。その現場を、土屋は目撃している。

瑞穂劇団の一員として、そのまま終戦を迎えていれば、信が受けた戦争の傷は、あるいは小さくて済んだように思う。しかし、そうはならなかった。このあとの中国への出征が、信のこころに、大きな傷を残した。

瑞穂劇団は、終戦の年まで公演をつづけた。そのあいだに、中心メンバーの宇野重吉は退団し、そののち出征、南方の北ボルネオで終戦を迎えた（第一章「玉音放送、それぞれ」参照）。信もまた応召され、中国へ向かう。

手元に、瑞穂劇団第三回都市公演『高原農業』（伊藤貞助作、里見弴演出）のプログラムがある。一九四四（昭和十九）年二月十日から二十日まで、築地の国民新劇場で上演された。信は出演しておらず、プログラムには《本公演を信欣三・浮田《うきた》左武郎《さぶろう》両君の壮《そう》途《と》に餞《はなむ》けする》と印刷されている（浮田は俳優であり劇作家）。この公演には、松竹大船にいた妻の信千代が、主人公の妻役で客演している。

信は、一九四四年に出征し、一九四六（昭和二十一）年に復員する。終戦をはさんで二年間ある。このあいだの日々が、よくわからない。単著の自伝やエッセイ集がなく、雑誌に寄せたエッセイやインタビューでも、中国時代のことを語っていない。たとえば小沢栄太郎、松本克平、嵯峨善兵、信による座談本『四人でしゃべった』（早川書房、一九八七年）は、昭和十年代以前のプロレタリア演劇時代がテーマで、戦中、戦後のことは語られていない。

中国における信の消息について、わずかに証言を残す人がいる。団塊の世代には「ヴァン（VAN）ヂャケット」の創立者であり「アイビー」の伝道者として有名な服飾評論家、石津謙介《いしづけんすけ》（一九一一〜二〇〇五）である。

戦前から中国の天津にいた石津は、繊維雑貨販売の大川洋行で働き、ファッションビジネスを学ぶ。八月十五日を迎えたのも天津で、そのまま軟禁状態に置かれた。米軍が天津に進駐してからは、米軍側のひとりとして、武装解除した日本兵ならびに在留日本人保護の仕事に就く。そこで信と出会った。アメリカ陸軍の貨物廠《しょう》内にある「軍民引揚者収容所センター」に石津がいて、その廠内の劇場で信が芝居をしていた。

やがて、ぼくはアメリカ軍の兵営内に移り住むようになる。だが、そこはまた中国各地からやってくる日本兵の武装解除の現場でもあった。丸腰の兵隊はしばらくここに滞在して、日本へ送還されていくのである。そうした虜囚《りょしゅう》の中に将校にまぎれて二等兵だった役者の信欣三さんがいた。芝居の話を面白おかしく話す彼は、日本に帰るまで毎日、兵営の中の宿舎に来ては話し込んでいった。

（石津謙介『いつもゼロからの出発だった』ＰＨＰ研究所、一九九八年）

石津は、一九四六（昭和二十一）年四月に帰国する。おそらくその前後に、信も日本へ戻ってきた。一九四四（昭和十九）年に生まれた俳優座に入団したのが、俳優としての戦後の出発となる。永井智雄や三戸部スエら、瑞穂劇団の俳優たちも俳優座にいた。復員した年の五月に俳優座入りした信は、七月に東京の有楽座で上演されたロマン・ロランの『愛と死との戯れ』に出演、俳優座の舞台に初めて立つ（オラアス・ブジョ役）。

それからも俳優座の公演に参加した。ただし、一九四七（昭和二十二）年二月から一年間は、病気を理由に舞台から離れている。このことを、本人は苦にした。一九四九（昭和二十四）年に発行された『俳優座―最初の五年間―１９４９』（俳優座）に、「Ａへの手紙」と題した文章を寄せた。そこには病を得たことへの反省と、戦争への想いが綴られている。

貴方の私に對《たい》する二つの質問。

一體《いったい》何の爲《ため》に巧いのか？

だれらの爲に巧いのか？

と聞かれて解りきつた答へを簡單に口にする前に、色々と不足な私を、不純な私を見直さなくてはならないのです。

暗い苦しい長い間、戰爭だと無理やり我慢をさせられて、戰爭に敗けた今、又敗戰だからと、いつまでこんな生活をおしつけられる事やら、誰を憎み、誰を愛するかを、今やひしと感じます。

　吹き荒れる寒風に、身をさらしてこそ澤《たく》山《さん》の人々と一緒に、身をさらしてこそ貴方の云はれる〝生きた愛情〟をつかみとれるのだと思ひます。もう二度と戰爭中の誤りを繰返へそうとは思ひません。俳優の技術と云ふものと表裏になつてゐる〝生きた愛情〟を今年は夢中で追いかけようと思つてゐます。

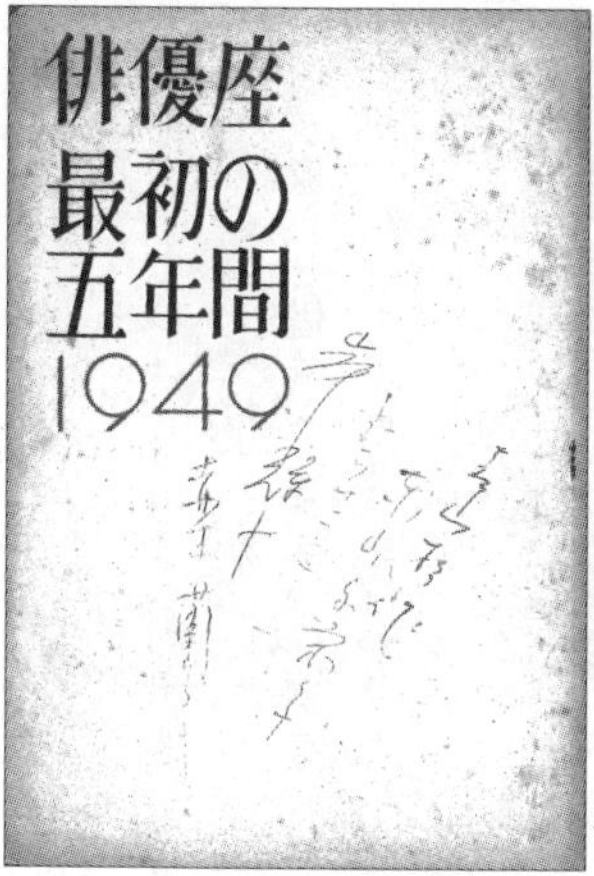

『俳優座最初の五年間1949』（俳優座、1949年）

（信欣三「Aへの手紙」『俳優座―最初の五年

間──1949』俳優座、一九四九年）

瑞穂劇団での日々、中国への出征と復員、戦後の再スタート、そのなかで信は、どんなこころの傷を受けたのか。

病が癒えた信はふたたび、俳優座の舞台に立つ。一九五一（昭和二十六）年には、ヴァンヂャケットを創立したばかりの石津謙介が、三越劇場の俳優座公演のポスターに信の名前を見つけた。それがきっかけで再会した石津は、信の仲介で俳優座の千田是也《せんだこれや》、小沢栄太郎、東野英治郎らと知り合う。そこから芦田伸介、木村功《きむらいさお》、岡田英次ら、新劇の若い世代へと交友関係が広がっていく。真新しいヴァンヂャケットを提供し、新劇の人気俳優が広告塔となったことは、戦後メンズファッション史の一ページである。

一九五四（昭和二十九）年三月、信は俳優座を去った。その翌年、瑞穂劇団でいっしょだった宇野重吉、北林谷栄のいる劇団民藝に、妻の赤木蘭子とともに入った。

一九五六（昭和三十一）年九月から翌年五月にかけては、菅原卓訳・演出の『アンネの日記』に出演した。この公演では、アンネ・フランク（吉行和子《よしゆきかずこ》、三井美奈のダブルキャスト）の父、オットー・フランクを演じた。当時存命だったオットー・フランク本人と会った作家の森田たまは、《フランク氏は上品な、紳士で、信さんがメーク・アップするとそつくりですよ。小柄な、日本人的な人でね。》（『民芸の仲間』第二十九号、劇団民芸、一九五六年）と語っている。

舞台だけではない。俳優座時代から、東横作品（東映の前身）や独立プロなど映画に数多く出演した。劇団民藝時代には、上林《かんばやし》暁《あかつき》とその妻をモデルにした『あやに愛《かな》しき』（民芸映画社、一九五六年）に主演、田中《た》絹代《なかきぬよ》と夫婦をやった。さらに、民藝と関係の深い日活映画にもたくさん顔を出し、テレビ、ラジオでもおなじみの売れっ子新劇人となった。

昭和三十年代は、文学座、俳優座、劇団民藝の三大劇団をはじめとする、戦後新劇の全盛期となる。日本と中国の国交は正常化されていなかったが、演劇を通じた日中交流が本格化する時代であった。滝沢修や杉村春子をはじめ、多くの演劇関係者、新劇の名優が訪中した。ところが信は、訪中しようとしなかった。劇団民藝を退団し、妻の赤木蘭子を亡くし、フリーの俳優になってからも、中国を訪れようとはしなかった。

周囲の説得を受け、中国を再訪したのは、戦後四十年も経ってからだ。一九八五（昭和六十）年五月、信が七十五歳のときである。演劇評論家の尾崎宏次を団長に、信を副団長とした「訪中観劇団」は、五月十五日から十日間、上海、南京、北京をまわった。さまざまな昆劇を観劇するとともに、地元の演劇関係者からもてなしを受け、親交をふかめた。旅に同行した八橋卓（評論家、演出家）はこう明かす。

戦後新劇合同の訪中公演が数次にわたって行われたが、信さんは頑として参加しなかった。「俺は日本の中国侵略戦争に兵隊として加担した。直接人を殺したことはないが、中国の人達に多くの迷惑をかけたことは間違いない。どうして大きな顔して中国へ行けるのか」という理由であった。だがお前が行くなら行ってみるかと決意された、信さんのなかに虫が知らせた予兆のようなものがその時おこったのではと今でも思う。

（八橋卓「シャイな人―信欣三さん―」『悲劇喜劇』一九九二年六月号「特集・あの芝居、あの人（上）」早川書房）

おなじことを、団長の尾崎宏次も書く。追悼文「信欣三をいたむ」（『悲劇喜劇』一九八九年三月号）には、尾崎から強引に誘って、中国旅行に参加したと明かした。《兵隊として中国戦線へ送られた信欣三は、とてもあの国へは行けないのだ、と言い張っていたが、ひょいと腰をあげた。》と同文にはあり、信になにかしら心境の変化があったことがわかる。

当の本人はどうだったのか。『悲劇喜劇』が「訪中観劇団」の特集「続 昆劇の旅」（一九八五年八月号）を組んだとき、信は「日記」を載せた。それは旅先で綴ったものではないようで、編集部の求めに応じて書いたエッセイと思われる。そこに、戦時中の中国での思い出や悔恨、四十年ぶりの再訪への感慨は記されていない。書かれているのは、現地の人との出会い、語らい、観劇の喜び、たらふく食べて、飲んで、酔っぱらった話ばかりである。

夜、矍麦氏来訪、上海最後の夜。何を話したのかまるで覚えがない。夜が明けて、時計は七時半。楽しき限り。

翌日ボー然として南京へ。特急三時間半、蘇州《そしゅう》の緑が見事。

（信欣三「日記」『悲劇喜劇』一九八五年八月号「特集・続 昆劇の旅」）

文中の矍麦は、酒豪の俳人で、ふたりは意気投合した。信は日本の演劇界きっての酒豪、というより、飲まれるタイプの酒乱であった。本書のテーマから外れるのでくわしく書かないけれど、酒がからむと相当めんどくさい人だった。その抱腹絶倒、悲喜こもごものエピソードは、ドラマで共演した児玉清が、「ヘンシン、豪傑仮面！」という秀逸なエッセイにした（『負けるのは美しく』集英社、二〇〇五年）。その酒はまた、多くの人を傷つける悪い酒であり、あとで己の過ちに傷つく酒でもあった。

中国での酒は、そう悪いものではなかったらしい。俳人の矍麦と酔っぱらい、翌日には特急で南京へ向かう。蘇州の緑に惹かれながら、この地でも精力的に昆劇を味わい、宴を愉しんだ。夜の飛行機で北京へ向かう前日、南京の様子をみじかく記す。

南京の緑は盛り。街路樹は両手をあげて天を突くような梧桐《あおぎり》の大木がずらり、緑の大トンネル。ウワァてなもの。夜は再び昆劇院へ。かの有名な〝牡丹亭〟何も言うことなし。張継青さんの演技に唯呆然《ただぼうぜん》とひたるだけ。謝々。

（前掲書）

信の「日記」だけを読むと、とてもその心中を察することはできない。《翌日ボー然として南京へ。特急三時間半、蘇州の緑が見事。》。これだけの文字に、どんな気持ちが宿っていたのか。そばにいた八橋は、その表情を見逃さない。

だが南京へ向う車窓からじっと外を眺めてみじろぎもしない横顔には、緊張をはるかにこえた崇高なまでの祈りが伝わってくるようであった。そして走り過ぎる中国の大地をただ食いいるようにいつまでも眺め続けていた。あの痩身のなかに一体どれだけ多くの屈折した複雑な感情や、歴史の体験がつめこまれているのだろうか。戦争がいまだに生きている証しを見たと思った。戦争という野蛮な行為に耐えるにはあまりにも神経が繊細過ぎた。

（「シャイな人―信欣三さん―」）

団長の尾崎宏次は、旅先での信の酒について書く。《信欣三の酔いっぷりに私は屈折するものがあるのを感じていた。（略）信欣三が中国の土をふんだのは四十年めだったのである。あのとき誘ってよかったと思っている。少くとも屈折のひとつは消えたはずだ。》（「信欣三をいたむ」）。あくまで八橋と尾崎の言葉であって、本人がどう思っていたかはわからない。

南京から北京へは、飛行機で二時間ほどの距離である。ここでも一行は歓迎を受けた。信は、ただひとこと、こう書く。

北京の街は素晴らしい。広い道、空がある。広い空が。

（「日記」）

中国最後の夜には、北京ダックが供された。宿に戻ると、食べきれなかった北京ダックが酒の肴として、タッパーにつめられていた。信がいきなりかぶりついたら、大事な前歯が一本、北京ダックに刺さってしまった。翌日の交流会には、前歯をなくし、恥ずかしがる信がいた。

新協劇団事務所兼稽古場の完成記念写真（『新協劇團五周年記念出版』）。写真左下の左から３人目に信欣三

一九八八（昭和六十三）年十二月二十六日、信欣三没。享年七十八。中国の旅から、二年半後のことだった。

二〇一九（令和元）年十一月二日、筆者は信州の塩田平《しおだだいら》にある戦没画学生慰霊美術館「無言館」（長野県上田市）を訪れた。展示室には、全国の戦没画学生の遺族が寄託した作品が飾られている。それとは別に、戦地から家族に宛てた絵手紙、スケッチブック、絵筆といった画学生たちの遺品が、ガラスケースに並ぶ。そこにあった一枚の写真に、信欣三を見つけた。「無言館」に作品がおさめられたひとり、吉田二三男《よしだふみお》（一九一四〜一九四四）の遺した写真である。

その写真は、一九三五（昭和十）年十

二月、新協劇団の劇団事務所兼稽古場ができたときの記念写真だった。信のほかに、小沢栄（小沢栄太郎）、三島雅夫、宇野重吉、松本克平らたくさんの人が写っている。これとまったく同一のものが、『新協劇團五周年記念出版』（新協劇團、一九三九年）に載っている。「無言館」に展示された写真は少し破れていたけれど、複写されたものではなく、オリジナルプリントのようだった。新協劇団の記念写真がなぜここにあるのか、不思議だった。

吉田二三男は、東京美術学校（現・東京藝術大学）油画科を卒業した。化粧品メーカー、中山太陽堂の宣伝部で仕事をしながら創作し、漫画や絵本に挿絵を描いた。そのなかで当時の新劇人と知り合い、新協劇団の人たちと関係をもったようである。展示された写真は、吉田が撮ったものなのか、そこに吉田が写っているのか、よくわからなかった。新協劇団の主演俳優で、写真にいていいはずの滝沢修の姿がない。写真好きの滝沢が撮ったものかもしれない。

一九四三（昭和十八）年三月に応召された吉田は、翌年十一月、満洲の錦洲省（現・中国の遼寧省《りようねいしよう》）興城陸軍病院で戦病死した。享年三十。妻と生まれたばかりの娘が遺された。「無言館」に展示された作品は、吉田の妹が戦後、ずっと守りつづけたものだと、解説にあった。

吉田二三男と信欣三。ふたりは顔見知りだったのか、面識はなかったのか、それはわからない。石津謙介が信と出会った天津と、吉田が亡くなった錦洲は、特急で六時間ほどの距離にある。戦地で会ったという偶然があったのか、なかったのか。

無理に、ふたりの関係をこじつけるつもりはない。でも、写真の前で立ちどまり、しばらく考えこんでしまった。帰京したら、信欣三のことを書こう。そう決めていただけに、出来すぎの偶然に思えてならなかった。

湯田中渋温泉郷《ゆだなかしぶ》

十五代目市村羽左衛門

戦後まもない一九四七（昭和二十二）年十一月、『雪下駄』（開明社）と題したエッセイ集が刊行された。新派の名優、花柳章太郎《はなやぎしょうたろう》（一八九四〜一九六五）が著した。この本におさめられた「若衆かつら―羽左衛門の思ひ出―」を、印象ぶかく読んだ。羽左衛門すなわち、十五代目市村羽左衛門《いちむらうざえもん》（一八七四〜一九四五）のことだ。大正から戦前にかけて活躍し、多くのファンから「橘屋《たちばなや》」と愛され、慕われた、歌舞伎の名優、二枚目も二枚目、超二枚目である。白塗りの立ち役として人気を博し、当時は歌舞伎ファンでなくても知っている、昭和の大名跡である。

一九四五（昭和二十）年三月八日、羽左衛門は湯田中《ゆだなか》（現・長野県山ノ内町）へ疎開に向かっていた。そして花柳は、別所《べっしょ》温泉（現・長野県上田市）に向かう。ふたりは列車内でたまたま出会い、花柳がビスケットを羽左衛門にあげた。乗り合わせたのは省線の信越本線、現在のしなの鉄道（旧・JR信越本線）だろう。列車が上田駅（別所温泉への乗り換え駅）に着き、花柳はあわてて降りた。二等車の窓から羽左衛門が笑顔を出し、呼びとめる。

近よると懐しさうに、「そつちへ行かうとしても、三等が満員《まんいん》で行けなかつた、どこへ行くんだい」「川口君（筆者注・川口松太郎）に用があつて輕井澤《かるいざわ》へ……そしてこれから別所へ行くんです」

「僕は澁《しぶ》の萬屋《よろずや》に居るから是非二三日したら來たまへ、繪を描かう、君との合作は一つもねヱぢやねえか、……映畫は秋になつたよ、そんな話もいろ〳〵ある、是非ね」

發車信號《はつしゃしんごう》のベルが、けたゝましく鳴り出しました。

「先刻はありがたう、コレ、市村羽左衛門が、花柳章太郎に贈る、ヘツ、そいつが、南京豆。コレモ戰争のたまものかい、有難く出來てらァ――」何か私は、市村さんの窓から渡して呉れる紙包を握つて、頭の中にズキンとしたものを感じたんです。

汽車は動き出しました。

見送つた私。窓から出してゐる市村さんの笑顔も程なく夕闇の中へ吸はれて、汽車は山陰《やまかげ》へ隠れてしまつたんです。

現《いま》でも、その時の眼尻《めじり》に皺《しわ》の寄つた市村さんの笑顔が眼に残つて居ます……。

（花柳章太郎「若衆かつら―羽左衛門の思ひ出―」『雪下駄』開明社、一九四七年）

旅先でのこの出会いが、ふたりの別れとなる。このエピソードを知った演劇評論家の戸板康二は、この光景に惹かれた。著書『役者の伝説』（駸々堂出版、一九七四年）に、《悲しい話なのに、陰気でないのは、二人の人柄だ。》と書いた。

戦争が激しくなるなか、あらゆる雑誌が休刊し、統廃合されていく。一九四三（昭和十八）年十二月には、五つの演劇誌が合併するかたちで『演劇界』と『日本演劇』（ともに日本演劇社）が創刊された。終戦のひと月前に発行された『日本演劇』一九四五年六・七月合併号の「劇壇時事」に、以下の一文がある。

十五代目市村羽左衛門、戦時中撮影（『羽左衛門評話』）

五月六日信州湯田中よろづや旅館に於て病氣靜養中であつた、市村羽左衛門は心臓麻痺《しんぞうまひ》のため急逝した。行年七十二。歌舞伎劇壇の長老であり、現日本俳優協會の會長《かいちょう》であつた。告別式は十二日東京芝明舟町《しばあけふねちょう》の自宅で擧行《きょこう》され（以下略）》

（「劇壇時事」『日本演劇』一九四五年六・七月合

併号、日本演劇社）

あの羽左衛門が、色香のひと橘屋が、疎開先で亡くなる。それは悲しく、切ない報せとして、歌舞伎ファンのみならず大勢の人が受けとめた。四月十三日に大規模な空襲に見舞われたこともあり、弔問客は少なく、葬儀はわびしかった。歌舞伎界はその二か月前に、上方歌舞伎のベテラン、初代中村魁車《なかむらかいしゃ》（一八七五〜一九四五）もうしなった。中村魁車は、初代中村鴈治郎《なかむらがんじろう》に師事し、女形として活躍した。その名女形が、一九四五年三月十三日から十四日にかけての大阪大空襲で、命を落とした。孫を抱いたまま、防空壕のなかで息絶えた。享年七十二、羽左衛門とほぼおなじ世代である。かたや上方歌舞伎の、かたや江戸歌舞伎の名優が、二か月のあいだに死んだ。羽左衛門は疎開先での病死だけれど、誰もが戦争の影を感じたはずである。

『日本演劇』一九四五年六・七月合併号に、評論家の楠山正雄《くすやままさお》が、追悼文「橘屋羽左衛門」を寄せた。羽左衛門の死からひと月半後（六月二十六日）に書かれたもので、八ページにわたってびっしりと、その芸、人となりを偲んだ。近代歌舞伎の祖というべき五代目尾上菊五郎《おのえきくごろう》と九代目市川團十郎《いちかわだんじゅうろう》を引き合いに出し、こう偲ぶ。

先代菊五郎の月まづ落ち、團十郎の夕日つづいて傾いたのち、大小幾つかの群星のなかに、これと卽《つか》ず離れず、羽左衛門の金星は、小さいながら獨《ひと》り淸く美しく光つてゐた。周圍《しゅうい》の諸星が一つ一つ凋落《ちょうらく》して行くにしたがひ、この宵曉《よいあかつき》の明星は晝《ひる》も光芒《こうぼう》を失はない、いよいよはつきりした存在であつた。戦災のどさくさにまぎれて、一夜、にはかに信濃の山深く、光を消したのちも、まだやはりどこかの雲の中にかくれて輝いてゐるやうにおもはれる。

（楠山正雄「橘屋羽左衛門」前掲書）

十五代目市村羽左衛門の助六（『羽左衛門評話』）

羽左衛門が花柳章太郎に、《僕は澁の萬屋に居るから》と言ったのは、湯《ゆ》田《だ》中《なか》渋《しぶ》温泉郷のことをさす。湯田中温泉と渋温泉はやや離れている。羽左衛門が滞在した宿は、旅館「よろづや」としていまも営業している。歌舞伎ファンにはすでに知られた話だが、羽左衛門の最期をふりかえりたい。

一八七四（明治七）年、東京・神田の生まれ。五歳で初代坂東家《ばんどうか》橘《きつ》の養子となり、八歳で初舞台、坂東竹松を名乗った。そののち養父の死を受けて六代目市村家橘となり、一九〇三（明治三十六）年、十五代目市村羽左衛門を襲名した。

江戸前の立役ひとすじ、つねに二枚目を貫いた。その素顔も、舶来モノを着こなす紳士で、しゃれたエピソードに事欠かない。昭和のはじめにパリを旅行したときの逸話は、日本演劇史の都市伝説となっている。ルーヴル美術館でミロのヴィーナスを前にし、「手の切れた女に用はない」と言ったのは、そのひとつ。

歌舞伎座の近くに暮らし、大の芝居好きだった加藤武は、ある夏の夕方、築地のかいわいで羽左衛門を見かけた。大柄のこざっぱりした浴衣姿で、縁台に片足をかけて涼む粋な姿に惹かれた。でも、それがあの羽左衛門とは気づかない。《かけた足の膝に右手を置き、持った団扇で、さりげなくあおぎ、左手を後について、ちょいと反り身になって、近所の子達の遊ぶのを、ほほえましく眺めている。この様子が、一幅の絵であった。》（加藤武『昭和悪友伝』話の特集、一九七六年）。帰宅して母親に話したところ、羽左衛門だと知らされ、びっくりした。

太平洋戦争に突入するなか、歌舞伎界はさまざまな制約が強いられた。舞台俳優、映画スターが移動演劇や慰問に参加するなか、羽左衛門もまた、大都市の劇場に出演するかたわら、各地を旅した。開戦を三か月後にひかえた一九四一（昭和十六）年九月には、「産業戦士慰問」を目的に長野、群馬、茨城の各地をまわった。

戦争が激しくなり、俳優として不自由さが増すなかでも、羽左衛門の芸は変わらなかった。むしろ色艶《いろつや》を増していく。楠山正雄は書く。《この七十翁にどんなホルモン剤が利目《ききめ》をみせたか、久しく沈滞してゐた老血がふしぎに若々しく脈動《みゃくどう》しはじめて、諸君ご存じの通り名優羽左衛門の復活となつたのである。》(「橘屋羽左衛門」)。楠山は、羽左衛門の舞台があったことで、戦中がとても愉しくなったと、感謝の意を綴った。

戸板康二は著書『役者の伝説』で、戦争末期に羽左衛門が、工場を慰問してまわったことに触れている。たとえ満足のゆく舞台装置がなくても、決して芸に手を抜かなかった。《ずいぶんひどい条件の舞台に立ったこともあるが、羽左衛門は平気だった。「おれの出る所が歌舞伎座なんだ」といっていたそうである。》(『役者の伝説』)。

亡くなる三か月前の一九四五年二月には、六代目尾上菊五郎とともに、新橋演舞場の公演に出るはずだった。劇場の前には看板まで出された。ところが初日を前に、アメリカ軍の艦上機が大挙して襲来、初日が延期となってしまう。結局その公演は、中止となってしまった。演劇評論家の大木豊は、その公演を楽しみにしていた。

いまさら、愚痴といつてしまえばそれまでだが、あのにぎやかずきな羽左衛門のことである。久々にこの「芝居らしい芝居」が、もし、実現をみていたとするならば、些か我田引水めくが、その死期をおくらせることも或いは可能だつたかもしれないと、僕などは、そう考えている。

（大木豊『あの舞台この舞台―大劇場閉鎖から東宝カブキまで―』劇評社、一九五五年）

木挽町《こびきちょう》、いまの中央区銀座四丁目にある歌舞伎座は、一九四四（昭和十九）年三月五日から実施された「決戦非常措置要綱」の「高級享楽の停止」として閉鎖された。東京の帝国劇場、新橋演舞場、明治座、東京劇場、国際劇場、京都南座など、全国十九の大劇場が同時に閉鎖された。大劇場での公演が、国家の要望に添わないというのが、表向きの理由である。丸井不二夫「新派九十二年年譜」（『新派 百年への前進』大手町出版社、一九七八年）を読むと、このころから大劇場の名が減っている。そのかわり、あしべ劇場（大阪）、八千代座（大阪、神戸）、京都座、邦楽座（東京）、江東劇場（東京）といった劇場が目立つ。

のちに新橋演舞場をはじめ、一部の劇場は規制が緩和された。しかし、歌舞伎の殿堂というべき歌舞伎座は、愛国婦人会の共同作業所や警防団の分遣隊《ぶんけんたい》待機所などに利用され、興行が再開できなかった。そうしたなか、一九四四（昭和十九年）年十月十五日から三日間、都下の六大新聞社の主催で、「白金壮行感謝会」が催される。白金の供出者が招待され、羽左衛門（虎蔵）、菊五郎（知恵内）、初代中村吉右衛門（鬼一）が顔を揃える『鬼一法眼三略巻《きいちほうげんさんりやくのまき》』の「菊畑」などが上演された。

この公演に尽力したのが羽左衛門だった。陸軍省や厚生省をひとりで廻り、配役や出演者のギャラまで決めたことを、大木豊が『あの舞台この舞台』に書いている。わずか三日間の感謝会が、羽左衛門最後の歌舞伎座公演となった。作家の吉屋《よしや》信子《のぶこ》は、国民服に鉄兜《てつかぶと》を背にして、歌舞伎座の舞台にひとり立つ姿を新聞で読んだ。羽左衛門の心境にこころを寄せ、涙を覚えたことを、「歌舞伎座」（『季刊雑誌 歌舞伎』第七号、松竹、一九七〇年）というエッセイにしている。

羽左衛門が疎開した湯田中温泉には、『湯田中小唄』がある。《信州平穏《ひらお》の八つの温泉《いでゆ》ヨイネー　花も霞《かす》むよ湯けむりに　ヨイネーヨイ〳〵ヨイネ　晩にはわしやヘエー　待つてゐる　ヨイネーヨイ〳〵ヨイネ》。長野から長野電鉄の特急で一時間弱、各駅停車だと二時間弱で、終着駅の湯田中に着く。温泉街は、そこから歩いて十分ほど。その湯の町は、羽左衛門をあたたかく迎え、癒したことだろう。

その最期については、元・NHKアナウンサーにして大の歌舞伎通、名エッセイストの山川静夫が、すてきな紀行文に仕立てている。題して「湯田中の羽左衛門」。一九八〇（昭和五十五）年に出たエッセイ集『歌右衛門の疎開』（文藝春秋）におさめられ、いまは岩波現代文庫で読める。

羽左衛門の宿での素顔、「よろづや」の人たちとの交流、おだやかな疎開先での日々は、ぜひぜひ「湯田中の羽左衛門」を読んでほしい。「よろづや」はその佇まいを変え

「萬屋旅館御案内」（戦前）

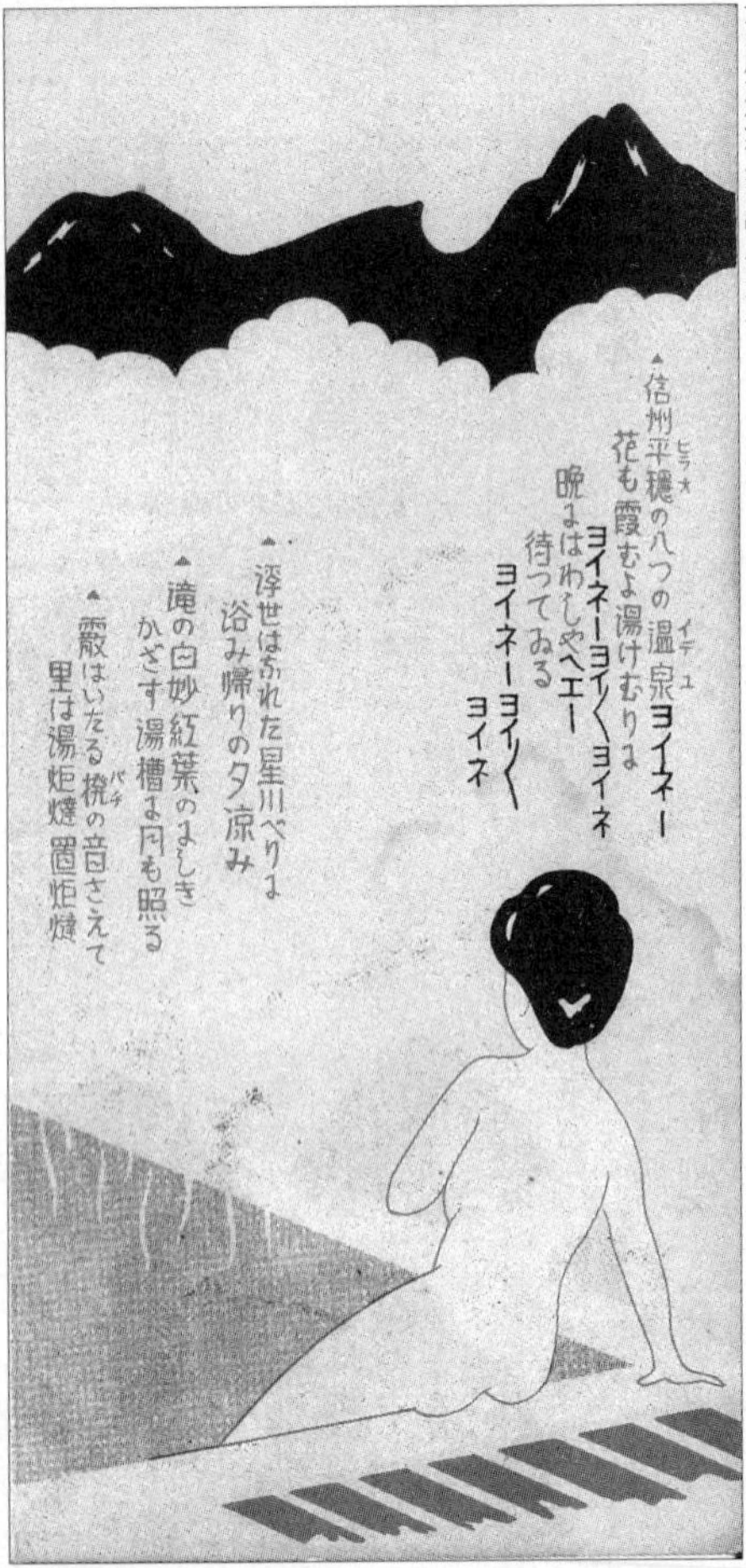

ず、いまも営まれている（当時の建物は「松籟荘《しょうらいそう》」と名づけられている）。

羽左衛門がこの温泉街を訪れたのは、一九四五（昭和二十）年三月五日だった。ちなみに花柳章太郎は、汽車のなかで別れた日を、三月八日と書いている。同行したのは妻とマネージャーのふたりで、《湯田中をえらんだのは、さして深い理由があったわけではなさそうで》（「湯田中の羽左衛門」）と山川は書く。山川は、羽左衛門の終焉の地である「よろづや」に泊り、先代主人（当時は故人）の妻とその娘から、臨終の日のことを聞いた。

「よろづや」に来てちょうど二か月が経った五月五日、いつもは帳場に顔を出す羽左衛門が、顔を見せなかった。風邪ぎみで、お腹のぐあいが悪かった。本人は「たいしたことはない」と言った。その翌日、容態が急変、医師が駆けつけたものの、手遅れだった。羽左衛門の死は、すぐにラジオや新聞で報道された。五月八日付「東京新聞」には、亡くなる二、三日前に《近日中に長野縣《けん》下の慰問をやりたい》と羽左衛門が語った話と、《湯田中の山の中で死なしたのが残念》との菊五郎のコメントが載った。

菊五郎がそうコメントした気持ちはわかる。六月には、戦災援護会の主催による歌舞伎座公演が予定され、羽左衛門と舞台に立つはずだった。その歌舞伎座も、五月二十五日夜から二十六日にかけての大空襲で、焼け落ちる。羽左衛門は、愛してやまなかった歌舞伎座の最期を知らず、逝った。

羽左衛門の急逝を惜しむ声は、ほうぼうから出た。大のひいきだった三宅周太郎（演劇評論家）は書く。《彼の急死をラジオで聞いて茫然とした。その時の感慨は直《ただ》ちに川口（松太郎）氏へ書いて郵便で出しておいたが、當時《とうじ》の烈《はげ》しい空襲下ではそれは無事に同氏の手に着いてゐたであらうか。》(『羽左衛門評話』冨山房、一九四六年)。

古川緑波は日記に、こう記す。

五月七日(月曜)朝

今日出がけに、市村羽左衛門、湯田中温泉で死去のニュースをきいた。七十二歳の由。かういふ時に死んでは、可哀さうだ。

(『古川ロッパ昭和日記〈戦中篇〉新装版』晶文社、二〇〇七年)

羽左衛門の死に、誰もが戦争の影を感じたはず、と先に書いた。緑波の《かういふ時に》という言葉からは、そのことがうかがえる。

太平洋戦争のさなか、熱心に詳細な日記をつけた徳川夢声は、五月八日の日記に羽左衛門の死を書いた。俳句である。俳人でもあった夢声は、日記にたくさんの句をしためた。公刊された『夢声戦争日記』には、以下の五句がある。

朝煙草胸深く喫ひ柿若葉
妻病みて雨戸開くれば梅若葉
ヒトラーも羽左も死にけり柿若葉

たちばな屋若葉の宿に逝けるとや
柿若葉煙草の目まひ楽しめる
（徳川夢声『夢声戦争日記　第五巻』中央公論社、一九六〇年）

ドイツのアドルフ・ヒトラーは、一九四五年四月三十日、ベルリンの地下壕で自殺した。血なまぐさい狂気の指導者と、江戸歌舞伎の二枚目スター。ふたりをおなじ句に詠むのが夢声らしい。

女優の田村秋子もまた、ヒトラーと羽左衛門の組み合わせで、新聞にエッセイ（朝日新聞「あのころ③」）を寄せた。中国戦線で夫、友田恭助をうしなった田村は、ひとり息子とともに信州の南佐久《みなみさく》に疎開していた（第二章「五郎さん、幻の舞台」参照）。畑を借りて、だいこん、にんじん、野沢菜、かぼちゃ、じゃがいも、豆、もろこし、ごぼう、きゅうりと、ありったけの種《たね》を蒔き、作物を育てた。そのときのエピソードである。

同じ長野の湯田中で羽左衛門がなくなったと村にも伝わって来た。ある疎開の奥さんが興奮していきなり道ばたで私にいった。

「ヒトラーが死んだって、あたし、ちっともなんともないけど、羽左の死は、無性に腹が立つ、ほんとにいらいらするわ」この初対面の奥さんがとたんに好きになり、私の作った大事なカボチャの一つを進呈してしまった。

（田村秋子「疎開貧乏」一九六〇年十二月十九日付『朝日新聞』朝刊）

いい話だなあ。好きなエピソードだ。《悲しい話なのに、陰気でない》と書いた戸板康二といい、山川静夫のエッセイといい、羽左衛門の終焉にまつわるあれこれは、やさしい気持ちにさせてくれる。

それもあって二〇一七（平成二十九）年十月二十、二十一日、湯田中を旅した。期待どおりのとてもいい温泉街だった。長野電鉄の終着駅、湯田中駅から温泉街までの、だらだら坂が味わいぶかい。平日に出かけたこともあって、人どおりはまばらで、車もほとんど通らない。道の両側には、ひなびた宿や商店が軒をつらね、いい雰囲気だった。羽左衛門終焉の宿「よろづや」の松籟荘にも泊った。ここには、羽左衛門が亡くなった部屋が「菊の間」として、そのまま残されている。露天風呂には、《十五世市村羽左衛門丈終焉之地》という石碑がある。この旅館がいまも、羽左衛門の記憶を大切にしていることがうれしかった。

露天風呂に入ると、石碑はすぐ見つかった。ただ《羽左衛門丈終焉之地》になっている。上にあるはずの《十五世市村》の部分がない。山川静夫の「湯田中の羽左衛門」には、昭和四十年代の松代《まつしろ》群発地震で折れたとある。そののち石碑は復元されたものの、

「萬屋旅館御案内」部分拡大（戦前）。左下に湯田中、中央に渋、右上に発哺温泉

「台風でまた折れてしまったんです」とフロントの方から聞いた。露天風呂につかりながら、折れた石碑をずっと眺めていた。本当にいい宿だった。

信州の遅い桜の花が戸外から舞いこんで、遺体の胸の上に、点々と散っていたという。死に方まで美しく、いさぎよかった。

（戸板康二『役者の伝説』）

まさに役者の伝説らしい光景で、ホントか、ウソか、わからない。パリでの逸話のように、真偽のはっきりしない伝説が羽左衛門には多かった。この話もそのひとつかもしれない。でも、こんなエピソードが語りつがれるくらい、華のある役者だった。

月形龍之介

「よろづや」に一泊した翌日、湯田中温泉から渋温泉へ足をのばした。湯田中から二十分ほど歩くとある。このあたり一帯は、温泉が多い。湯田中、新湯田中、渋、地獄谷、安代《あんだい》、上林《かんばやし》、沓野《くつの》、角間《かくま》、穂波《ほなみ》、星川の十の温泉地を称して「湯田中渋温泉郷」と呼ばれている。渋温泉もひなびた温泉街だけど、湯田中にくらべると宿が多く、にぎわっている。なかでも豪壮な佇まいの宿「金具屋」は、映画『千《せん》と千尋《ちひろ》の神隠し』（スタジオジブリ、二〇〇一年）のモデルとなった。

羽左衛門が湯田中を訪れたのは、一九四五（昭和二十）年三月である。その四か月前の一九四四（昭和十九）年十二月、月形龍之介《つきがたりゆうのすけ》（一九〇二〜一九七〇）が渋温泉に泊っている。江戸歌舞伎とチャンバラ映画、ともに終生二枚目を貫いたふたりに、これといった接点はない。終戦の半年ほど前、おなじ温泉郷を訪れたことに、こころ惹かれるものを感じた。

月形の息子で、自身も時代劇に多く出演した月形哲之介は、《ものすごく几帳面だった》とインタビュー（『月形龍之介』ワイズ出版、二〇〇〇年）で語った。その几帳面な月形が戦争中に書いた「備忘日記」（一九四四年十一月三十日〜四五年二月二十四日）が、ワイズ出版の『月形龍之介』におさめられている。渋温泉を訪れたのは、一九四四年の師走のことだった。

十二月十九日

（前略）

明朝八時上野発なり。成城からは困難なる条件二、三あり、上野駅前「都乃田」旅館へ泊まる。小西先生、中村積君、河野秋武君同宿なり。夜中空襲あり、起きて武装す。

「敵機、京浜東北上空へ入る」の報あり。爆烈の音遥かに聞こゆ。

十二月二十日

（前略）

小諸あたりから雪となった。長野から電鉄で湯田中下車、温泉へ雪の道を歩

月形龍之介（『映画朝日』１９４０年７月号）

く。夕暗迫り快適なり、熊谷温泉へ泊まる。

（月形龍之介「備忘日記」『月形龍之介』ワイズ出版、二〇〇〇年）

公刊された『月形龍之介』には、「備忘日記」の解題がない。公表を前提としない日記ゆえ、第三者が読むと、要領を得ないところが多々ある。

前後の内容から判断して、黒澤明監督『續 姿三四郎』（東宝、一九四五年）の撮影で、この地を訪れたらしい。月形が演じたのは、姿三四郎（藤田進）の前に立ちはだかる檜垣鐵心で、前篇の『姿三四郎』（一九四三年）で三四郎に破れた源之助（月形・二役）の弟である。日記にある小西先生は唐手指導の小西康裕《こにしやすひろ》、中村積は『姿三四郎』の助監督、河野秋武《こうのあきたけ》は鐵心の弟・源三郎にふんした名脇役である。《熊谷温泉》は、渋温泉の「熊谷旅館」をさす（現在はそういう名の宿やホテルはない）。

月形龍之介は、一九〇二（明治三十五）年、宮城県の小牛田《こごた》村に生まれた。五歳のとき、養父の伯父が営む、北海道岩見沢の芝居小屋に出入りする。岩見沢の尋常高等小学校を一年で中退したのち、酒・雑貨の店や呉服屋で奉公し、養父を頼って上京する。三田英語学校を出たのち、東京電機の物理研究室の助手となる。映画界入りは十九歳のときで、日活関西撮影所俳優養成所（所長は牧野省三）の第一期生となった。この養成所時代に、「目玉の松っちゃん」こと尾上松之助の作品に、端役で出た。

役がつきはじめたのは、二十三歳のころ。本名の門田《もんでん》にちなんで門田東鬼蔵を名乗り、この年に月形龍之介に改名した。名づけ親は、作家の寿々喜多呂九平《すすきたろくへい》であった。以後は所属会社を転々としながら、剣豪スターとして頭角をあらわしていく。渋温泉を訪れたころは、大都映画、河合映画、新興キネマが合併してできた大映映画（大日本映画）と東宝の作品に出演していた。

時代劇史家で、大の月形ファンだった御園京平《みそのきょうへい》は、『月形龍之介全作品総目録　龍之介抄』（活動資料研究会、一九六七年）を編んだ。そこに詳細な「年表」が載せられている。ところが、満足のゆく資料がなかったのか、「昭和二十年」の項目がまるまる抜けている。「昭和十九年」については、記載がある。

月形哲之介監修『月形龍之介』（ワイズ出版、２０００年）

同年一月から二月にかけては、大阪の陸軍造兵廠をはじめ、関西地方を慰問でまわった。三月には、稲垣浩《いながきひろし》監督『狼火は上海に揚る』（大映・中華電影提携、一九四四年）の撮影で上海へ渡り、九月に帰国した。十一月には『かくて神風は吹く』（大映）、年の瀬には『狼火は上海に揚る』がそれぞれ封切られた。

このように戦時下も俳優として多忙のなか、十二月二十日の朝、月形は上野駅を発つ。車中では中村積と、日本人の美学、精神論、民族論について語り合った。渋温泉で一泊した翌朝、三里もある雪ぶかい山道を、汗だくになって登っていく。向かったのは、湯田中渋温泉郷より山奥にある志賀高原の秘湯、発哺《ほっぽ》温泉（山ノ内町）である。

十二月二十一日
（前略）

少しの傾斜にかかっても背中はジットリ汗ばむし、額からも首筋からも玉のようなのが流れるので手拭を首へ結んで拭き拭き歩いた。中村積君、途中から上半身裸となって、少年の如く愉快そうであった。都塵《とじん》と敵の神経戦術から逃れて、自然の巨大さの中を闊歩《かっぽ》しているのだ。僕も少年に成っていた。発哺口の小屋へ着いたのが十一時半。ストーブを囲んで昼食の握り飯に噛《かじ》りついた。此処《ここ》の漬物もうまかった。茶をガブガブ呑んだ。

十二時、前進開始。

最後の小屋に小休止。

「泣かせるネ」

「泣かせる」

漬物の鉢を替える。

予定時四時間。

一時半、天狗之湯へ辿り着く。

雪の山々を一望にした湯舟に汗を洗い、疲れを解く。
三、四日の内に電気が引かれると言う。石油悪るく、実に暗きランプなり。読めもせず、書くもならず早く寝る。

十二月二十二日
快晴にて仕事にならず、湯に入り、朝食を採り、現場へ登り、雪踏み、テストして下り入湯す。
（前掲書）

発哺温泉の天狗之湯は、地元の名湯として知られた。いまから十年ほど前まで、団体向けのホテルとして営業がつづけられていた。しかし、集団食中毒事件などの影響で廃業し、現在は廃墟と化している。この天狗之湯を拠点として、『續　姿三四郎』の出演者とスタッフは、苛酷な雪山での撮影にのぞんだ。吹雪のシーンが必要だったので、快晴では撮影できなかった。

映画のクライマックス、三四郎と檜垣兄弟の壮絶な死闘が、雪山と山小屋でくりひろげられる。あの場面は、この発哺温泉のあたりで撮影された。同行したスクリプターの野上照代《のがみてるよ》は回想する。《当時は湯田中から歩いて三時間。スタッフは荷物を担ぎザイルをつけて一旦谷間へ下り、また目的地の山へ登らなければならない。極寒のロケで大変な苦労だった。》（「『続 姿三四郎』製作の現場」『續 姿三四郎』DVD解説書、東宝、二〇〇二年）。

そうした撮影の様子は、月形の「備忘日記」を読むとよくわかる。そこから戦争の影、あきらめ、厭世観《えんせいかん》のようなものは感じられない。俳優として、作品づくりに真摯に向きあうだけだ。藤田進とは、「スターリンは世界の優秀な指導者だが、日本には少佐、中佐クラスにスターリンくらいの人間はざらさ」とのんきな世間話もしている。

映画のロケにしろ、移動演劇にしろ、慰問にしろ、かならずしもつらいエピソードばかりではない。十二月二十六日には、黒澤明をふくむ撮影隊が有志で餅つきをし、宿の女中たちを招いて演芸大会を催した。いっぽうで快晴つづきだと、信州の山奥で年を越さなければならない。月形は、自宅のある京都が恋しくなっていく。

十二月二十七日

『あなたは狙はれてゐる』（大映東京、1942年）チラシ。右下に月形龍之介

今日は、又絶好だ。今日終われば年内に京都へ帰れる。僕も藤田も張り切る。皆だれ気味。予想通り終わった。ほっとした。今晩のお酒はうまかった。少量だったが気分良し。慰安会のやり直しになって儂《わし》も笑い乍《なが》ら、剣舞をやった。

十二月二十八日

十時、山を下る。二時、熊谷館へ着く。思ったより時間が掛かった。

切符の都合で明日発《た》つことになる。思えば天狗湯とは、なかなか良い、四季通じて良さそうだ。何かの機会にまた出てこよう。

長野県下高井郡平穏村
志賀高原発哺温泉、天狗湯
下高井郡渋温泉熊谷館

（前掲書）

撮影は終った。十二月二十九日、渋温泉を発った月形は、中央本線経由で、京都市上京区の自宅に戻った。羽左衛門が湯田中に疎開してくるのは、それから三か月のちである。羽左衛門はそこで七十二年の生涯を終えたけれど、月形にはそれからも長い俳優人生が待っていた。

一九四五（昭和二十）年五月三日には、『續 姿三四郎』が封切られた。終戦の年にはほかに、三本の出演作が公開された。それから一九七〇（昭和四十五）年八月三十日に六十八歳で亡くなるまで、三百本近い映画に出演した。とくに東映時代劇における渋い演技は、悪役から善人まで、いまなおファンがたくさんいる。

月形の日記にあるとおり、湯田中渋温泉郷の地名は平穏《ひらお》村《むら》だった。戦後の町村合併により村名は消えたものの、「平穏」の地名はいまも変わらない。十五代目市村羽左衛門と月形龍之介。平和で穏やかな湯の町に、ふたりの名優が滞在した。戦時下の癒しの記憶として、ここに記したい。

演ズ。寫ス。女ふたり

山本安英

山沢栄子《やまざわえいこ》（一八九九～一九九五）という写真家がいる。大阪出身で、子どものころから絵とカメラに親しんだ。東京の私立女子美術学校（現・女子美術大学）で日本画を学ぶかたわら、独学で油絵を描き、写真を撮った。

二十七歳のとき渡米し、写真家のコンスエロ・カナガに師事する。サンフランシスコのスタジオなどで腕を磨き、ヨーロッパで見聞を広げた。そののち、カナガの紹介で写真家のニコラス・マーレイの助手となった。ふるさとの大阪に戻ったのは、一九二九（昭和四）年、三十歳のころである。

三十代は、ポートレートや商業写真の仕事に携わった。一九三一（昭和六）年、当時の大阪を代表するオフィスビル「堂ビル（堂島ビルヂング）」に、自身のスタジオを開設した。四年後には、大阪の心斎橋にオープンしたそごう百貨店内に移転した。御堂筋に面した村野《むらの》藤吾《とうご》建築のしゃれたデパートで、モダン都市・大阪のシンボルとなる。そこ

山本安英（『ステーヂ』第3号、ステーヂ社、1936年）

に真新しい山沢のスタジオがあった。ここまでざっと書いただけで、日本における女性写真家の草分けで、かっこいい人だったことがわかる。

山沢は、過去の仕事に固執しない、整理好きの人であった。フィルムやオリジナルプリントを、ほとんど手元に残さない。気に入らないものは、破って捨ててしまう。《いつまでもそんなもの眺めていてもねえ。フィルムをそんなに大事と思ってないんでしょうね。ま、そんなに大事なことないのと違いますか。》（山沢栄子『対話講座・なにわ塾叢書10　私は女流写真家　山沢栄子の芸術と自立』ブレーンセンター、一九八三年）。晩年の発言に、みずからを卑下するような気持ちはない。かっこいい。

フィルムやオリジナルプリントがうしなわれたことで、山沢栄子の名は忘れられたというより、研究が進まなかった。生前に数冊の写真集を出したけれど、古本屋やネットオークションであまり見かけない。大規模な回顧展もこれまで、あまり開かれてこなかった。機会があればぜひ、作品に接したい。それがようやく叶った。

二〇一九（令和元）年は、山沢栄子の生誕百二十年にあたる。これを記念して、兵庫県の西宮市大谷記念美術館（五月二十五日〜七月二十八日）と東京都写真美術館（十一月十二日〜二〇二〇年一月二十六日）で、「山沢栄子　私の現代」展が開催された。初日からまもなく、東京都写真美術館に駆けつけた。

展示されたおよそ百五十点の作品と関連資料には、山沢の戦争の時代が含まれている。そこには、ひとりの女優の戦時下の日々もある。山本安英《やまもとやすえ》（一九〇二〜一九九三）、有名無名とわず、多くの人から愛され、尊敬を一身に集めた新劇俳優である。山沢栄子と山本安英、ふたりは同じころに生まれ、生き、そして亡くなった。「山沢栄子　私の現代」展には、ふたりの歴史がはっきりと刻まれていた。

一九〇二（明治三十五）年、東京・神田に生まれた山本安英は、山沢の三つ下にあたる。神奈川県立高等女学校（現・県立横浜平沼高等学校）を卒業後、一九二一（大正十）年、二代目市川左團次の「現代劇女優養成所」に入る。その年、小山内薫作・演出の『第一の世界』（帝国劇場）でデビュー、七十年以上にわたる俳優のキャリアをスタートさせた。

デビューまもなく築地小劇場が生まれ、そこでさまざまな舞台に立つ。一九二九（昭和四）年に築地小劇場が分裂してからは、丸山定夫、薄田研二らと新築地劇団の主要メンバーとなる（左翼劇場の公演にも一部参加）。新築地劇団が一九四〇（昭和十五）年に、新協劇団とともに強制的に解散させられたことは、先述した信欣三の項に書いた。

山沢栄子のオリジナルプリントは、あまり残されていない。「私の現代」展では、公刊された写真集を解体して、額装した展示さえあった。ところが、山沢が撮った山本安英のポートレート（全九点展示）は、戦前のプリントであった。山本の後援者だった小西綾（女性解放運動家）に送られたもので、息をのんで眺めた。

一九四三（昭和十八）年から翌年にかけて、さまざまな役に扮装した山本を、山沢がフィルムにおさめた。山本有三《やまもとゆうぞう》作『女人哀詞』のお吉（計五枚）、チェーホフ作『ワーニャ伯父さん』のソーニャ、梅本重信作『武蔵野』の正江、豊田正子作『綴方教室』の正子、木下順二作『山脈《やまなみ》』のとし子（各一枚）の計九枚（ゼラチン・シルバー・プリント）である（『山脈』のみ一九四九年の撮影）。いずれも、山本が得意とした役ばかりだ。

九点すべて《個人蔵》と明記され、所蔵先は明らかにされていない。大阪で活動した小西綾から、第三者の手に渡ったからこそ、残されたともいえる。山沢の手元には、山本のオリジナルプリントは残されていなかった。「私の現代」展の観覧料は一般七百円、この九枚の作品だけで、じゅうぶん元をとった気がした。

山本安英と山沢栄子は、とりたてて熱心に追いかけている人ではない。ただ、それぞれ伝説的な存在で、ずっと気になっていた。そのふたりが目の前に、写真としてある。本当に、いいものを見せてもらった。

ふたりの接点は、山本が新築地劇団にいた一九三〇年代末にさかのぼる。展覧会の書籍図録『山沢栄子　私の現代』（赤々舎、二〇一九年）の「山沢栄子年譜」には、《1936　東京で活動する舞台俳優・山本安英と知り合う》とある。この年の六月と十月、新築地劇団は大阪の朝日会館で公演した。その前後に出会ったのだろう。

新築地劇団が解散に追いこまれ、太平洋戦争に突入したのち、山本は思うように演劇活動ができなくなる。日本映画学校、日本放送協会専属劇団の講師となり、ラジオには出演した。そのかわり、舞台には出なかった。時局寄りの演劇活動への打診はあったものの、病気を理由に引き受けなかった。ほかの多くの新劇俳優とは異なり、映画にも一切出ていない。そうしたなか、山本を慕う若い人たちが、東京の千駄《せんだ》ヶ谷《がや》にあった自宅に集い、セリフや朗読の勉強会をはじめた。そこに山沢も参加した。

> そのうちとうとう家の廻りも焼け始めたし、弟も海軍え《原文ママ》とられてしまつたので、終戦の五ヶ月前という時、年とつた母と叔母を信州の小さな部落へ疎開させ、やがて私もそこへ移つたのだが、その折にグループの一部の人たちは疎開地に共に移り住んで、又お互いに毎日勉強をつづけていた。
>
> （山本安英「ささやかな感慨」『ぶどうの会会誌』第一号、ぶどうの会、一九五〇年）

一九四五（昭和二十）年五月、山本は、母と叔母（養母）とともに長野県の諏訪へ疎開する。そこに山本を慕う人たちもついてきて、集団疎開となった。山沢も同行した。
心斎橋のそごうにあったスタジオは、一九三八（昭和十三）年に大阪市南区周防町（現・大阪市中央区）に移転していた。そのスタジオは、一九四五年三月十三、十四日の大阪大空襲で焼けてしまう。歌舞伎俳優の初代中村魁車が愛孫を抱いたまま戦災死した、あの大空襲である。山沢は、愛弟子である写真家の浜地和子とともに、諏訪に向かう。山本安英らとの疎開暮らしが、こうして始まる。

「山沢栄子 私の現代」展に展示された山本のポートレートは、一見すると役の扮装をただ撮っただけのように見える。じつはそこに、写真家と新劇女優、プロどうしの妥協のないぶつかり合いがあった。そのエピソードを晩年、「私は女流写真家 山沢栄子の芸術と自立」と題された講座の第三回で、山沢はくわしく語った（対話講座「なにわ塾」一九八二年九月十八日、大阪府立文化情報センター）。
当時の新劇俳優はスター性に富み、（アマチュアからプロまで多くの写真家が、その姿をフィルムにおさめた。千駄ヶ谷の山本宅を訪れた山沢は、役に扮した山本の写真を目にした。それが、山本の扮装写真を撮るきっかけとなる。

どうして写す気になったかというと山本さんの演技が非常にすぐれているにもかかわらず、それがちっともそれらのプロマイドに出ていないからなのです。ただ写っているだけです。これでいいのかなと思ったのがきっかけです。それで、その人自身というか、劇中の人というか、そのみごとな演技を表現しないと写真は数ばかりではだめだ、と思った。

（山沢栄子『対話講座・なにわ塾叢書10　私は女流写真家　山沢栄子の芸術と自立』ブレーンセンター、一九八三年）

山本の扮装写真は、千駄ヶ谷での勉強会のころから撮っていた。空襲によるスタジオ焼失という事情で、諏訪に疎開した山沢は、ふたたび山本を撮り始める。物資は乏しいけれど、時間はたっぷりある。一対一となり、山本が役に扮装して、山沢が撮る。心身ともに役になりきった一俳優の表現を、一写真家が一瞬で切り取る。仕事で請けたのではない。ふたりだけの表現の探究であった。

例えば、ゴーリキの『母』とかの扮装をして、山本さんがそれになりきる。その演技表現を写すわけです。今日は何をするというように、初めに、いろいろ相談しておくのです。私の理解していない劇は、できないです。何を写すのかわからなくては写せません。格好を写すのではない。ゴーリキの『母』なら『母』を、山本さんは演技で表現される。私は「これだ」と思うところを写すわけです。そういう考えが両方で

『山本安英舞臺寫眞集』（未來社、1960年）山沢栄子撮影「『女人哀詞』のお吉」（撮影／筆者）

わかっていないと、できない仕事です。だから、この場面を一枚撮って……というふうなのとは違うのです。（略）
　私がここは写さなければならない、と感じたところを写すわけです。もっとも、これだけというものを持っているわけで、持っていないと写せないわけです。写ったそのものと、山本さんの考えて演じておられることが一致するのです。

（前掲書）

　撮影のとき、役に扮した山本の動きはとまらない。つねに演じている。疎開先の小屋であろうと、山本にとっての舞台であり、劇場である。役になりきり、演技をする相手に、「そこで止まって」と言えるはずがない。山沢もまた、「きれいだから」「美しいから」といった外見上の理由だけで、シャッターを切らない。戯曲の内容や役柄を解釈し、納得することをみずからに課す。

フィルムを倹約しつつ、ただただ没頭して、いろんな役の山本を撮った。プリントに焼いて、納得のいかないものは、未練なく破ってしまう。山沢のもとに、山本のポートレートは、ほとんど残されることがなかった。自分の命さえ危ぶまれる時代、ここまでみずからの表現を突きつめるふたりに、深い感銘を覚える。すごい表現への探究心だな、と感じる。

撮影する時は撮影する人がここだというところでシャッターをきるわけでしょう。だから、何種類かあって、そのうち、これにしましょう、なんていえませんよ。自分の解釈です。その解釈があまり悪かったら当然、駄目ですね。劇の解釈が間違っていたら、あんな写真は撮れないと私は思います。だから山本さんの演技であるものを感じているから、これだと思うものを写せるんです。それがあまりはずれてなかったのと違いますか。いけたと思います。今だからこんなことといいますけれど、その時はこれだと思って自信をもってシャッターを切った。しかし、これだ、と思うのがない日

もあります。その日はもう仕事は駄目。空襲警報がなったら駄目、なかなか難しいです。（前掲書）

疎開先で山沢は、出征兵士の写真を撮っては、お礼に野菜などをもらって暮らしていた。写真家として、山本ばかり撮っていたわけではない。ポートレートが中心だったそれまでの作風とは異なり、スナップにも挑戦するようになる。「私の現代」展には、疎開先で撮影された作品やアルバムが、いくつか展示されていた。扮装ポートレートではなく、疎開中の山本の日常や、村の人たちと人形劇を上演したときの様子も撮った。そのいくつかは、後述する『山本安英舞臺寫眞集《ぶたいしやしんしゆう》』（未來社、一九六〇年）におさめられた。

疎開先での山沢について、愛弟子の浜地和子が回想している。

村はづれの荒れ果てた小屋を借りていられました。そこは戰前お豆腐を製造していた小屋でお豆腐を冷やすため、山からひいた清水がかけいの口からたえず流れていました。先生はそこの土間で夜になるのを待つて、その冷たい山の水で現像や焼付けをなさるのです。小屋の中はいつのまにか如何にも先生の仕事場らしく變《かわ》つてゆきました。私の頭にはこうした生活がまるで詩のように美しく印象づけられています。
（浜地和子「山澤先生を語る」『山澤榮子寫眞集　探究』商業寫眞山澤スタヂオ、一九五三年）

一九五二（昭和二十七）年六月、心斎橋そごうの屋上に「商業寫眞山澤スタヂオ」を開いた。そのパブリシティを兼ねて、翌年の二月、『山澤榮子寫眞集　探究《たんきゅう》』を出した。わずか十二ページの薄い本だけれど、山沢にとっては初めての写真集である。写真集には、山沢のクライアントであった寿屋（現・サントリー）の佐治敬三をはじめ、山沢のよき理解者が一文を寄せた。

『山澤榮子寫眞集　探究』（商業寫眞山澤スタヂオ、1953年）

　そのなかに山本安英と劇作家の木下順二がいる。木下は、山本の一世一代の当たり役、『夕鶴』のつうの生みの親で、同志といえる間柄である。山本と山沢の撮影も、すぐそばで見ている。そのエピソードを、『探究』に明かした。

山澤榮子さんが山本安英さんの扮装寫眞《しゃしん》を寫《うつ》しているのを横で眺めていると、とにかくなかなかシャッターを切らない。もういいかげんでパチリとやったらよかろうと思うのにあっちへもそもそ、こっちへもそもそ、そしてまた寫される方の山本さんも、人形のように澄ましてなんかいないで、つまり役に生きようとするわけなのだろうが、やっぱりしょっちゅう動いているから、二人の呼吸がぴたりと合う瞬間などなかなかやって來るわけがない。そしてそうやって寫したうちの何枚かは、山澤さんは破いてしまって山本さんにも見せないらしい。

（木下順二「發足を祝して」前掲書）

ふたりの探究を目の当たりにした、貴重な証言である。さもありなん、と思う。演じる山本と撮る山沢、それぞれの解釈とタイミングは、そう簡単に合うはずがない。たとえシャッターを切ったところで、現像して納得しなければ、容赦なく破って捨ててしまう。もったいない、は通じない。

撮られた山本は、どう感じていたのだろうか。『探究』には、山本も一文を寄せた。けっして長い文章ではないけれど、気持ちのこもった言葉である。

山澤さんにはこれまで關西《かんさい》へうかがう度に舞台や素顔をどの位うつして頂いたかわ

かりません。そしてお仕事の上でもまた人間的な面でも、その眞《しん》しな御態度にいつも打たれて居ります。

殊に戰時中、あの誰もが心のよりどころを失つていた頃、長野縣《けん》の山奥に御一緒に疎開して、私のこれまでやつた役々を毎日のようにその扮装をしてうつして頂いた思い出は、永く忘れることが出來ません。自分の扮した人間の生命をうつし出して頂けるということは、寫される側にとつて大きな喜びであると共に、また寫す方にもどんなにそれが難かしいことであるかということをしみじみと感じました。

（山本安英「山澤さんのこと」前掲書）


八月十五日、山本は信州から上京し、東京・内幸町《うちさいわいちょう》の日本放送協会（ＮＨＫ）にいた。森鷗外作、久保田万太郎脚色のラジオドラマ『護持院《ごじいん》ケ原《がはら》の仇討』（放送タイトルは『りよと九郎右衛門』）の収録で、新派の名女形、初代喜多村緑郎《きたむらろくろう》との共演だった。放送局に向かう途中、木下順二とともに銀座の松坂屋に立ち寄り、その一階で玉音放送を耳にした。山本は、「あの人の声、新内に向いているんじゃないかしら」と銀座を歩きながらふと思いついた。喜多村とのラジオドラマは中止された。

山沢は、疎開先の諏訪で玉音放送を聴いた。親しかった韓国の少年といっしょにラジオの前にいたが、ほとんど内容はわからなかった。戦争が終わり、山本と山沢が一対一で取り組んだ表現への探究は、ここでひとまずピリオドを打つ。

東京へ戻った山本は、俳優として舞台に復帰する。一九四六（昭和二十一）年に東京藝術劇場が旗揚げし、三月には第一回公演、イプセン作、土方与志演出『人形の家』（有楽座）に出演、乳母のアンネを演じた。

一九四七（昭和二十二）年四月には、山本を慕う若い人たちがふたたび集い、山本主宰の演劇集団「ぶどうの会」が生まれる。ぶどうはギリシャ演劇の象徴とされ、小さな青い実が豊かに実っていくことを願い、名づけられた。演出家の岡倉士朗、俳優の桑山正一、久米明、磯村千花子、それに木下順二らが参加した。山本のライフワークとなる『夕鶴』（一九四九年十月初演）、『彦市ばなし』（一九四八年三月初演）、『赤い陣羽織』（同十一月初演）など、ぶどうの会で木下は、劇作家として代表作をものにしていく。

一九四九（昭和二十四）年三月から四月にかけて、民衆藝術劇場（第一次民藝）が木下順二の『山脈《やまなみ》』を上演した（東京・三越劇場、大阪・朝日会館ほか）。この公演に山本が客演し、ヒロインの村上とし子を演じた。

夫の省一が出征するなか、とし子は、姑のたま（北林谷栄）と山里に疎開している。その山里で、省一の友人にして意中の人、山田浩介（滝沢修）との愛を深める。省一は戦死し、応召された山田もまた、入隊先の広島で原爆に遭い帰らぬ人となる。その公演パンフレットに山本は、こう心境を寄せた。

ここ數年《すうねん》、ずつと殆《ほと》んど若い人々との接觸の間に暮して來たので何か新しい息吹きを與《あた》えてもらえた氣もちではいるものの、さて、實《じつ》さいに身體《からだ》を動かしてみてどういうことになるのか、何しろ久しぶりの芝居なので、不安ばかり先立つてまだ見當もつきません。（略）

私が少しの間疎開していた高原の山なみを心にうかべつつけい古を進めて行くにつれて、少しずつ俳優としての自分をとりもどしつつある氣もちがして、ああした時代にあの山なみのうねりの中にポツツリ置かれたとし子という人間が、時代におしつぶされそうになりながら少しずつ成長してゆく過程を、舞臺《ぶたい》の上に何とか描き出したいと念じています。

（山本安英「やまなみを心にうかべて」『山脈』公演パンフ、演劇文化社、一九四九年）

民芸第4回公演『山脈（やまなみ）』パンフレット（演劇文化社、1949年）

山本が俳優として再出発するいっぽうで、山沢は大阪へ戻る。スタジオは大阪大空襲で焼かれ、浜地和子の実家である浜地病院に身を寄せた。戦後の初仕事は、京都にあるPX（米軍基地購買部）のスタジオで、米軍兵士などを撮った。

それからまもなく、大阪の三越百貨店スタジオで働くようになる。心斎橋のそごう屋上に「商業寫眞山澤スタヂオ」をオープンさせるのは、一九五二（昭和二十七）年六月である。山本と山沢、ふたりとも一国一城の主となった。

戦後の山本と山沢は、それぞれの表現の道を歩んだ。接点がなかったかというと、そうではない。

一九四九（昭和二十四）年四月には、戦前から取り組んだ探究の集大成として、「山本安英扮装写真展」（大阪・朝日会館パーラー）を開いた。朝日会館で『山脈』が上演（四月二十二〜二十七日）されたことが、この写真展のきっかけとなる。四月二十三日付「大阪新聞」に、《二人の、芸術創造に対するかぎりない情熱によって、珍しく芸術的なプロマイドが生み出され（略）二人の美しい友情の花として生み出されたもの》と報じられた。

ふたりの接点は、このあともつづく。一九五八（昭和三十三）年三月、山本の自伝『鶴によせる日々』が八年ぶりに、未來社から再刊された。口絵におさめられた著者近影を、山沢が撮っている。この写真は、「山沢栄子　私の現代」展になかった。

二年後の一九六〇（昭和三十五）年九月、未來社から『山本安英舞臺寫眞集』が刊行

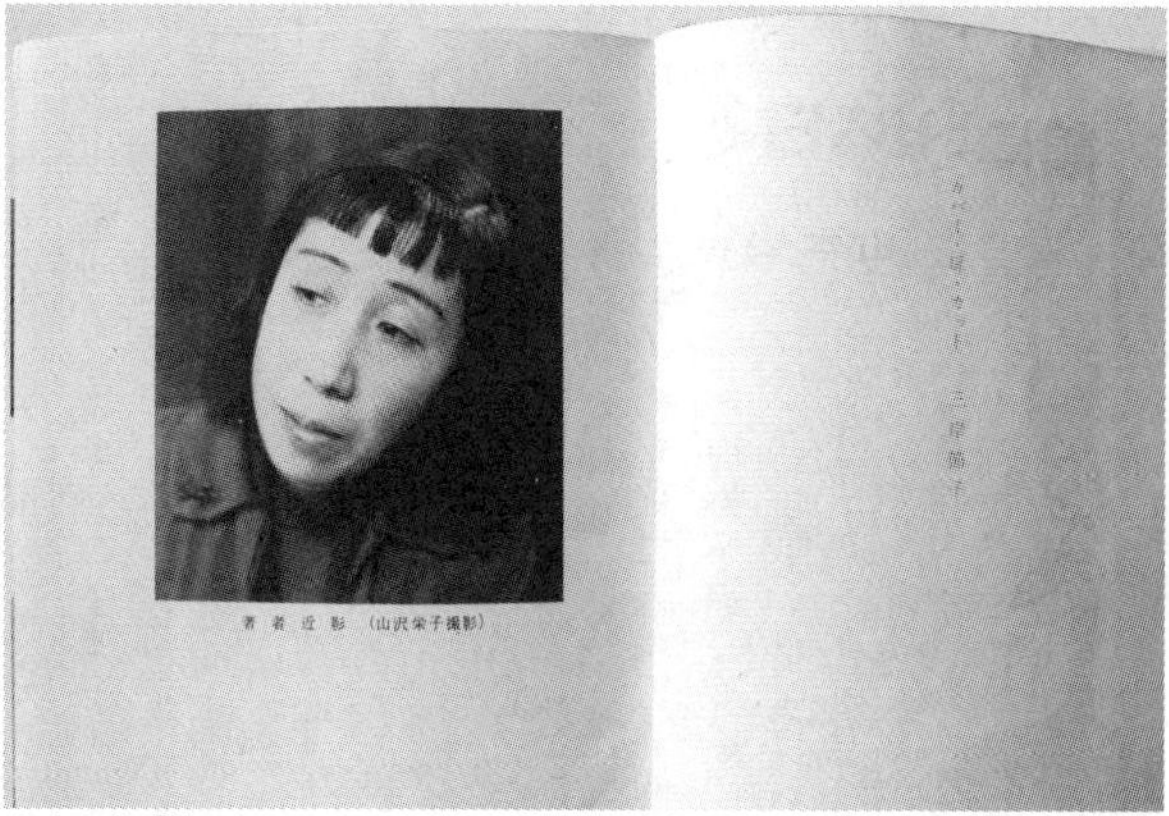

山本安英『鶴によせる日々』（未來社、1958年）山沢栄子撮影の著者近影（撮影／筆者）

された。限定八百部、「寫眞篇」「資料篇」の二冊から成り、あわせて七百ページ以上という函入りの大冊である。新劇の名優は数いれど、ここまで立派な本が出たのは山本くらいだ。「寫眞篇」の巻頭を大きく飾ったのは、山沢が撮った扮装写真であった。

同書の編集代表である木下順二のあとがきによると、編集作業の早い段階から山沢が協力している。「資料篇」にある「文献による日本新劇史―山本安英の歩みを中心として―」には、《この写真集のレイ・アウトを担当した彼女の作品は、この写真集にも多く収められている》と山沢のことが記されている。

一九六二（昭和三十七）年には、『山本安英舞臺寫眞集』とおなじ未來社から、『山沢栄子写真集　遠近　FAR AND NEAR』

が出版された。収録作品の多くが戦後に撮られたものだが、山本がゴーリキーの『母』に扮した戦前の作品が一枚、おさめられた。そのオリジナルプリントは見つかっておらず、「私の現代」展では、同写真集を解体して額装したものが展示されていた。

「ことばと語り」に生命を賭した山本は、映画とテレビドラマに出演せず、舞台とラジオにこだわりつづける。そのかたわら、童謡や昔ばなしをレコードに吹き込んだ。一九六四（昭和三十九）年にぶどうの会を解散したあとは、「山本安英の会」を発足させた。公演活動のかたわら、みずから「ことばの勉強会」を主宰し、山本を慕う多くの人がそこに集う。ライフワークの『夕鶴』が上演一千回を達成したのは、一九八四（昭和五十九）年七月のことである。

山沢は、一九六〇年代に入って「商業寫眞山澤スタヂオ」を閉じた。ヨーロッパ、アメリカ、メキシコと海外を旅しては、表現の探究をさらに深め、写真に向き合っていく。その成果として各地で個展を開き、一九七六（昭和五十一）年には『写真集　私の現代　ABSTRACT PHOTOGRAPHS』（山沢写真研究所）を出版した。一九八〇年代から九〇年代にかけては、高齢者福祉施設で暮らしながら、後進の指導にあたった。

一九九三（平成五）年十月二十日、山本安英は九十歳で亡くなる。翌年二月号の『悲劇喜劇』にて「特集・山本安英追悼」が組まれ、北林谷栄や東野英治郎など、多くの俳優、演劇関係者が寄稿した。そこに山沢栄子の名はない。十五名の寄稿者のなかに、ふたりの探究に対して言及した人もいなかった。北林の追悼文「山本さんの『唐人お吉』を偲ぶ」に、山沢が戦前に撮った『女人哀詞（唐人お吉）』の扮装写真が一枚あるだけである。

それから二年のち、一九九五（平成七）年七月十六日、山沢栄子は九十六歳で亡くなった。

「山沢栄子　私の現代」展の会場には、九十代のときに受けたインタビュー映像が流されていた。矍鑠《かくしゃく》とした語り口と物腰に魅せられながら、亡き友、名優との疎開先での日々を想った。

キューリの葉っぱのかげで

山田五十鈴、滝沢修

二〇一八（平成三十）年三月、山田《やまだ》五十鈴《いすず》（一九一七〜二〇一二）の七回忌を兼ねて、写真集『女優 山田五十鈴』（集英社インターナショナル）が自費出版された。責任編集の美馬勇作《みまゆうさく》は、高知の呉服店「ごふく美馬《みま》」の主人である。A４判上製、四百十六ページ、限定千二百部で、定価は八千円（税別）。

さっそく注文した。すごい。超がつく愛蔵本である。舞台、映画、ラジオ、テレビと各ジャンルで活躍した昭和の大女優だが、この写真集では舞台の仕事をまとめている。「五十鈴十種」「日本美女絵巻」「名優対決」「五十鈴万華鏡」の四部構成で、美馬みずから取材した「特別インタビュー　五十鈴を語る五十人」が付く。山田のあで姿はもちろん、山茶花究《さざんかきゅう》、伊藤雄之助、辰巳柳太郎《たつみりゅうたろう》、三代目中村翫《なかむらかん》右《え》衛門《もん》、宮口精二、一の宮あつ子、八代目市川中車《いちかわちゅうしゃ》などなど、共演した俳優の顔を眺めているだけで夜が更けた。

美馬勇作は、一九七一（昭和四十六）年生まれ。山田が主演したテレビ時代劇『新・

必殺からくり人』（朝日放送、一九七七〜七八年）で、ファンになった。《浮世絵そのままのうりざね顔と、総身に「粋」を纏った着物姿、他の追随を許さぬ貫禄と玄人っぽさに強く惹かれて以来、その虜となった。》（『女優 山田五十鈴』）。美馬のあとがき「『本朝女優鑑』として」の一文である。

　中学を卒業するころ、便箋十三枚におよぶファンレターを出した。数日後、マネージャーの代筆で返事が届く。上京した美馬は、舞台『三味線お千代』（東京宝塚劇場、一九八六年）を観劇し、楽屋を訪ねた。高校一年生のときだ。それから山田が亡くなるまでの三十二年間、「山田先生」と呼び、慕った。この写真集には、そうした交流の軌跡がある。新聞、雑誌、テレビ、ラジオで取り上げられた写真集は、ほぼ完売した。

　写真集の巻末には、美馬が作成した「山田五十鈴舞台年譜」がある。山田が舞台の仕事を本格化させるのは、太平洋戦争のころ。当時二十代なかばで、すでに堂々たる大スターであった。そこには戦時下の日々と、女優としての悩み、葛藤がある。映画の仕事に嫌気がさし、舞台に活路を見出した時代でもある。

　一九一七（大正六）年、大阪生まれ（本名は山田美津）。父は新派俳優の山田《やまだ》九州男《くすお》で、母は元芸者だった。数えで六つの六月六日から、常磐津《ときわず》、長唄《ながうた》、清元《きよもと》、踊りとお稽古ごとで少女時代をおくる。数えで十一歳のとき、清元の名取「清元梅美智」となる。清元の若きお師匠さんとして、一家三人の生計を支えた。父の九州男はそのころ、あまり俳

山田五十鈴（新演技座公演『上陸五泊六日』の小山美都子、1943年、長谷川一夫関連記事スクラップ帖）

優の仕事がなかった。

日活の撮影所長である池永浩久から、映画女優の誘いがかかったのはそのころ。当時の日活には、時代劇をこなせる娘役があまりいなかった。一九三〇（昭和五）年に日活入りし、十四歳のとき、渡辺邦男監督『剣を越えて』で映画デビューする。芸名は、伊勢（宇治山田）の五十鈴川《いすずがわ》に由来する。その若き映画人生が順風満帆だったことは、出演作からあきらかである。内田吐夢《うちだとむ》の『仇討選手』（日活、一九三一年）、伊丹万作の『國士無双』（千恵プロ、一九三二年）、溝口健二の『浪華悲歌《なにわえれじい》』と『祇園の姉妹』（第一映画、一九三六年）、成瀬巳喜男の『鶴八鶴次郎』（東宝、一九三八年）……。

映画で多忙だったため、舞台には縁がなかった。「山田五十鈴舞台年譜」によれば、一九三五（昭和十）年八月の「新派精鋭男女優合同出演」（東京劇場）が舞台デビューで、それから六年間は記録がない。

一九四二（昭和十七）年三月、山田は、映画で共演した長谷川一夫が中心となった劇団「新演技座」に参加する。演劇評論家の田中亮吉はこう指摘する。《その二人の意図は映画スターということだけでは、芸の心底にある野心が満たされず、それぞれの生い立ちと、潜在的演劇への野望原点からのものであったと思う。》（「女優と女役者と山田五十鈴」『悲劇喜劇』一九八三年四月号「特集・山田五十鈴」）。すでに戦中だったけれど、東京の演劇界にはまだ活気があった。銀幕の名コンビが舞台に立つことは当時、話題となった。

新演技座には、劇作家で演出家の菊田《きくた》一夫《かずお》が関わっている。その菊田の黒子《くろこ》となったのが、新劇の名優、滝沢修《たきざわおさむ》（一九〇六～二〇〇〇）であった。一九四三（昭和十八）年一月、新演技座の関西第一回正月公演（大阪・北野劇場）で『京町堀《きょうまちぼり》』（菊田一夫作・演出）が上演される。滝沢が演出プランをたて、菊田の自宅を訪ねた。「全部任せるから、好きなようにやってくれ」と菊田は言った。

一九九一（平成三）年三～四月、東宝現代劇『流れる』（芸術座）で山田は、当たり役のひとつ、蔦吉を演じた。同公演を観劇した滝沢が、楽屋に山田を訪ねた。《師匠が観ていらっしゃることを先に知ってたら、こわくて出来なかった。》と話す山田に、《いやぁ、うまくなったんでびっくりしたなあ。》と滝沢が言う。当代きっての大女優に、である。このやりとりは、一九九二（平成四）年に劇団民藝が『――シラー作「群盗」に拠る――吉野の盗賊　応仁絵巻』（久保栄作、滝沢修演出）を上演したときの対談である。

新演技座公演パンフレット（北野劇場、1944年）、長谷川一夫と山田五十鈴

山田　その『京町堀』でね、全部ご自分でやってごらんになるんですよ。私の父、山田九州男がちょうどその日の稽古を見学していたんですよ。私が主演を頂いて菊田先生の作をやるというのでね。造花屋の娘なんです。幕開きはお正月で、私が羽根つきをしているんです。羽根をポーンとつくと、酔っぱらった通行人のシルクハットに止まるのね。それをフッと振って落とすのですが、若い人にはこれが出来ないんですよ。（中略）もどかしくなられたらしくて滝沢さんがお立ちになって、おやりになったの。これが見事でね。何ともハヤ、素晴らしいんですよ。そうしたらうちの父がね、「あの演出家は役者になったらエエのに」っていったんですよね（笑）。私が「何いってるのお父さん、あの方が新劇で有名な滝沢修さんよ」っていったら「ああ、そうか」って。

その滝沢さんに私くらいじゃないかしら、プロンプして頂いたの。
滝沢　そうでしたね。
山田　覚えていらっしゃる？　造花屋の娘で長谷川一夫さんと私が出るんですよね。私が初めて主演を頂いて、滝沢さんの演出で、もう天にも昇る心地だったんですけれど、演出家がうるさくて（笑）むずかしく《原文ママ》出来なくて、そしてとうとう初日があいたら、もう、もったいないような話でしょ、滝沢さんがプロンプターをしてくださったの。
（対談「花は風雪をこえて　舞台ひとすじのこころ」『民藝の仲間２７３号』劇団民藝、一九九二年）

饒舌《じょうぜつ》な山田を前に、滝沢はただ笑った。山田は、《悪いけど、プロンプの方がうまいんだわ（笑）、出る役者より。》とつづける。新演技座の仕事は、山田にとってよき思い出となり、そこには滝沢の存在があった。名優ふたりの思い出は、美化されているところがあるかもしれない。そう思えるほど、ほほえましく、幸せに満ちた舞台風景である。この対談を読むだけでは、山田が抱えていた悩みはわからない。
一九五三（昭和二十八）年十二月、山田は自叙伝『映画とともに』（三一書房）を上梓した。タイトルのとおり、映画女優としての生い立ち、撮影時のあれこれが、綴られている。その読後感は、重くて、せつない。恋多きスターで、多くの男性と浮き名を流し、傷つくことが多かった。結婚生活はうまくいかず、戦争も激しくなっていく。戦時下の日々には、「暗い谷間」と見出しをつけた。

あの戦争のなかで、私みたいな自堕落な非協力な者はいなかったと思います。わずかに恋愛と仕事だけで生きていたわけです。私のいちばんよく働ける仕事場がいらなくなってきたうえ、たまにあれば軍の慰問ぐらいという状態のなかで、私としてはああいう生活よりしようがなかったとおもうほどうちのめされていました。

（山田五十鈴「暗い谷間」『映画とともに』三一書房、一九五三年）

戦意高揚を目的とした国策映画が増えるなかで、女優のやりがいをうしなっていく。情熱をかたむけるべき映画の仕事が、傷心の女ごころを癒すことにはならなかった。

その例として挙げたのが、一九四三（昭和十八）年十一月封切りの東宝映画『秘めたる覚悟』である。監督は滝沢英輔《たきざわえいすけ》で、脚本の成山英一は、滝沢英輔、成瀬巳喜男、岸松雄《きしまつお》、山形雄策の共同ペンネームだった。銀座の洋食店を切り盛りするヒロインお静に山田、意中の人である技師の文雄に長谷川一夫がふんする。勝ち気なヒロインは、山田が得意とする役のはずだった。しかし――

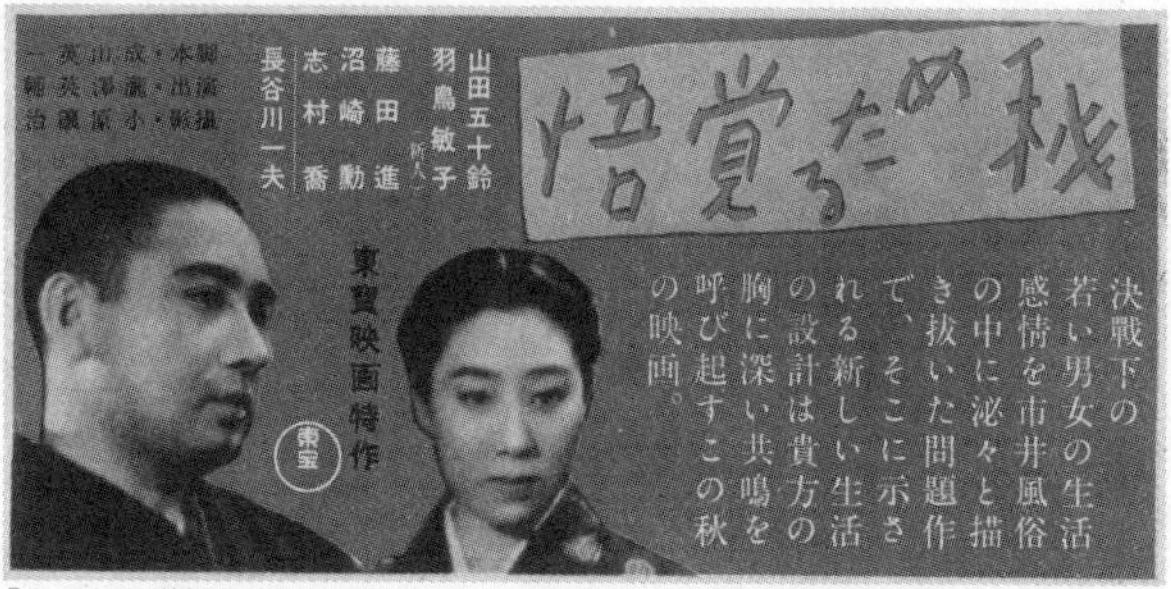
秘めたる覚悟
山田五十鈴
羽鳥敏子（新人）
藤田進
沼崎勲
志村喬
長谷川一夫
東宝映画特作
東宝
決戦下の若い男女の生活感情を市井風俗の中に泌々と描き抜いた問題作で、そこに示される新しい生活の設計は貴方の胸に深い共鳴を呼び起すこの秋の映画。
『秘めたる覚悟』（東宝、1943年）広告（長谷川一夫関連記事スクラップ帖）

私の役は、いよいよ結婚できるというときに恋人に召集がくるというのでしたが、あのころは、応召のかなしみをあらわしてはいけない、かなしさを堪えて明るく「どうぞりっぱにいっていらっしゃい」といって見送るという気持ちをあらわさなければいけないのだという制約があって、演《や》っていながら嘘だ嘘だと思っているのですから、ほんとうに人間らしい、人の胸をうつような作品なんかできっこなかったのです。いわば、魂の入っていないもぬけの殻のような人間を表現させられていたわけなのです。（前掲書）

『秘めたる覚悟』は、ホームドラマだったものの、結末はそれなりに時局寄りの味つけがされた。長谷川一夫ファンの旧蔵品とおぼしき、戦時中のスクラップ帖が手元にある。長谷川の雑誌記事、映画広告がところ

山田五十鈴『映画とともに』（三一書房、1953年）

せましと貼られ、『秘めたる覚悟』の広告もいろいろとある。《警報下にあの人の汽車が發《た》つてゆく。防空服の下についこみ上げるもの……お帰《かえ》りになるまで……きつと……水漕に映《うつ》る女心！》《決戰下の若い男女の感情を市《し》井《せい》風俗の中に描く》《男がしつかりすれば女もしつかりします。それが日本の强さです》。宣伝文を読むだけで、なんとなく内容がわかる。

『秘めたる覚悟』の前から、山田は映画の仕事に疑問と落胆を覚えていた。その大きなきっかけが、一九四一（昭和十六）年七月封切りの成瀬巳喜男監督『上海の月』だった。東宝と中華電影股份《ちゅうかでんえいふんこ》有限公司《ゆうげんこうし》の提携作品で、上海ロケを敢行した大作である。

山田が演じた主人公の袁露絲は、中国人のアナウンサーにして女スパイという役柄で、劇中で北京語を話さなければならない。一度は断ったものの、成瀬から「いろんな人間を創造してゆくのが、俳優にとって大切では」と説かれ、引き受けた。相手役には、中国の新人女優、汪洋《おうよう》が抜擢された。

この仕事に山田は、女優のプライドをもって臨んだ。そこには恋多きスターゆえの、プライベートな問題がある。当時、俳優の月田《つきた》一郎《いちろう》（一九〇九〜一九四五）と夫婦だった（ふたりのあいだに生まれたのが、のちに女優となる嵯峨三智子）。女優をやめて家庭に入ってほしい月田と、女優にこだわる山田とのあいだに溝ができる。ふたりのあいだには、俳優としての格差もあった。『上海の月』の企画が持ち上がったころ、夫婦関係は冷え切っていた。そのなかで出演を決意した『上海の月』であった。

上海ロケに参加したのは、一九四一年二月から四月で、その様子は当時の映画雑誌に取り上げられた。その記事のひとつに《いろいろな意味で私にとつては劃期《かつきてき》的な役なので、怖いようでもあり、又それだけに完成の日が待たれてなりません》（「上海から帰って」『映画旬報』第十四号、映画出版社、一九四一年）と山田のコメントがある。

それは本心ではない。戦後八年たって出版された『映画とともに』にはこう書く。《『上海の月』の撮影をつうじて、私は中国国民のあいだにみなぎっている日本の軍国主義へのこの上なくはげしいいかりを、身をもって体験したのです。》（「上海」『映画とともに』）。

上海では、現地の人を見下す日本人の横暴さ、それに憎しみをたぎらせる中国人の姿を目の当たりにした。怖さ、ひけめ、悲しみ、憤り、戸惑い、山田はさまざまな感情に襲われる。成瀬巳喜男とは『鶴八鶴次郎』で納得のゆく仕事をしたけれど、この作品には共感が抱けなかった。『映画とともに』にこうある。《悪人は悪人、善人は善人という

『上海の月』撮影風景。左より成瀬巳喜男、山田五十鈴、大日方傳（『東寶映畫十年史抄』）

ふうにきわめて類型的に描いており、一人の女が生きぬいていくために、どうにもしようがなくスパイになったという裏付けがないので、いわば通俗的なメロドラマに終っていました。》（前掲書）。

失望を覚えたのは、映画だけではない。慰問である。派手上海では乞われるままに、陸軍の慰問に参加した。派手なもてなしを受け、お米からビフテキまで、ごちそうが供された。それでも気持ちは晴れない。

ところが若い女優さんたちを引率してゆくと、将校たちが酔った勢いで若い女優さんたちを連れてどこかへ消えてなくなろうとするので、私はそれがこわくて、どうしたらば無事に連れて帰れるかと思って、口惜しくもあり、軍人に対する反感が一ぱいでした。（略）

そのころ、一般に上海などの外地では、軍隊の秩序が実に乱れていましたが、中国人に対する態度などお話にならないほどひどかったのでたいへん憤りを感じていましたが、それが戦争に対する憎しみには変ってこず、正直なところ、とにかくけしからぬことだけれども仕方がないという考え方でした。

（「暗い谷間」『映画とともに』）

『映画とともに』が出版されたとき、山田は独立プロの作品に多く出演していた。そのかわり、松竹、東宝、大映、新東宝、東映といった大手映画会社の作品には、あまり出ていない。いや、出ることができなかった。共産党などとのつながりが深い独立プロの仕事ゆえ、「山田五十鈴はアカ」と揶揄された。当時は劇団民藝にいた加藤嘉《かとうよし》と夫婦だったことを、皮肉られたこともある。『映画とともに』のなかで、軍部と映画界にきびしい物言いをしているのは、そうした事情があったことも考えられる。

『上海の月』に出たのちも、プライベートはうまくいっていない。月田一郎と離婚し、上海で関係を深め再婚した、東宝の滝村和男《たきむらやすお》との愛も、長くはつづかなかった。そうしたころに出会ったのが、新演技座で身分を隠して演出する、滝沢修であった。新劇のスターにして、東宝映画にもたくさん出ていることを、山田はよく知っている。

山田　劇団の女優さんたちと勉強会もって、滝沢さんの成城学園《せいじょうがくえん》にあるお家へ週一回集まりましたね。滝沢さんが耕されていた農園で、ダルクローズという体操を一時間くらいしてから……

滝沢　あの時分は自給自足で、ジャガイモ、キュウリ、トマト、みんな自分で耕して。
山田　その農園が教室になるんです。むしろを敷いてくださって、台本を読ませるんです。ご本人は鍬で畠のうねを耕していかれながら、「聞こえません」とか、「もっと腹に力を入れて」とか、「きみの声は上へ抜けて、ちっとも地をはわない」とか、「こんな声ではダメですよ」って……

（対談「花は風雪をこえて　舞台ひとすじのこころ」）

滝沢修は一九〇六（明治三十九）年、東京に生まれた。一九二四（大正十三）年に開成中学を卒業し、築地小劇場に第二期研究生として入所する。翌年、オニール作『皇帝ジョオンズ』で初舞台を踏み、兵士と奴隷《どれい》を演じた。築地小劇場から左翼劇場（のちに中央劇場）をへて、一九三四（昭和九）年、新協劇団の旗揚げに参加する。新協劇団では、『火山灰地』『北東の風』『夜明け前』など、さまざまな舞台に主演し、絶賛を博す。そのかたわら、東宝映画の前身となるP.C.L.映画やラジオドラマに出演した。

新協劇団が、新築地劇団とともに強制解散に追いこまれたことは、信欣三や山本安英のところで書いた。それだけではない。両劇団が解散した一九四〇（昭和十五）年八月、滝沢は自宅から淀橋署に検挙された。一九四一（昭和十六）年の暮れに保釈されるまで、獄中生活を余儀なくされる。そのあいだ、妻の文子と交わした往復書簡は戦後、『愛は風雪に耐えて』（東都書房、一九四九年）として出版された。

保釈されたとはいえ、俳優の仕事はできなかった。移動演劇聯盟や東宝で事務方の仕事をしたり、新演技座で演出を手がけるなどして、糊口《ここう》をしのいだ。世田谷区成城に一軒家を借りたものの、それだけでは食べていけない。妻と子どもがいる。滝沢が当時の暮らしをエッセイにしたことは、この本の「はじめに」で紹介した。

ある日、することもなく昼寝をしていた滝沢は、庭先にのびる豆の蔓《つる》に目をとめた。自給自足に目覚めた滝沢は、晴耕《せいこう》雨《う》読《どく》の暮らしをスタートさせる。そこへ山田五十鈴が、教えを乞いにやってきた。

滝沢修、1944年頃、成城の自宅畑で（『俳優の創造』）

トマトやキューリを作ってるところがあるんですよ。手竹が立っている。その下にわら莚《むしろ》を敷いてあげるから、そのかげであなたがセリフを読めば、ぼくは手を休めないで聞いてあげられます、と言ったら、山田さん、わら莚の上に座って、手竹の下へ入って、キューリの葉っぱのかげで、セリフを一生懸命読みました。ぼくは畑仕事をしながらその朗読

をきいていた。(略)

ぼくは聞きながら耕していく。向うの方まで耕しちゃうんだから大変だけれどって言ったら、山田さん、かまいませんよって、一生懸命なんだ。仕事が終ったから、イモでもたべていらっしゃいって、そのときは芋じゃなかった、水瓜《すいか》だったね。ぼくが作った水瓜を拳固でパッと割って、ハイ、どうぞ、といって山田五十鈴さんにあげた。その当時、水瓜なんて貴重ですよ。山田さん、水瓜をたべて、おみやげにといってね、できたものをあげたりして、そうやって、山田さんはぼくのところへ通ってきたのです。この人はえらい人だと思った。

(「百姓日記・移動演劇―続・滝沢修氏に思い出を聞く―」『悲劇喜劇』一九七五年五月号)

畑の教室はきっと、五十鈴の芸の糧となり、救いになったのだろう。山本安英と山沢栄子がそうだったように、ふたりもまた俳優としての表現を探究していく。下世話なことだけれど、滝沢は山田に艶っぽさを、山田は滝沢に色気を、それぞれ感じることはなかったのだろうか。恋の遍歴について明かした『映画とともに』に、新演技座や滝沢修のエピソードは出てこない。

一九四三(昭和十八)年、晴耕雨読の暮らしをつづける滝沢に、俳優の仕事が舞い込む。その年の秋から翌年にかけて、結成されたばかりの藝文座に参加、武者小路《むしゃのこうじ》実篤《さねあつ》作

『三笑』と、真山青果《まやませいか》作『頼山陽《らいさんよう》』に出演する。ひさしく舞台に立っていなかったこともあり、戸板康二をはじめ、滝沢ファンをよろこばせた。

一九四四（昭和十九）年には、東宝のあっせんで移動演劇を率い、北海道各地を巡回した。「援農慰問隊」の名目ではあったが、滝沢としては、お国のための演目ではものたりない。憲兵の監視を気にしながら、反戦色の強い時代劇をあえて上演した。

山田五十鈴は、新演技座と東宝映画への出演をつづけた。仲のよかった清川虹子《きよかわにじこ》（一九一四～二〇〇二）の家（世田谷区祖師谷大蔵）に移り、ともに暮らした時期がある。そのときの話は、清川の自伝『恋して泣いて芝居して』（主婦の友社、一九八三年）に書かれている。恋多き山田を、《チエホフの『可愛い女』を地でいった》と評した。

戦局が厳しくなっても、恋多き山田は変わらない。清川と暮らしていたころは、新派の花柳章太郎と恋愛関係にあった。清川は明かす。《急に五十鈴さんの身なりが変わったので、すぐわかりました。黒ちりめんの着物に、錦紗《きんしや》の羽織、帯の間には赤いキセルをはさみ、新派の舞台からぬけ出たようでした。（略）空襲になると、ロウソクの薄明かりの中で、五十鈴さんはうっとりと花柳先生のおいていったブロマイドをとり出して、見とれていました。》（前掲書）。その清川の家は、一九四五（昭和二十）年五月二十四日夜の大空襲で焼けてしまう。

戦争は終わった。滝沢修と山田五十鈴は俳優として、それぞれ再スタートを切る。滝沢は、新劇の世界に華々しく復活し、東京藝術劇場、民衆藝術劇場をへて、一九五〇（昭和二十五）年、劇団民藝の創立に参加した。それから九十三歳で亡くなるまで、ずっと劇団民藝の人であった。

山田は、一九四六（昭和二十一）年七月封切りの『或る夜の殿様』（東宝）で、うしなっていた女優ごころを取りもどす。監督は衣笠貞之助《きぬがさていのすけ》である。

『或る夜の殿様』は、戦時中から戦後へかけての私の私生活もふくめてのもやもやした空気をとりはらってくれた作品なのです。

戦争中からの私の荒んだ生活が反映して、そのころ、芸も顔もあれはててしまいましたので、それがそのままあらわれているのです。キャメラはおそろしいものです。ひどく自己嫌悪におちこんで、もう俳優をやめよう、という気持になっているとき、たまたま『或る夜の殿様』で女中の役がつきました。

（「『或る夜の殿様』」『映画とともに』）

『或る夜の殿様』で山田は、箱根の温泉旅館で働く女中おみつを演じた。相手役は、主人公の書生を演じる長谷川一夫である。《最後の一歩というところで人にすがりつく気持》（前掲書）で、山田は衣笠に心酔し、慕う。女優ごころを取りもどすきっかけをつくった衣笠と、深い関係になっていくのは、女ごころというものか。

かたや新劇の花形、かたや銀幕の大女優、ふたりの評価は戦後も揺るがない。滝沢は、劇団民藝の公演を軸に、映画、ラジオ、テレビと活躍の場を広げていく。山田は、「アカ」と誹謗中傷されながらも、独立プロの仕事に取り組み、昭和三十年代には大手映画会社の作品に出るようになる。

『あやに愛しき』撮影風景。左より山田五十鈴、信欣三、滝沢修、宇野重吉（『しぶや酔虎伝　とん平・35年の歩み』牧羊社、1982年）

渋谷実《しぶやみのる》監督『若き鋳物師《いものし》の恋　青銅《せいどう》の基《きり》督《すと》』（松竹京都、一九五五年）、宇野重吉監督『あやに愛《かな》しき』（民芸映画社、一九五六年）など、山田と滝沢が共演する機会はあった。前者では、長崎奉行（山形勲）に魂を売るキリスト宣教師フェレラを滝沢が、フェレラを籠絡《ろうらく》する遊女の君香を山田が演じた。フェレラが君香の足をなめまわすシーンは、がっぷり四つで生々しい。公開時のパンフレットには、《日本映画随一の大女優山田五十鈴と、新劇のベテラン滝沢修の二大名優がくりひろげる愛慾場面は、息づまるような緊張と昂奮《こうふん》にみちあふれている。》と喧伝された。

冒頭で紹介した写真集『女優 山田五十鈴』にある「山田五十鈴舞台年譜」を、あらためて読んだ。山田は戦後の四年間、長谷川一夫の新演技座に参加し、全国各地を巡演している。その新演技座が解散したため、一九五〇年代は舞台の出演が途絶えてしまう。舞台女優として花を咲かせるのは、一九六〇（昭和三十五）年以降になってからだ。それに先立つ一九五九（昭和三十四）年、山田はふたりの名優と共演した。ひとりが歌舞伎の六代目中村歌右衛門《なかむらうたえもん》、もうひとりが滝沢修である。畑で教えを受けてからおよそ十年、滝沢との舞台共演に、山田は感激する。

ふたりは、第四回新劇合同公演『関漢卿《かんはんちん》』で共演した。一九五九年一月九日の大阪・毎日ホールを皮切りに、神戸、和歌山、京都、名古屋、静岡とまわり、二月二十二日、東京の新宿第一劇場で千穐楽を迎えた。中国の劇作家、田漢《でんかん》の同名戯曲を、宮川晟が訳し、千田是也が演出した。劇団民藝、俳優座、文学座の新劇三大劇団の俳優陣に、山田が参加する豪華な顔ぶれだった。

滝沢ふんする関漢卿は、元朝時代に実在した劇作家である。暗黒政治のなかで漢卿は、雑劇の名女優、朱簾秀《ちゆうりえんしゆう》のために戯曲を書き上げる。この名女優を山田がやる。朱簾秀の公演は大成功をおさめるが、当局から検閲が入ってしまう。意に介さず、翌日もそのまま芝居をつづけたことで、漢卿と簾秀に死刑が言い渡される。それを知った大都（北京）の市民は、ふたりを救おうと立ち上がる。滝沢と山田、がっぷり四つの芝居だった。
演出の千田是也は当初、籐秀に杉村春子をあてた。しかし、文学座の公演があったため出演できなくなる。そこで山本安英を代役に考えたものの、山本もぶどうの会の公演があり出られない。そこで、山田五十鈴に声をかけたところ、すでに決まっていた映画の仕事を断ってまで、山田はこの役を引き受けた。高名なスターであった山田にとって、大きな挑戦であった。
『悲劇喜劇』の山田五十鈴特集におけるインタビューで、『関漢卿』の思い出を語っている。

忘れられないんですよ。あれ、もう一度やりたいなあと思うんですよね。瀧沢さんにそのお気持があったら、あたし、やりたいなと思うんですけどね。ちょっと歌ももうたえないし、声も悪くなっちゃったし、あれですけど、またそれなりに演出を変えてもらえば、できないことないし、やっぱり瀧沢さんの場合は、ほんとに寄っかかれる感じでねえ。

（「相手役いろいろ──山田五十鈴さんに聞く──」『悲劇喜劇』一九八三年四月号）

『関漢卿』の公演映像は、ＮＨＫや劇団民藝におそらく残されていない。しのぶよすがとして、写真家の大辻清司《おおつじきよじ》が『芸術新潮』（新潮社）の仕事で撮影した、三十五ミリのモノクロネガフィルムが十一本残っている。貴重なそのフィルムは現在、武蔵野美術大学美術館・図書館の「大辻清司アーカイブフィルムコレクション」におさめられている。『関漢卿』ののち、滝沢と山田はたびたび会っている。一九八三（昭和五十八）年九月二十二日放送の『この人　山田五十鈴ショー　燃える女の半生を映す鏡に初心あり』（NHK総合）では、テレビのバラエティーにほとんど顔を出さない滝沢が出演した。ただし残念ながら、『関漢卿』のような舞台共演は叶わなかった。「師匠」と慕った滝沢との舞台は、山田にとって終生の思い出となる。

二〇〇〇（平成十二）年六月二十二日、滝沢修は九十三歳で亡くなる。二年後の二〇〇二（平成十四）年五月二十五日放送『芸能花舞台』（NHK教育）「伝説の至芸　二世尾《お》上松緑《えしょうろく》」に、山田はゲスト出演した。うろ覚えだけれど、番組の冒頭で山田が語ったのは、松緑のことではなかった。『関漢卿』で滝沢と共演したことを、司会の生稲晃子《いくいなあきこ》と古谷敏郎《ふるやとしろう》アナウンサーに語った。そのうれしそうな顔が忘れられない。それが生前の山田をリアルタイムで見た、最後となる。

二〇一二（平成二十四）年七月九日、山田五十鈴死去、享年九十五。

戦前から平成まで、つねにトップスターだったふたり。戦争で受けた傷、苦悩のときを癒したであろう、畑でのやりとり。名優の名に値するだけのことはある。

武蔵《たけぞう》の恋

片岡千恵蔵

戦時下の俳優を知るうえで、手がかりとなるものは多い。うしなわれたフィルムが多いにしろ、残っている映画はいろいろあるし、当時の映画雑誌、古本、プログラム、新聞や雑誌に載った広告も参考になる。記憶違いや思い出の美化はあるにせよ、戦後に出た俳優の著書、共著、インタビュー記事も手がかりになる。

古書展に置かれたダンボールに、無造作に投げ込まれている〝おたから〟もある。「紙もの」と呼ばれるチラシ、プログラムの類いである。戦時中は粗悪なザラ紙の三つ折り、二つ折りになったものが多く、印刷は鮮明でない。タイトル、スタッフ、キャスト、あらすじ、公開日、上映館・公演先の連絡先が記され、貴重な資料である。しかも、安い。一枚だいたい数百円で手に入る。

手元に、劇團劇作隊第七回公演『たけくらべ』（三幕五場）のプログラムがある。一九四二（昭和十七）年七月四日から七日まで、東京・築地の国民新劇場（築地小劇場を改

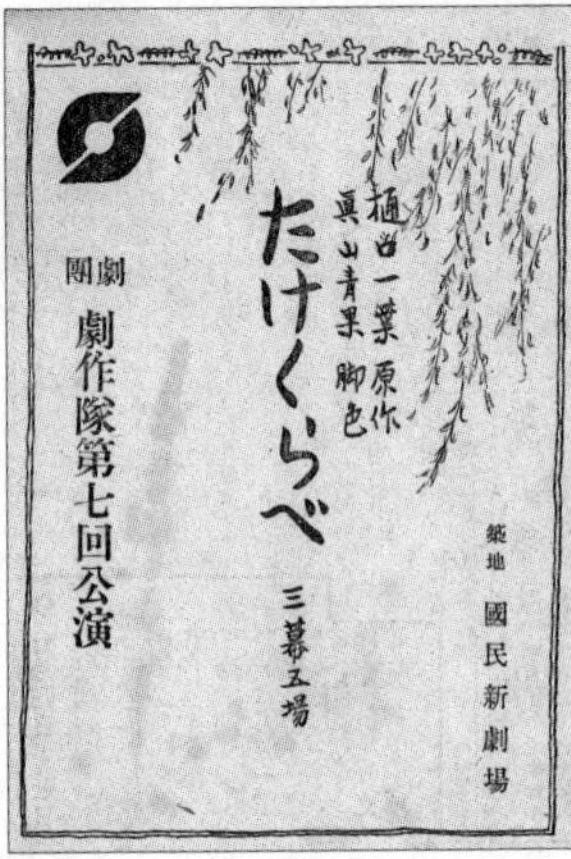

劇団劇作隊第7回公演『たけくらべ』チラシ（国民新劇場、1942年）

称）で上演された。樋口一葉《ひぐちいちよう》の名作を、真山青果が脚色、木村荘八《きむらしょうはち》が考証した同公演は、『定本 樋口一葉全集』全五巻（新世社）の完結記念として企画された。

劇作隊は、同時代の文学座、文化座、瑞穂劇団などにくらべるとマイナーで、日本の演劇史に残りにくい。プログラムの出演者を見ると、宝塚歌劇団出身で特別出演の万代峯子《よろずよみねこ》（峰子）を別にして、林幸雄、別所忠男、上杉龍、野尻徹、川路夏子など、あまり知名度のない名前がならぶ。

この舞台の演出を、野口元夫《のぐちもとお》（一九〇六～一九九二）が手がけた。本名を吉野昇雄《よしのますお》といい、日本橋の老舗「吉野鮨本店」の三代目主人である。鮨職人と俳優の二足のわらじで、晩年まで多くの映画、テレビドラマに出た。年輩の世代には、NHKテレビ『事件記者』（一九五八～六六年）の山本部長刑事（通称「ヤマチョウ」）、もうすこし若い世代には、伊丹十三監督作品のバイプレーヤーといえばわかるかもしれない。戦時中の野口のキャリアはいまひとつはっきりしない。その意味でも、このプログラムは参考になる。

「桐生電氣館」チラシ（1943年頃）

同公演の開演前には、樋口一葉や『たけくらべ』がテーマの記念講演がおこなわれた。講師は、佐藤春夫、舟橋聖一《ふなはしせいいち》、藤森成吉《ふじもりせいきち》、木村荘八、深尾須磨子《ふかおすまこ》など、そうそうたる顔ぶれ。すでに太平洋戦争に突入しており、プログラムにはこんな文言がある。《この珠玉篇を若き銃後の全女性に捧げる！　貴女方の胸のうちにたけくらべの想ひ出が消えた日が一日でもありますか？　日本女性永遠のノスタルヂア一葉女史が不朽の名作》。なかなかおおげさだが、銃後の女性と一葉の世界は、いまいちつながらないような……。

演劇にくらべると、映画のチラシやプログラムは数が多い。ずいぶんと前に古書展で、群馬県「桐生電氣《きりゅうでんき》館《かん》」のチラシを買った。二百円だった。表紙には軍の飛行機の写真を掲げ、こんな文言が添えられる。《至上の命を織手《おりて》にうけて　戦地の兄に飛行機を兵器を少しも多く造つて送ろう　この氣持　この決意　汲んで迎へん戰地の長たちよ　一億戰闘配置につく秋だ》。織手という言葉が、織物で栄えた町、桐生らしい。

このチラシには《近日封切》として、嵐寛寿郎《あらしかんじゅうろう》、月形龍之介、阿部九州男《あべくすお》、戸《と》上城太郎《がみじょうたろう》らが出演の『海峡の風雲児』（大映）の広告がある。一九四三（昭和十八）年十二月に公開され、幕末の雄、高杉晋作に、嵐寛寿郎がふんした。《風雲児海峡に吼《ほ》ゆ！此を決して奮然《ふんぜん》祖《そ》國《こく》の急に赴く！風か雨か、必殺の剣冴ゆ！》という惹句《じゃっく》（宣伝コピー）からわかるように、いかにもな戦意高揚映画、国策映画である。

なんとも威勢のいい文言の下には、《警報發令ニ因《よ》リ興行中止ノ場合ニ於ケル票券ノ取扱ニ就イテ》とある。興行が再開されたとき、三日以内であれば一度だけ、再入場できる旨が記されている。空襲警報を気にしながら、勇猛果敢なアラカンの海洋時代劇を味わう。観客の心境は、どんなものだったのか。

手元にあるチラシからもう一枚、東京・浅草公園の「千代田舘」を紹介する。表紙を凜々《りり》しく飾るのは、剣豪、宮本武蔵にふんする片岡《かたおか》千《ち》恵《え》蔵《ぞう》（一九〇四～一九八三、一九〇三生まれ説もあり）である。一九四二（昭和十七）年三月封切り、吉川英治原作、稲垣浩監督『宮本武蔵　一乗寺《いちじょうじ》決闘』（日活京都）の広告だ。惹句にはこうある。《宿命の敵吉岡一門百餘名斬つて斬つて斬りまくる千恵藏得意の大殺陣！巨匠稲垣浩が畢生《ひっせい》の精魂を傾けた最大の魅力！》

千代田館（舘）では『宮本武蔵　一乗寺決闘』とともに、海軍省監修の文化映画『特別攻撃隊』（日本映画社）が公開予定になっている。惹句はこうだ。《一億國民感激の貴重映画遂に出現　世界戰史に未聞の壯擧《そうきょ》！長驅挺身布哇《はわい》眞珠軍港を衝く特殊潜航艇！壯烈無比、九軍神の偉勲を稱《たた》へ、この一篇を捧ぐ！》。殺戮につぐ殺戮が見せ場となる一乗寺の決闘と、真珠湾攻撃のドキュメンタリー、魂を揺さぶる二本立て、ではある。

　宮本武蔵は、戦意高揚にもっぱら利用されたヒーローであった。舞台では新国劇の辰巳柳太郎、ラジオでは徳川夢声、映画では片岡千恵蔵が、武蔵を十八番《おはこ》にした。いずれも原作は、吉川英治の同名小説である。一九三五（昭和十）年、「朝日新聞」で連載がスタートした〝吉川武蔵《たけぞう》〟は、八十五年たったいまなお読みつがれている。

「千代田舘」チラシ（1942年）

　まだまだ未熟な武蔵時代にはじまり、お通《つう》に恋をすれば、お甲《こう》の色香に惑わされ、試合に敗けることもある。きわめて人間くさい武蔵なれど、戦時下はそうもいかない。研鑽と死闘ばかりをくりかえし、つねに勝ちつづける、血なまぐさい武蔵《むさし》が求められた。ラジオ、寄席、慰問とほうぼうで『宮本武蔵』をやらされた夢声は、のちにこう書いている。

　何しろ、当局の干渉が八釜《やかま》しいから、こちらも大分心得て来て、タブーには触れないように台本をつくる。例えば、宮本武蔵が恋愛する条などは、

全部省略して了う。小唄勝太郎の『島の娘』が

　娘十六恋ごころ

で、そんな色っぽい文句はイカンと叱られて改正させられる時代だ。私も心得て、コイなんて言葉は絶対に削除して了った。前線には軍人に女の慰安隊を送ったり、将軍連は盛んに芸妓と寝たりしてるくせに、放送では「恋」という上品な言葉もマカリナランのであった。

従って第二次「宮本武蔵」には、恋のお通女は殆んど出て来ない。私が意識して登場させなかったのだ。また、本位田又八《ほんいでんまたはち》君の如き、ダラシのない道楽男は、完全に退場を命じて了った。

（徳川夢声「第二次宮本武蔵」『放送話術二十七年』白揚社、一九五二年）

片岡千恵蔵は、大正末期から昭和初期、戦前、戦中、戦後、高度経済成長時代と長く活躍した、時代劇の大スターである。その芸歴は、六十年以上におよぶ。戦時中は、宮本武蔵をよくやらされた。夢声が得意とした語りならともかく、映画では、お通を出さないわけにいかない。『宮本武蔵　一乗寺決闘』では、宮城千賀子がお通にふんした。ただしウリになるのは、吉岡一門との壮絶な死闘である。千代田館のチラシからは、武蔵の恋ごころは感じられない。映画だけではない。慰問を目的とした実演でも、千恵蔵

は武蔵を演じつづけた。

片岡千恵蔵は、一九〇四（明治三十七）年、群馬県新田郡に生まれる（本名、植木正義。一九〇三年生まれ説もあり）。幼くして母をうしない、祖母の手で育てられた。六歳のとき、祖母とともに上京する。父は水道局に勤務していた。自宅ちかくの赤坂演技座で歌舞伎に接した千恵蔵は、芸事《げいごと》に興味をおぼえていく。

十二歳のとき、十一代目片岡仁左衛門《かたおかにざえもん》の弟子となり、「片岡少年劇」の一員として初舞台をふむ。芸名は片岡十八郎で、十四歳のとき片岡千栄蔵と改名した。師匠の仁左衛門には、厳しくしごかれた。十代のころは、歌舞伎の世界で活躍したものの、いわゆる梨園《りえん》の御曹司ではない。歌舞伎座などの大劇場で、主役をやるのはむずかしい。そこで活路を見出したのが、映画の世界だった。大部屋でいっしょになった阪東妻三郎は、すでに映画に出始めていた。

一九二三（大正十二）年、二十歳で映画デビューする。第一作は、小

片岡千恵蔵（『新映画』1947年1月号、日本映画出版）

笠原明峰が監督・脚本を手がけた現代劇『三色すみれ』(小笠原プロ)であった(本作は未公開)。昭和のはじめ、千恵蔵と改名した。それからはマキノ省三(牧野省三)のマキノプロダクションを皮切りに、みずから興した「片岡千恵蔵プロダクション」(千恵プロ)、日活(京都)、新興キネマ(提携)と、若手チャンバラスターとして頭角をあらわしていく。

初めて宮本武蔵を演じたのは三十四歳、一九三七(昭和十二)年六月封切りの尾崎純監督『宮本武蔵』(日活京都)であった。そののち、稲垣浩監督『宮本武蔵』三部作(日活京都、一九四〇年)および『宮本武蔵 一乗寺決闘』(同、一九四二年)、伊藤大輔監督『宮本武蔵 二刀流開眼』(大映京都、一九四三年)および『同 決闘般若坂』(同)とつづく。〝吉川武蔵〟の映画化では、嵐寛寿郎(寛プロ)、黒川弥太郎《くろかわやたろう》(J.O.スタジオ)、近衛十四郎《このえじゅうしろう》(大都)も武蔵にふんしたが、いずれにおいても千恵蔵に分があった。

武蔵を演じるにあたって、吉川英治から「これからの俳優は人間的な修養が肝腎」と説かれた。最初はピンとこなかった千恵蔵も、数年かけて武蔵を演じるなかで、その言葉を理解していく。心身ともに武蔵になりきろうと、自宅の四畳半部屋を茶室にし、披露の茶会を催した。

日活版には、武蔵、本阿弥光悦《ほんあみこうえつ》(香川良介)、光悦の母の妙秀尼《みようしゆう》(二葉かほる)によるお茶のシーンがある。お茶菓子の持ち方ひとつにも、心得がある。《そこに何かお茶の型が出て來て知らず〳〵の間に茶人の持ち方が出て來るのです。けれども今度は何か武藏に對する片鱗《へんりん》が出せるやうな氣がして居るのですが》（『茶道月報』一九四一年八月号、茶道月報社）と座談会で千恵蔵は語った。

千恵蔵が武蔵と向きあうなか、時代は戦争まっただなかへ。映画出演のかたわら、実演（慰問、巡回公演）の仕事をこなした。一九四三（昭和十八）年十月には、大阪の北野劇場で、大映と「國聲劇」の旗挙《はたあげ》公演に参加した。

そののち、航空本部の嘱託となり「片岡千恵蔵一座」を結成、おもに九州各地を巡業した。巡業先ではやはり、宮本武蔵が好まれた。それも、沢庵和尚に木につるされる若き日の武蔵《たけぞう》ではなく、果し合いにあけくれる剣豪武蔵《むさし》である。

一九四四（昭和十九）年五月十五日からは、千恵蔵を座長とする総勢二十五名のメンバーが、「藝能挺身隊」を結成、慰問の旅に出た。メンバーには、映画で共演する原健作《はらけんさく》（原健策）、女優の赤木春生（赤木春恵）らの名がある。ほかに南部彰三、原聖四郎、水野浩、島田照夫（片岡栄二郎）、橘　公子《たちばなきみこ》ら、往年のチャンバラファンにはなつかしい顔が参加している。舞踊、時代劇、漫談、歌謡曲といった演目のなか、メインは千恵蔵の武蔵である。千恵蔵は、当時の映画雑誌『新映画』一九四四年八月号（新映画社）に、「産業戦士慰問行《さんぎょうせんしいもんこう》」と題したエッセイを書いている。

裏方は引率の亀田演技課長、衣裳一人、床山一人の三名のみで、あと全員俳優。それが、舞臺の仕度から荷物の後始末、道具の運搬一切をやる。遊びに行くのではなく大名旅行ぢやない。自分たちの職域奉公による藝能慰問と共に、我々の錬成なんだからと、皆、どんな強行舞臺、強行移動にも、不平一つ洩らさず、統一のとれた行動と團體的《だんたい》演技を示し、その熱演がいささかでも、産業戦士諸氏のお疲れを癒やせたとしたら、我々の喜びはこれに過ぎるものがないのだ。

（片岡千恵蔵「産業戰士慰問行」『新映画』一九四四年八月号、新映画社）

地方の会館、銅山の製錬所、炭坑、マグネシウム工場などなど、慰問先はさまざまだった。武蔵が終わるとすべてのメンバーが整列、千恵蔵が代表して〝産業戰士〟に激励の言葉を述べ、万歳三唱して幕となる。多いときには一日三回、この公演をくりかえした。武蔵を演目に加えたわけを、千恵蔵はこう書く。《『宮本武藏』で人間錬成をとり上げ、生意氣な様だが娯樂と啓蒙を意圖《いと》して、番組編成に當《あた》つた。》（前掲書）。受け手も、演じ手も、航空本部当局も、ごくごく自然に武蔵を好んだのだろう。

ふだんはスクリーンでしか接することのできない、剣戟《けんげき》スターの実演である。訪ねる先々で歓迎を受け、客席は熱気につつまれた。千恵蔵以下、俳優たちはおおいに感激し、奮闘する。

戦つてゐる日本の姿、たくましい炭坑や、働き續《つづ》ける工場の有様それ等を親しくこの目で見、この耳で聞いて、我々は疲れもけし飛び、思はず知らず、舞臺《ぶたい》に力が入るのだつた。その氣持が判つていたゞけるのか――。いや、逆に、見物席の雰圍氣《ふんいき》が我々を奮起さすのかも知れないが……とにかく、舞臺と見物席が一つに透け込んで何とも云へぬ、うれしい雰圍氣を形成する。我々が懸命に演じるところ、よし、増産は俺たちが引受けたと、見物席が應《こた》へて下さる、一種の氣迫……。これが判ると、倒れても、慰問しつゞけるのだと我々は決心するのだ。事實、半ヶ月餘の强行巡演に一人の落伍者もなく、缺場《けつじょう》もなく、最後まで……時には病氣を押して、注射し續け乍らつとめ了せた。

（前掲書）

航空本部の嘱託ゆえ、新潟県長岡への慰問では、同地出身の山本五十六《やまもといそろく》が眠る長興寺《ちょうこうじ》をメンバー全員で訪れている。連合艦隊司令長官だった山本は、一九四三（昭和十八）年四月十八日、ソロモン群島上空で戦死した。

長岡へ行つた時、我々は誰云ふとなく、全員山本元帥《げんすい》の長興寺へ墓参に行き、その後で、慰問の會場《かいじょう》へ入つた。今は亡き山本五十六元帥の墓前にぬかづき、皆《み》んながどんな感懐《かんかい》にふけつたか。その日の舞臺が特に激しい氣迫をもつて演じ抜かれたことで、私には、それがよく判る氣がした。（前掲書）

・

千恵蔵のエッセイ「産業戦士慰問行」は、チャンバラスターの実演、慰問の様子を知るうえで、とても参考になる。影響力の大きいスターの国策協力、俳優の戦争責任と書けなくはないけれど、誠意を尽くした仕事だったことが想像できる。

こうした慰問の仕事を、本人はどうふりかえったのだろうか。そのインタビューが、最晩年に出た『千恵蔵映画』（東映京都スタジオ、一九八〇年）にある。東映太秦《うずまさ》映画村の開村五周年を記念した企画で、六十年におよぶ映画人生を網羅した豪華本である。

このなかに、「千恵蔵・聞き書き　芸能生活六十年はるあき」と題した二十ページにおよぶロングインタビューがある。映画評論家にして、時代劇愛好家の滝沢一が聞き手をつとめた。戦争の末期、映画の仕事に制約が出て、軍の慰問が中心になったことを、千恵蔵はこう語った。

ええ、行きました。あの時分は多少徴用のがれもありましたしね。航空本部の嘱託になってましてね。工場などの慰問で全国を回りましたよ。「武蔵」の決闘だけを持ちまして、月形（龍之介）さんと一緒にね。ある時、四日市でしたかね、後で宴会になりまして、隊長と話しました。今どんな映画を撮ってますか、これこれですと言いますと、観たいなァ、しかしその頃はどうなってるかな、なんて言われるとホロッとしましたね。そして『同期の桜』をみんなで歌って、たまらなかったですね。

——千恵蔵さんは、兵役の方は全く関係なかったんですか。

関係なかったんです。ぼく、若い時に痔をやりましてね。それで検査に行った時が、丁度痔の手術をやった後で、軍隊ではあの時分、非常にあれを嫌っていたでしょう。それに軍縮になりかけていた時代でしたしね、いっぺんにはねられました。いいことに丁種《ていしゅ》ですよ。丙種《へいしゅ》までなら合格ですが、丁種は軍籍がないんです。だから点呼なんかも全然なくてね……。だからそのお陰で戦争中は本当に助かりましたね。その頃は非国民のように言われましたけど。

『千恵蔵映画』本扉（東映京都スタジオ、1980年）

（「千恵蔵・聞き書き　芸能生活六十年はるあき」『千恵蔵映画』東映京都スタジオ、一九八〇年）

記憶を誇張することも、思い出を美化することもなく、正直というか、ごくごく素直な回想に思えた。航空本部の嘱託については、《多少徴用のがれがあった》と告白する。ただ、ロングインタビューのわりには、戦時中の思い出をあまり語っていない。『鞍馬天狗のおじさんは　聞書アラカン一代』（ちくま文庫、一九九二年）で、ユーモアを交えて語った嵐寛寿郎とは、おなじチャンバラスターとして対照的である。

痔で兵役を逃れたと、千恵蔵は言っている。「非国民」呼ばわりされたことへの傷は、きっとあったはずである。その傷を、あまり語ろうとしない。どうせ話すなら古きよき時代の、映画の思い出を話したかったのかもしれない。

映画出演と慰問の旅をつづけるなか、一九四四（昭和十九）年四月に結婚した。四十一歳のときである。翌年の七月、終戦のひと月前に第一子が誕生した。戦時下のプライベート、終戦前後のエピソードについても、インタビューでは多くを語らない。京都・太秦の垂箕山《たるみやま》に自宅があり、《庭に防空壕掘って、時々入らされていました》と語るだけである。八月十五日の玉音放送は、京都で聴いているものの、その印象も口にしていない。

千恵蔵の慰問の旅は、徳川夢声の『夢声戦争日記』に、その様子が記録されている。

一九四五（昭和二十）年一月、夢声は、大映の片岡千恵蔵、松竹の高峰三枝子、東宝の轟夕起子《とどろきゆきこ》、吉本興業の柳家三亀松《やなぎやみきまつ》らと特攻隊員の慰問に出かけた。戦局はすでに悪化し、神風特攻隊のことを夢声は気にかけている。《死を見ること帰するが如く、体当りする若き勇士たちに目見《まみ》えるということは、得難い機会である。大いに光栄と言うべしである。》（一月十七日）と日記にある。

一月二十五日午前九時十五分、夢声ら一行は、羽田からダグラス旅客機に乗り込んだ。目的地は、茨城県の鉾田《ほこた》飛行場である。東京湾を眺めながらの飛行時間は、およそ三十分。慰問公演の会場は、同飛行場の格納庫だった。その日の出演者が、当日の日記にある。非常時ゆえ、映画会社や所属の枠をこえて、通常の映画や公演ではありえない豪華な顔ぶれが一堂に会した。

一　司会　徳川夢声
二　歌曲　高峰三枝子
三　漫才　宮島一歩・三国道雄
四　舞踊　花柳小菊《はなやぎこぎく》
五　剣技　片岡千恵蔵、月形龍之介

六　小唄　赤坂小梅
七　浪曲　広沢虎造《ひろさわとらぞう》（二代目）
八　都々逸　柳家三亀松
九　歌曲　轟夕起子、灰田勝彦

鉾田での慰問は昼で終わり、午後二時二十分、飛行機はあわただしく離陸する。そのわずか八分後、次の目的地である常陸《ひたち》飛行場に到着した。

夢声は、部隊長の部屋でウィスキーをご馳走になり、兵舎の講堂のようなところで慰問がおこなわれた。客席には士官、下士官クラスの人しかおらず、夢声は《演《や》リ易《やす》イ》と書く。終演後、一行はバスに乗り、地元のホテルで宴会となる。

一月二十八日には、三重県にある陸軍の明野《あけの》航空隊を慰問した。公演を終えると、酒宴である。特攻出撃の決まった十一名の若者たち（中尉、少尉）が列席した。夢声の発案で、慰問の出演者が順番に、若者たちからひとりずつ盃をもらった。日記には《生きながらの若き神々たち》とある。

さて、余興が始まる。高峰三枝子、轟夕起子、赤坂小梅、波平暁男、灰田勝彦など、三亀松の司会で代る代る唄つた。伴奏楽器が無いので、間のぬけたものであつたが、それがまたこの席には適わしくも思われた。長内端はクルリとでんぐり返りをやり、片岡千恵蔵は酔つて失恋物語をやらかした。私も拙い唄をやつた。

主客共に酔いが廻つて来た。勇士たちは立ち上り、肩と肩を組み、円陣をなして軍歌をやり出した。私も勇士から誘われて、肩を組み、足を踊らせた。

これが間もなく死にに出発する人々であろうか。元気一杯、学生が寮で騒いでいるようであり、また子供が遊んでいるようでもあつた。

女たちはこの態を見て皆泣き出し、折角の御化粧が台無しとなり、両眼のところが丸く剝げて赤くなり、お猿さんか、梟《ふくろう》の化物みたいになつた。命令一下、勇士たちはさつさと引上げて行く。私たちは玄関まで送り、別れの万歳を声を限りに叫び合った。

（徳川夢声『夢声戦争日記』第四巻、中央公論社、一九六〇年）

夢声の特攻隊員へのまなざしがうかがえて、興味ぶかい。

このとき人間くさいのが千恵蔵で、《酔つて失恋物語をやらかした》と夢声は書く。千恵蔵のエッセイ「産業戦士慰問行」や最晩年のインタビューには、こうしたエピソードはない。月形龍之介との剣技が、勇猛果敢な剣豪対決であったことは想像できる。その千恵蔵が、出撃を前にした特攻隊員たちの前で酔っぱらい、失恋ばなしを披露する。戦時下のチャンバラスターにしては、くだけすぎではあるまいか。《特攻隊の勇士た

入江たか子（『家庭の花形女優画譜』「日の出」寫眞部、1940年頃）

ち》との宴ゆえ、感じ入るものがあり、つい人柄が出てしまったのか。

人間修業に励む武蔵役者だって、恋はする。その相手は誰なのか。有名なところでは、映画で共演した入江たか子（一九一一〜一九九五）とのロマンスがある。見合いの席までセッティングされたものの、家族や周囲の思惑があり、破局した。

千恵蔵がフラれたわけではないようで、失恋相手が入江かといわれると、またちょっとちがう気がする。ふたりの恋の顚末は、入江の著書『映画女優』（学風書院、一九五七年）にある。『千恵蔵映画』のインタビューでは、《ぼくは大体惚れっぽいタチなんですね、相手役をしていても直ぐいいなァと思っちゃう。惚れっぽかったですね。》と語っている。また、監督の稲垣浩は著書『日本映画の若き日々』（中公文庫、一九八三年）に、千恵蔵が入江に恋い焦がれ、思いつめていたことを書いている。本当のところはわからない。

インタビューの聞き手をつとめた滝沢一は、もっと戦中・戦後の苦労話を引き出したかったのかもしれない。滝沢は、《さて、いよいよ戦争が終って、あとが何かと大変だったでしょう、どんなものをやったらいいかとか……。》と問う。戦後まもなく、時代劇のスターたちが、思うようにチャンバラを撮れなくなったことを指している。その問いに、千恵蔵のコメントは淡泊だった。

だけど、ぼく、正直に言って、そんなに苦労した覚えはないんですね。独立プロ時代と違って体はもう身軽ですしね、何よりも経済的にあんまり困ってなかったでしょ、戦争中からずーっと。だからぼくの場合は、ある意味で一番いい時代にやってきたわけですね、映画界の。その点では恵まれてましたね。

（「千恵蔵・聞き書き　芸能生活六十年はるあき」）

このコメントは、偽りではないと思う。素直に、恵まれていたと感じたのだろう。それでも、千恵蔵の声なき胸のうち、戦時中に抱えたであろう傷に、思いを馳せたくなる。そう感じさせる別の文章がある。『還暦記念　薄田研二写真集』（劇団中芸、一九五八年）に寄せた、お祝いのメッセージである。

この写真集は、新劇俳優の薄田研二《すすきだけんじ》（一八九八〜一九七二）が還暦を迎えたとき、友人や関係者の手によって編まれた。凄みのある悪役（善人役もいい）としても知られた

薄田研二（新築地劇団公演『土』ブロマイド、1937年）

薄田は、戦中の大映映画や戦後の東映時代劇にたくさん出ている。千恵蔵とはそこでよく、仕事をした。

> 薄田さんと初めてお会いしたのは、稲垣さん監督の『独眼龍政宗』という映画で、太平洋戦争の頃——、私は体をわるくしたりしてお互いに不幸な時代でした。撮影のあいまに二人きりで、四方山《よもやま》の話から芸談となり、妙に心がはずんだことを記憶しています。
> （『還暦記念　薄田研二写真集』劇団中芸、一九五八年）

稲垣浩脚本・監督『獨眼龍政宗《どくがんりゅうまさむね》』（大映京都）は、一九四二（昭和十七）年七月の封切りである。主人公の伊達政宗を千恵蔵が、伊達家重臣の小棚木主馬を薄田（当時は本名の高山徳右衛門を名乗る）が演じた。その撮影のあいま、新劇の名優との語らいに、千恵蔵は心をはずませた。わずか数行のエピソードに、戦争で受けた傷と救いが込められている。なにげないやりとりに、戦時下のチャンバラスターを想う。《お互いに不幸な時代》のひとことが重い。

薄田は、一九四五（昭和二十）年八月六日、広島に投下された原爆により、長男の高山象三と、友である丸山定夫をうしなう。ふたりとも、移動演劇「桜隊」のメンバーであった（第四章「ヒロシマ・ユモレスク」参照）。その慟哭ともいえる叫び、怒りを、著書『暗転　わが演劇自伝』（東峰書院、一九六〇年）にぶつけた。還暦記念の写真集が出たのはその前だけれど、薄田のやりばのない怒りを、千恵蔵は知っていたはずである。

こうしたエピソードの断片をつなぎあわせたところで、見えてくるのは、おぼろげな戦時下のスターの姿でしかない。むしろ、その言葉の少なさが気になってしまう。千恵蔵が活字で遺した戦時下の秘話は、ここまで書いてきたように、そう多くはない。

一九八三（昭和五十八）年三月三十一日、片岡千恵蔵死去。享年七十九。映画人生の記念碑となる『千恵蔵映画』の刊行から、三年のちのことだった。

第四章　閃光《せんこう》の記憶

ヒロシマ・ユモレスク

丸山定夫、徳川夢声

二〇一九（令和元）年九月二十一日、週末の鎌倉に出かけた。

お世話になっている編集者の方がその夜、小町通りにある「カフェ エチカ」で芝居に出ると知り、ぜひ観たかった。千田哲也主宰のシアターハット第五回公演『残り時間』。登場人物はミミズと、セミの幼虫だけ。土のなかでふたり（二匹）が、恋や人生の残り時間について語り合う。その方が演じたのはセミで、声だけで姿を見せない。朗読をやればいいのに、と思えるほど、とてもすてきな声で聞き惚れてしまった。バーカウンターをステージに見立てた、ちいさな、あたたかな芝居だった。

せっかく行くので、JR横須賀線の北鎌倉駅から鎌倉駅まで歩いた。週末の小町通りは人《ひと》でごったがえすので、人気《ひとけ》のない裏道を歩く。そうこうしているうちに、夕暮れとなる。そろそろカフェへ行こうかな。そう思いながら歩いていると、男性の顔がついた石碑を見つけた。妙隆寺《みょうりゅうじ》境内の墓地にある「丸山定夫の碑」である。

碑のデザインと彫刻は彫刻家の本郷新《ほんごうしん》が手がけ、題字は丸山定夫《まるやまさだお》（一九〇一〜一九四五）と親交のあった劇作家、藤森成吉の揮毫《きごう》である。碑の銘鈑には藤森の手で、故人の生涯と人となりが刻まれていた。

丸山定夫の碑

丸山定夫は、明治三十四年五月三十一日、愛媛県松山市北徒歩町に、海南新聞社編集長、丸山常次の四男としてうまれた。そして早くから演劇の魅力に憑《つ》かれ、大正十三年六月三日、築地小劇場が東京築地に開設されるや、その開幕のドラを叩いた。

妙隆寺「丸山定夫の碑」（撮影／筆者）

つづいて昭和三年まで同劇場にはたらき、昭和四年新築地劇団の創立に加わって、十五年まで舞台に立ち、独異の性格俳優として「新劇の団十郎」とまで言われ、新劇史上不朽の名をとどめた。人間としても、よく読み、よく歌い、よく飲み、よく恋し、友を愛し、人の世話を見、純情で敏感で柔軟な心情を以って知る人すべてから愛された。が、昭和二十年八月六日、広島市堀川町九九番地、移動演劇桜隊の宿舎でアメリカ軍投下の原爆に遭い、十日間の苦悶の末、十六日、厳島《いつくしま》存光寺の庫裡《くり》で誰れにも看取られずに四十三年《原文ママ》のいのちを閉じた。

その後、埋められた場所さへ知られずにいたのを、最近この地に朽ちかけた墓標が発見され、友人知人たちの協力で新しく記念碑が建てられた。知友代表として、その由来を記す。

一九六六年十月

藤森成吉

鎌倉の、こんなひっそりとした場所に、丸山定夫の碑があったとは……。知らなかった。鎌倉にはこれまで、何度となく来ている。大学一年生の夏休み、由比ヶ浜にある古本屋（大学の同級生の実家）でアルバイトをしたこともある。知っていれば、もっと早く訪ねていた。

芝居を観た翌日、書棚にある遺稿集『丸山定夫・役者の一生』（ルポ出版、一九七〇年）を読んでみた。俳優座（当時）の永田靖《ながたやすし》が寄せた序文に、ちゃんと碑のことが出てくる。読んだはずなのに、なぜ知らなかったのだろう。でも、こうして碑を訪ねたあとに、人生の残り時間がテーマの芝居を観たのは、よかった。

第二章「五郎さん、幻の舞台」に、友田恭助のことを書いた。新劇俳優として将来を嘱望された友田は、一九三七（昭和十二）年十月六日、上海郊外の呉淞《うーすん》クリークで戦死した。享年三十七。そのやりきれない怒り、悲しみを、おなじ新劇人である丸山定夫は、一篇の詩にこめた。「支那の弾丸に與ふ―友田を悼みて―」。その丸山も、広島の原爆により、四十四歳で亡くなる。丸山は、移動演劇「桜隊」の隊長であった。もともと桜隊の隊長は永田靖だったが、永田が応召され、副隊長の丸山が隊長となった。

丸山定夫（『喜劇　愛しきは　馬鹿一とその隣人』パンフレット）

戸板康二は著書『新劇史の人々』（角川新書、一九五三年）に、友田と丸山、ふたりの演劇人生を書いた。戦争で世を去ったふたりを加えたところに、戸板の喪失感を感じさせる。戸板だけではない。小沢栄太郎は、みずから出演したドキュメンタリー『さくら隊散る』（近代映画協会・天恩山五百羅漢寺提携、一九八八年）の宣伝チラシにコメントを寄せた。《今度の戦争では、日中戦争で、独得の役者だった友田恭助を失い、太平洋戦争では、原爆で丸山を失った。新劇界は大きな犠牲を払わされたといえよう》。

丸山定夫は、一九四五（昭和二十）年八月十六日、原爆投下から十日のちに息をひきとった。八月六日の午前八時十五分、地方公演と疎開を兼ねて広島にいた移動演劇「桜隊」の隊員たちは、広島に投下された原爆に被爆する。隊長の丸山定夫以下、園井恵子《そのいけいこ》、仲みどり、高山象三《たかやましょうぞう》、島木つや子、森下彰子《もりしたあやこ》、羽原京子、小室喜代、笠絅子（島木の母）の九名が犠牲となった。

島木、森下、羽原、小室、笠は、移動演劇聯盟中国支部の宿舎で原爆の直撃を受け、絶命した。なんとか脱出できた丸山、園井、仲、高山も後日、息絶えた。いずれも二十代から四十代、まだまだこれからの人たちであった。

桜隊が生まれる経緯、九人の隊員の最期とエピソードは、芝居やドキュメンタリーの題材となった。舞台、映画、テレビ、ラジオ、新聞、雑誌、書籍、講演、反戦イベントと、桜隊は取り上げられてきた。稲垣浩が、園井恵子のことを綴った「原爆被害者」（『ひげとちょんまげ　生きている映画史』中公文庫、一九八一年）のように、みじかいエッセイもいろいろと残されている。近年は、当時を知る関係者が減ってしまった。桜隊の菩提寺である天恩山五百羅漢寺《てんおんざんごひやくらかんじ》（東京都目黒区）で、毎年八月六日にひらかれていた「桜隊原爆殉難者追悼会」も、二〇一七（平成二十九）年に終止符がうたれた。

それでも、桜隊の悲劇は風化していない。三年前に出た堀川恵子（ノンフィクション作家）の著書『戦禍に生きた演劇人たち　演出家・八田元夫《はったもとお》と「桜隊」の悲劇』（講談社、二〇一七年）は、ＡＩＣＴ演劇評論賞（二〇一八年）を受賞し、高い評価を得た。大林宣《おおばやしのぶ》彦《ひこ》監督の最新作であり遺作となった『海辺の映画館―キネマの玉手箱』（『海辺の映画館―キネマの玉手箱』製作委員会、二〇二〇年）では、桜隊の悲劇が重要なテーマになっている。園井恵子が育った岩手県岩手町では、「園井恵子花のみち」（ＩＧＲいわて銀河鉄道岩手川口駅前）の整備が有志の手で進んでいる。

桜隊については、語りつくされている気がする。先行研究も多い。それでもこうしてページを割いたのは、鎌倉で「丸山定夫の碑」を見つけたことが大きい。

もうひとつ、徳川《とくがわ》夢声《むせい》（一八九四～一九七一）と丸山定夫の友情、夢声なりの原爆との向き合い方を書いておきたかった。芸能文化人として功成り名を遂げた夢声は、桜隊の悲劇を語りつごうと奔走した。そこには、亡き丸山へのあこがれと友情があった。

桜隊と夢声には、戦前から関係がある。桜隊の前身といえる苦樂座（以下、苦楽座と表記）は、夢声、丸山、薄田研二（当時は高山徳右衛門）、藤原釜足《ふじわらかまたり》（当時は藤原鶏太《けいた》）らが、一九四二（昭和十七）年七月に旗挙げした劇団である。一九四三（昭和十八）年六月の『丸の内進出　苦楽座第一回公演』（邦楽座）プログラムには、苦楽座同人として夢声を筆頭に、十九名の俳優の名がならぶ。そのなかには、原爆の犠牲となった丸山、園井恵子、島木つや子、森下彰子の名がある。

徳川夢声（『花道』1953年新年号、梨苑芸術社）

目黒の五百羅漢寺には、「移動演劇さくら隊　原爆殉難碑」がある。その建立に尽力したひとりが、夢声だった。

碑が建立（除幕式）されたのは、一九五二（昭和二十七）年十二月八日のこと。碑に刻まれた《移動演劇さくら隊　原爆殉難碑》の銘は、夢声の揮毫である。台座には犠牲となった九人の名前が、裏には柳原《やなぎわら》白蓮《びゃくれん》の自筆による追悼歌《原爆のみたまに誓ふ人の世に　浄土をたてむ　みそなはしてよ》が刻まれた。碑のそばにある解説にはこうある。《この碑は、旧友たちの死を哀悼し、原爆という非人道的な武器を発明した人類の愚かさに、永遠に抗議するため、昭和27年、徳川夢声によって建てられました。》。

五百羅漢寺の原爆殉難碑に先立つ前の年、一九五一（昭和二十六）年八月には、中国新聞社の芸能記者たちの手で、「丸山定夫・園井恵子　追慕の碑」が、市内新川場町《しんせんばちょう》（現・広島市中区）のどぶ川のそばに立てられた。碑は木製で、白いペンキ塗りの質素なものだった。この碑が、四年後に広島に建立される「移動演劇さくら隊　原爆殉難碑」

につながる。

一九五四（昭和二十九）年十一月十六〜二十日には、劇団手織座第一回公演が「丸山定夫追悼」として、東京の第一生命ホールで上演された。演目の『喜劇　愛《かな》しきは　馬鹿一とその隣人』（五幕六場）は、武者小路実篤の原作を、桜隊と縁のある八田《はった》尚之《なおゆき》が脚色、演出した。薄田研二、藤原釜足、千秋実《ちあきみのる》、望月優子《もちづきゆうこ》、夏川静江、石黒達也《いしぐろたつや》、永田靖、多々良純《たたらじゅん》、田武謙三《たぶけんぞう》らが出演するなか、追悼公演委員長の夢声が主人公の画家、馬鹿一を演じた。そのプログラムに夢声は、丸山との出会いと徳川家に残る遺品のエピソードを寄せた。

私の家にガンさんの遺品がある。それはあんまり上等でない将棋盤だが、その裏に書いてある文字が、私には貴重である。厚さ一寸五分ぐらいで、赤のインキ壺のシミが、半月形についている。裏には至極大眞面目な字体で〝丸山家〟と眞中《まんなか》に記し、昭和十年と肩書きがある。きっと昭和十年に買ったのであろう。

〝丸山家〟の左方に、

昭和二十年二月　丸山定夫

徳川様

と書いてある。これは、その前に私の家で一番さした時、拙宅の盤が折り畳《たた》み式の

『吾輩は猫である』（P.C.L. 1936年）広告。左より丸山定夫、英百合子、宇留木浩、徳川夢声

安物であつたので、ガンさんらしくアワレをもよおし、急に寄進する氣になつたのである。（中略）

ガンさんは生れついての俳優だつた。日本がどうなろうと、芝居をせずにいられなかつたのであろう。移動劇団「さくら隊」を組織して、云わばその結果、広島で原爆の犠牲となつた。

（徳川夢声「御あいさつ」手織座第一回公演『喜劇　愛《かな》しきは　馬鹿一とその隣人』パンフレット、劇団手織座、一九五四年）

一八九四（明治二十七）年、島根県の益田に生まれた徳川夢声は、本名を福原駿雄《ふくはらとしお》という。丸山定夫の七つ上にあたる。

一九一三（大正二）年、活動写真弁士（映画説明者）としてデビューし、師匠の清《し》水《みず》霊山《れいざん》にあやかり「福原霊川《ふくはられいせん》」を名乗る。東京・赤坂溜池の「赤坂葵館《あおいかん》」の弁士になったとき、館名にちなんで「徳川夢声」になった（つまり徳川家と関係がない）。そのころから頭角をあらわし、東京の山の手を代表する若手弁士として、絶大な人気を博す。映画説明のかたわら、当時の新メディアであるラジオに出演し、ユーモア作家として新聞、雑誌に多くの小説、エッセイを書いた。

ところが時代は、サイレントからトーキーへ。一九三三（昭和八）年の春、新宿東口にいまもある「武蔵野館」の主任弁士を最後に、映画説明の仕事にピリオドをうった。この弁士失業を奇貨として、この年、俳優に転身する。古川緑波らと劇団「笑《わらい》の王国」に参加するとともに、トーキー専門の新映画会社P.C.L.（写真化学研究所）の作品に出演する。丸山とは、そこで出会う。同年八月公開のP.C.L.第一回作品『音楽喜劇　ほろよひ人生』で、ふたりは共演した。

そののちふたりは、多くのP.C.L.映画で共演した。P.C.L.が東宝になってからも、それは変わらない。夢声は文学座の創立メンバーとなり、丸山とともに新劇の人となる。

時代は、日中戦争から太平洋戦争へ。ともに旗揚げした苦楽座では、『無法松の一生』（岩下俊作作、村山知義演出）のほか、三つの作品で共演した。夢声はふりかえる。

《然《しか》し、舞台で共演してみると、相手俳優の力というものが、まざまざと分るものだ。丸山君の舞台というものは、實《じつ》に圧倒的なものであつた。》（『喜劇　愛《かな》しきは　馬鹿一とその隣人』パンフレット）。

夢声が、広島への原爆投下を知ったのは、八月八日のことだった。公刊された『夢声戦争日記』第五巻（中央公論社、一九六〇年）に、こう記している。《冗談じゃない、まつたく冗談じゃない！　本当だとすると、こいつ大変だ。（中略）まさかウラニウム爆弾が、敵の手によつて発明されたとは信じられないが（これの発明が完成され、それが使用された時は、人類が亡びる時だと私は思う）、なんにしても、戦争は深刻極まる所まで行くらしい。》。八日の時点では「桜隊」のことは知らない。

八月十五日、玉音放送を聴き、涙する（第一章「玉音放送、それぞれ」参照）。その五日後、二十日になって悲報が届く。

丸山定夫君が死んだ。

原子爆弾の犠牲である！

丸山君の他に六人ほど座員が死んだ。三人ほど負傷して目下苦しんでいる。牧村君のみ所用あつて東京に帰つていたので、これだけが無事、あとは全滅の形だ。

もつとも、丸山君はピカリと来て即死ではなかつた。肋膜炎《ろくまくえん》を患つていて、患部の水をとる手術をして、安静にしていたところだつたという。即死でないだけに尚更悲惨である。珊瑚座《さんござ》が宮島に疎開していたので、そこへ引取られ手当をうけ、そこで息絶えた。

園井恵子君、仲君の両女性、高山のショウちゃん、いずれも火傷か内臓をやられて、目下療養中であるという。

即死は、六体の骸骨となつて、粉砕された宿舎の跡にあつたという。大映から臨時に応援に来ていた女優二人、牧村夫人、島木母子など即死だ。

（徳川夢声『夢声戦争日記』第五巻、中央公論社、一九六〇年）


文中の珊瑚座は、夢声が関わっていた国策色の濃い劇団「國民劇 珊瑚座」である。ふたりが最後に会ったのは、四か月前の四月二十二日だった。杉並区荻窪（天沼《あまぬま》）にある夢声宅を丸山が訪ね、玄関先で立ち話をした。このとき丸山から、「二か月ほどの予定で九州へ行かないか」と相談を受けた。東京の空襲被害が深刻で、二か月も留守にすることはできなかった。応じていれば、あるいは、丸山と運命をともにしたかもしれない。

八月二十日の日記には、亡き友の思い出、俳優としての至芸、遺品となった将棋盤のことを記した。最後は、こうしめくくった。

名優丸山定夫――然り彼は名優であつた。
私はこの名優と、幾度か舞台を共にした事を、私が俳優としての歴史に、一つの光栄を加うるものであると信ずる。

（前掲書）

八月二十四日、夢声は、苦楽座の同人である薄田研二（高山徳右衛門）の自宅を訪ねた。桜隊の一員として広島で犠牲になった高山象三は、薄田の長男である。焼香の席で薄田から、桜隊の悲劇を聞かされ、慄然とする。それから夢声は、精力的に動き出す。

八月三十一日には、築地にあった移動演劇聯盟の事務所を訪れている。同日の日記には、《「さくら隊」合同葬ニツキ会場、新聞広告、記念碑ノ事ナド相談。》とある。桜隊の合同葬は九月十七日、築地本願寺でおこなわれ、夢声は委員のひとりとなった。

同年九・十月号『演劇界』に夢声は、追悼文「丸山定夫の憶ひ出」を寄せた。桜隊の記念碑（慰霊碑）については、『日本演劇』十・十一月合併号（日本演劇社）に、その想いを切々と綴った。桜隊の慰霊碑のことは、いろいろな文章がのちに書かれた。建立に奔走したのも、夢声ひとりではない。ただ、この文章は、建立の意義をおおやけに訴えたものとして、早い段階のものだろう。

碑を建てたいと思ひますが、如何でせう。次の冷厳《れいげん》なる事實《じじつ》を記念するためであります。

昭和二十年八月六日朝七時三十《原文ママ》分、廣島《ひろしま》市上空に高さ十二キロの煙忽然《こつぜん》と立昇り、

『丸の内進出　苦楽座第一回公演』（邦楽座、1943年）プログラム部分拡大

一瞬にして十平方キロが廢墟《はいきょ》となつたそは人類によつて發明《はつめい》された超最大威力の兵器ウラニウム原子爆彈なるものが、初めて人類の群生する地に實用されたといふ、銘記すべき歴史的事實である。

而《しか》して、この戰慄すべき爆風と、熱線と放射能の、物理的並に化學的作用により、劇團《げきだん》は壊滅した——。

森下彰子、島木つや子、羽原京子、笠綾子《原文ママ》、小室喜代の五女性は壓死（であつたらうと思はれた。或は氣の毒にも脱出不能の燒死であつたかもしれない）隊長丸山定夫はそれから十日を經た十六日死去、高山象三は更に五日を永らへて二十日に、園井惠子はその翌二十一日に、仲みどりは爆發《ばくはつ》から十八日を經た二十四日に、それぞれ永眠した。

（徳川夢声「建碑のこと」『日本演劇』一九四五年十・十一月合併号、日本演劇社）


碑を建てようと奔走したきっかけは、丸山へのあこがれ、友情にある。

ただしその視点は、丸山だけに向いたのではない。犠牲となった九人それぞれに、言葉が向けられている。丸山、高山、園井、仲の思い出と最期をみじかく記したのち、こうつづける。

さて私たち(移動演劇聯盟關係者、故人の知己友人)は、右の人々の冥福を祈らんがため、全員の分骨を収めて、一つの碑を建てたいと思ふのであります。且つ、この碑によつて、人類最初の原子爆彈による文化史的結果を、一つの劇團が一瞬にして壊滅したといふ演劇史的事實を、長く記念したいのであります。

(前掲書)

夢声は、築地本願寺の合同葬で建碑を提言し、満場の賛成を得た。碑に納骨するため、九人の骨壺からそれぞれの遺骨を一片ずつとりだし、薄田研二に預けた。ところが、慰霊碑建立の計画は、一時的に頓挫した。旧円封鎖やインフレによる資金難という事情だけではない。アメリカとしては、自分たちが投下した原爆の悲劇を語りつぐ碑の建立を、こころよく思わない。堀川恵子の『戦禍に生きた演劇人たち』には、GHQが「原爆」の文字を碑に刻むことを許可しなかった話が紹介されている。

一九五二(昭和二十七)年十二月八日、目黒の五百羅漢寺に「移動演劇さくら隊　原爆殉難碑」が建立された。それまで、荻窪にある夢声宅の玄関には「さくら隊殉難碑建設仮事務所」の看板がかかっていた。五百羅漢寺になった理由も、夢声にある。夢声の妻、福原静枝の義弟にあたる頭山秀三《とうやまひでぞう》は、右翼の大物として知られた頭山満《とうやまみつる》の息子である。五百羅漢寺は、頭山家と親しかった。その関係からである。

碑はなぜ「桜隊」でなく、「さくら隊」だったのか。堀川恵子の著書には、一周忌法要の案内に「桜隊」の文字を見た警視庁が、右翼団体か元特攻隊の集会と勘違いして、集会にストップをかけた話が紹介されている。ただしそれは、関係者に伝わるもので、碑がひらがなになった経緯を記す正式な記録はないという。

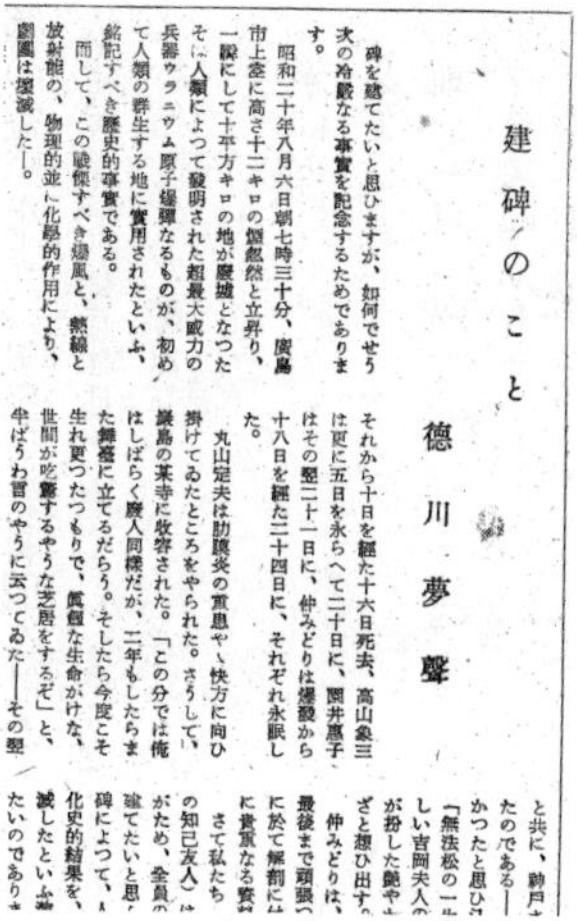

建碑のこと　徳川夢聲

碑を建てたいと思ひますが、如何でせう次の冷嚴なる事實を記念するためであります。

昭和二十年八月六日朝七時三十分、廣島市上空に高さ十二キロの爆煙然と立昇り、一瞬にして十平方キロの地が廢墟となつた。そこに人類によつて發明された超最大威力の兵器ウラニウム原子爆彈なるものが、初めて人類の群生する地に實用されたといふ、銘記すべき歴史的事實である。

而して、この戰慄すべき爆風と、熱線と放射能の、物理的並に化學的作用により、劇團は壞滅した—。

それから十日を經た十六日死去、高山象三は更に五日を永らへて二十日に、園井惠子はその翌二十一日に、仲みどりは爆發から十八日を經た二十四日に、それぞれ永眠した。

丸山定夫は肋膜炎の重患やゝ快方に向ひ掛けてゐたところをやられた。さうして、嚴島の某寺に收容された。「この分では俺はしばらく廢人同樣だが、二年もしたらまた舞臺に立てるだらう。そしたら今度こそ生れ更つたつもりで、眞劍な生命がけな、世間が吃驚するやうな芝居をするぞ」と、半ばうわ言のやうに云つてゐた——その翌

と共に、
たのである—
かつたと思ひ
「無法松の一
しい吉岡夫人の
が扮した艶や
ざと想ひ出す。
仲みどりは、
最後まで頑張つ
に於て解剖には
に貴重なる資
さて私たち
の知己友人）は
がため、全員の
建てたいと思ひ
碑によつて、人
化史的結果を、
滅したといふ
たいのでありま

『日本演劇』1945年10・11月合併号・部分拡大（日本演劇社）

原爆投下から碑の建立まで、およそ七年ある。そのあいだ夢声は、自分なりに原爆の脅威と向き合っている。「ガンさん記」（『随筆集 親馬鹿十年』創元社、一九五〇年）や「原爆新比翼塚」（『徳川夢聲代表作品集 小説篇（上）』六興出版社、一九五三年）など、丸山定夫のエッセイもこの時期に残した。後者は、園井恵子との関係に想いを馳せた名篇である。そこにはユーモアもある。以前、生まれ故

郷の益田市立歴史民俗資料館を訪ねたとき、夢声直筆の屛風を見せてもらった。中央に大きく描いた富士山の右奥に、きのこ雲の絵がある。その山なみのそばに、夢声の力づよい筆文字がある。

学問の
果ては
地球を真っ双つ
プラスゆうもあ
世界天國

夢声と原爆のつながりを語るうえで、笑い、エスプリ、ユーモアは外せない。それは、原爆の悲劇を語りつぐ意味で、大衆から好まれる語り口ではないかもしれない。徳川夢声という人の、ある種の複雑さとでも言えようか。

一九四九（昭和二十四）年、『オール讀物《よみもの》』（文藝春秋新社）誌上で、原子科学をテーマにした座談会が企画された。出席したのは、夢声、作家で随筆家の高田保《たかたたもつ》、映画監督の山本嘉次郎、漫画家の横山隆一、理学博士の渡邊慧と藤岡由夫の六人である。「人類が神様を追い越すのか」という話題に、夢声はこう持論を述べた。

徳川　神様といひますがね、私共の考へてる神様は、クリストだのエホバだの何だのとは違ふんです。何だか知らんが、大自然のバランスの親玉を神様だと思ふんですよ。大自然は様々の現象を起しながら、その間に一つのバランスを保つてゐる。これ、神の意思なんです。ところが、人類が原子爆彈などといふ不逞《ふてい》なるものを發明いたしましてね、これは神様のしろしめしたまふところのバランスを紊《みだ》すもので、僕は必ずや天罰が下ると思ふ。（笑聲）

（「原爆的ユーモア座談會　百萬人の原子科学」『オール讀物』一九四九年十二月号、文藝春秋新社）

夢声は、《新時代の幽靈といふものが出ますね。科學と矛盾しないやうな幽靈が發明されると思ふんですがね。（中略）幽靈界の原子爆彈みたいなもの。》（前掲書）とも語った。日記にしろ、エッセイにしろ、ユーモア小説にしろ、座談会にしろ、「原子爆弾」の話題を、このころの夢声は好んでいる。

夢声には、オカルト好きなところがあった。身近に霊体験のようなことがあると、「靈線放射能《れいせんほうしやのう》」と口にした。核の脅威を、おもしろがっていた側面もある。「原爆的ユーモア座談會」の翌年、棋士の呉清源《ごせいげん》と対談したときは、「靈線放射能説」を展開した。

私の、この靈線放射能説は、實は、原子爆彈のビータ線《原文ママ》、ガンマ線がヒントで、これに宇宙線の謎を結びつけて、ヒョイと考えついたのですが、今のところ、まだ誰も相手にしてくれません。然《しか》し、そのうちに優れた科學者が現れて、私の説を科學的に證明してくれると信じてるんです。（中略）だから私も、もしかしたら、何年か後にノーベル賞にありつくかもしれません。いやまったくデスゾ。

（「呉清源の巻」『徳川夢声対談集　同行二人』養徳社、一九五〇年）

ちょうどこの時期、夢声流〝原爆ユーモア〟の集大成というべき作品が、『オール讀物』に発表された。一九五〇（昭和二十五）年三月特別号に掲載された、「長篇讀切《よみきり》『連鎖反應《れんさはんのう》　ヒロシマ・ユモレスク』」である（挿絵は今村寅士）。二十ページにおよぶ同号の目玉企画で、目次には《原子爆彈にいどむ特異な夢聲文學の感覺的野心作》と紹介された。菊田一夫、野村胡堂《のむらこどう》、吉井勇《よしいいさむ》ら大物の書き手がならぶなかで、堂々たるあつかいである（同号には若き日の山田風太郎《やまだふうたろう》、高木彬光《たかぎあきみつ》も執筆）。

文筆家として夢声は、生涯に百冊ちかいタイトルの著書を出した。昭和の初めから、ユーモアセンスにあふれる小説をたくさん書いた。そのなかには霊魂、超常現象、不思議な実体験を題材にしたものがいくつかある。戦後、文筆家として売れっ子になるなか、得意としたユーモア小説の題材に原爆をえらんだのは必然であった。桜隊の悲劇とは別に、原爆そのものへの強い興味が、夢声にはある。

『連鎖反應　ヒロシマ・ユモレスク』は、広島の原爆という重い題材に向き合いつつ、その内容は異色かつ衝撃的である。凄惨でもある。主人公は、省線の広島鉄道局貨物専務車掌、吉川右近（三十九歳）である。

『オール讀物』1950年3月特別号（文藝春秋新社）

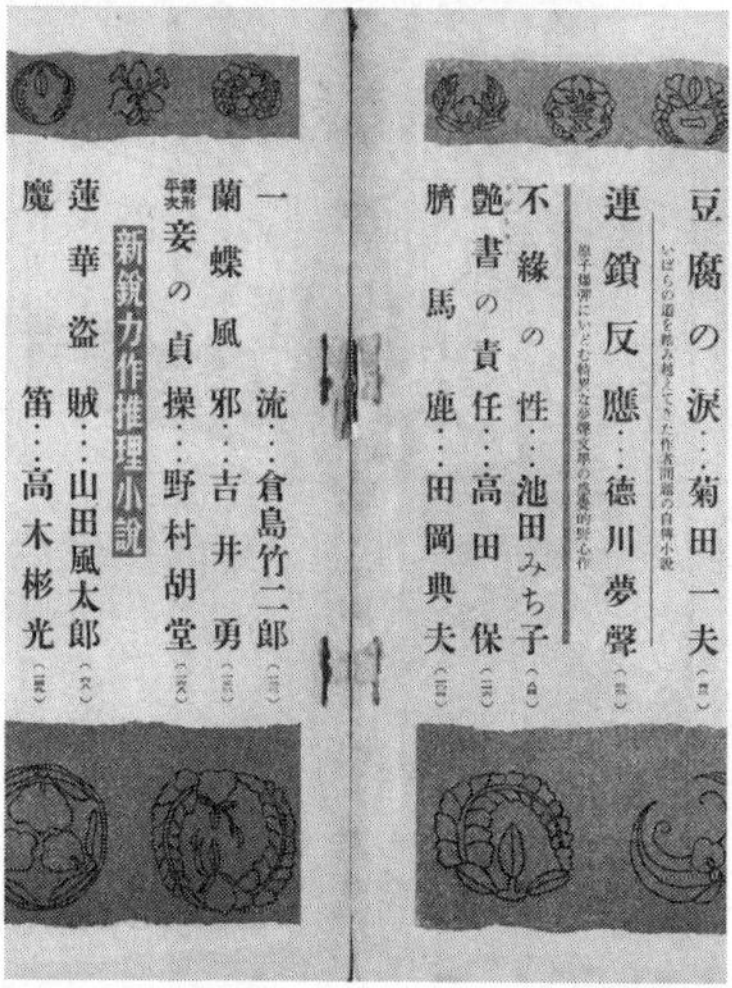

『オール讀物』同号、目次（部分）

ものがたりは一九四五（昭和二十）年八月六日、午前八時十五分に始まる。鉄道病院待合室の長椅子で、吉川はいねむりをしていた。かすかに聞こえてくる飛行機の爆音に、目をさます。まどろみながら、爆音に耳をかたむける。

——おツ、B29だゾ！

こいつ油断《ゆだん》が出來ない、——さう思つたと殆んど同時である、——何か上から、おッ被《かぶ》さるようにズウウウンと來て、それが一瞬の間に足の先まで突きぬきた。
（徳川夢声「長篇讀切『連鎖反應　ヒロシマ・ユモレスク』」『オール讀物』一九五〇年三月特別号、文藝春秋新社）

ここで、吉川の生い立ちがざっと語られる。義母との確執、吉川が《ヤブニラミ》と嫌悪する義母の親戚《A女》への嫌悪感、隣家の人妻《B夫人》への恋ごころ……。義母と隣家の人妻の話は、夢声の実体験がもとになっているようだ。

吉川は、応召で故郷の広島へ帰ってくる前、映画撮影所で大部屋俳優をしていた。父親から結婚を迫られ、生まれ故郷の広島へ戻ってきた。A女への嫌悪感と、B夫人への想いにさいなまれながら、八月六日の朝がやってくる。

氣がつくと、右近は、ベンチ諸共《もろとも》、廊下に投げ出されてゐた。なにがなんだか分らない。が、生れて以來、始めての大打撃に出遇わした、取り返しのつかない破目に突き落された、といふやうな氣がした。或る悲痛な、生命の根本に及ぶ悔のやうなものが、電流の如く全身に充《み》ちた。

「やられた！　やられた！」

と、その瞬間、獨《ひと》り言を云つてゐた。

このあたまの記憶は、あとになつて、いくら想ひ出さうとしてもなんだか自分ながらアヤフヤで、どうも相當《そうとう》長い間、呆然としてゐたやうでもあり、すぐ吾れに返つたやうでもあり、全體に自信がもてない。そのくせ、ハッキリ記憶してることだけは、イヤにハッキリしてゐる。

まるで沈默の魔法がかけられたやうに、不意に天地間が靜かになつた。なにもかも、一瞬にしてウソの如く變つてゐた。氣がついて見ると、自

徳川夢声「長篇讀切『連鎖反應　ヒロシマ・ユモレスク』」（『オール讀物』1950年3月特別号）

分の鼻先に十七、八の娘が、モンペ姿で倒れてゐた。何か云ひながら、抱いてやったのだが、何を云つたのか忘れてしまつた。
待合室のガラスといふガラスは、全部、粉微塵《こなみじん》になつてる。壁は目茶々々に破壊され、天井はササクレて、刺々とした臓物が、ブラ下つてゐる。つい先刻まで、あんなに賑やかに囀《さへ》づつてゐた、外科室の看護婦たちが、一人も居なくなつてる。いや、居たのかも知れないが、全くシンとなつてる。惨澹《さんたん》たる光景を呈してる長廊下に見渡す限り人間が一人も居ない。人々は皆、逃げて了つたのか、死んで了つたのか、それも分らない。

（前掲書）

ふと、頭にこんな芭蕉の句が浮んだ。

シヅカサヤ
　イワニシミイル
　　セミノコエ

地獄絵図と化した広島の街を、吉川はさまよう。ものがたりは、持論の「霊線放射能説」をそのまま昇華させた、世にも不思議な世界、超常なる展開をみせていく。それをどのように説明していいものか、むずかしい。

いまから十一年前、夢声のユーモア小説を復刊する機会を得た。作品のセレクトを頼まれたとき、まっさきに提案したのが、『連鎖反應　ヒロシマ・ユモレスク』だった。『徳川夢声の小説と漫談これ一冊で』（清流出版、二〇〇九年）の一篇として、復刻することができた。世にも不思議な文学世界は、そちらで味わってもらえるとうれしい。

　戦後まもないころ、夢声は作家として期待された。兵役を回避したことで精神を病む青年の悲喜劇「九字を切る」（『文藝讀物』一九四九年二月号、日比谷出版社）は、直木賞の候補になった。ユーモア探偵作家の春田武（東震太郎）の実体験がモデルの「幽霊大歓迎」（『文藝讀物』一九四九年九月号）は、オカルト好きな夢声らしい一篇となる。

　そうした時期に発表した『連鎖反應　ヒロシマ・ユモレスク』は、相応の評価を得た。掲載翌月の『オール讀物』四月号「オール合評会」では、本作が取り上げられた。田村《たむら》泰次郎《たいじろう》は《この長いものを一気に読みましたよ。力作だな。》と語り、高見順は《イグナチオ・ロヨラなんていうのが出て来てね。非常に面白いですよ。ずいぶん一生懸命書いたものだろうと思う。》と語った。「あの徳川夢声が書いたにしては」との前提は否めないものの、総じて好意的に受けとめられている。

　『連鎖反應　ヒロシマ・ユモレスク』は、『ユーモア小説全集6・連鎖反應　ヒロシマ・ユモレスク』（東成社）として、一九五二（昭和二十七）年九月に単行本化された。五百羅漢寺に「移動演劇さくら隊　原爆殉難碑」が建立される、三か月前である。この

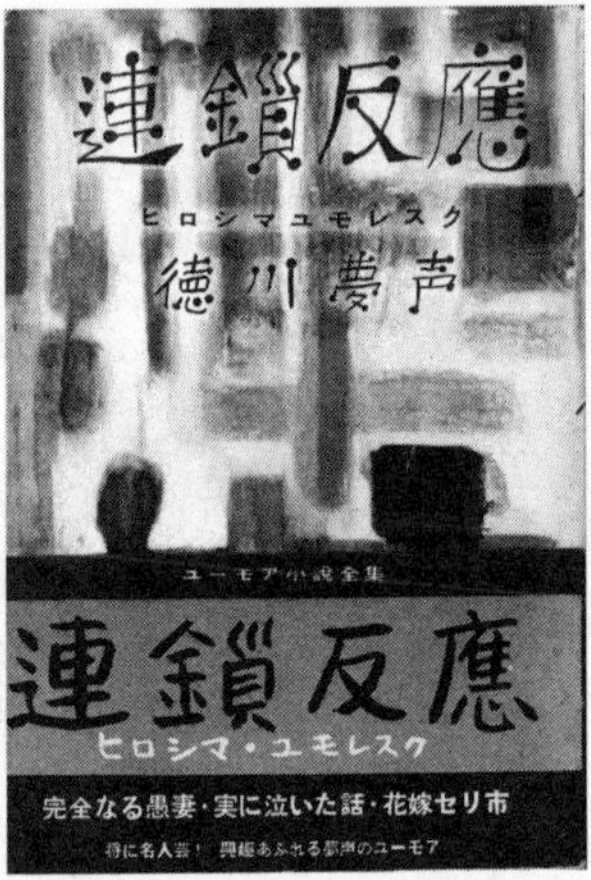

徳川夢声『ユーモア小説全集6・連鎖反應　ヒロシマ・ユモレスク』（東成社、1952年）

本はあまり話題にならなかった。好意的な声があったにもかかわらず、数多い夢声のキャリアのなかに埋もれてしまう。文筆家夢声を評価する声はあったにしろ、代表作としてこの〝ユーモア原爆文学〟が挙げられることは、ほとんどなかった。

黒古一夫著『原爆文学論――核時代と想像力――』（彩流社、一九九三年）の巻末に、「原爆文学文献一覧」がある。阿川弘之の『春の城』（新潮社、一九五二年）から渡辺広士の『終末伝説』（新潮社、一九七八年）まで、四十六名の書き手、九十五の作品が著者別、五十音順に紹介されている（日本語で書かれた文学関係の著作に限定）。この一覧に、徳川夢声の名と『連鎖反應　ヒロシマ・ユモレスク』はない。原爆文学史の視点でも、語られることはなかった。

世にも不思議な世界が繰りひろげられる作品ながら、作中に出てくる広島市内の地形と地名は、リアルに描かれている。被爆直後の地獄絵図のありさまとともに、夢声文学の意外な緻密さにおどろいた。鉄道病院から命からがら逃げだす吉川が目の当たりにした、広島駅前のくだりを引用する。

廣島驛から、有名な猿猴橋《えんこうばし》まで、約二丁ほどの間、このあたりは兩側に二階三階の旅館が立ち並んでゐたのだが、まるで形骸を止めぬまでに、吹き飛ばされてゐる。餘《よ》つ程《ぼど》、物凄い爆彈であつたらしい。

おや、猿猴橋もやられてる。鐵《てつ》の欄干は飴の如く曲り、橋は中斷《ちゆうだん》されて渡れなくなつてる。附近の家々は、麥煎餅《むぎせんべい》よりも脆くペシヤンコになつてる。

（前掲書）

原爆投下の七年前、一九三八（昭和十三）年三月発行『最新大廣島市街地圖』（廣文館）を開いてみる。『連鎖反應　ヒロシマ・ユモレスク』に登場する広島駅、広島鉄道局、駅前広場、猿猴橋と、小説と実際の地形がおなじである（同地図に鉄道病院の記載はない）。裏面にある名所解説には、《廣島驛前郵便局もあり、土産物店と旅館が櫛比してをります。》とある。「連鎖反應」の表現と実際の地形とが合致する。このあと吉川が避難する描写にも、こまかい地名と地形が描かれている。

驛近くの踏切りを越え、東練兵場に入ると、道路が一直線にのびて、その終點《しゆうてん》から

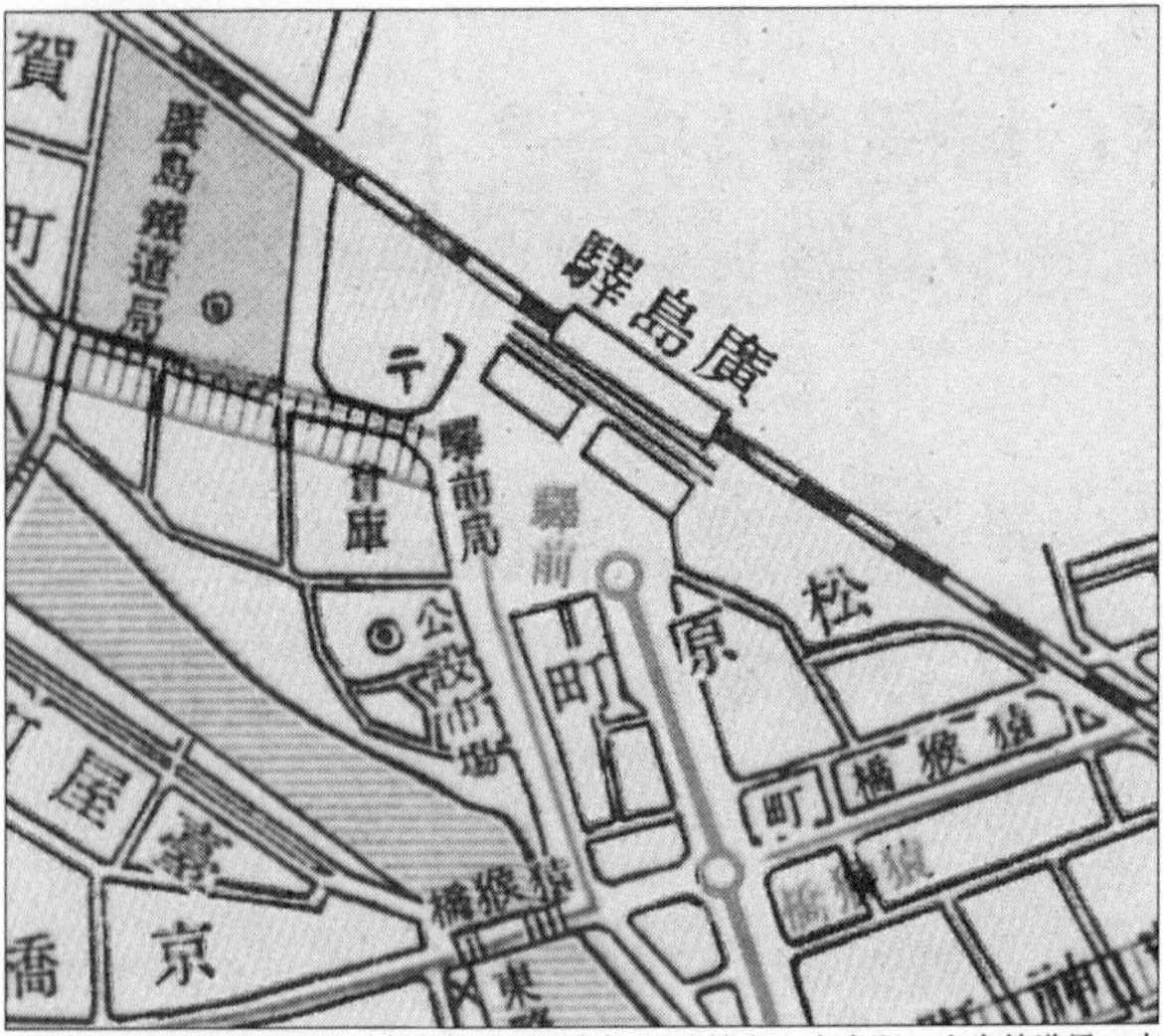

『最新大廣島市街地圖』（廣文館、1938年）部分拡大。広島駅、広島鉄道局、市電停留所、猿猴橋など

白い石段が丘を登り、その上に朱塗の八幡宮が、緑の森に圍《かこ》まれてゐる。いつ眺めても、クツキリ割り切れた好い景色である。

　道行く人が刻々と殖《ふ》える氣配だ。道の傍の草原に、人間が幾つも轉《ころ》がつてゐた。死體もあるらしいが、大部分はまだ息があつて、死ぬのを待つてる風に見えた。唸《うな》るものが殆んど居ない。ただ、默つて死ぬまで待つてるらしい。

（前掲書）

『最新大廣島市街地圖』と見くらべると、踏切、「広島東練兵

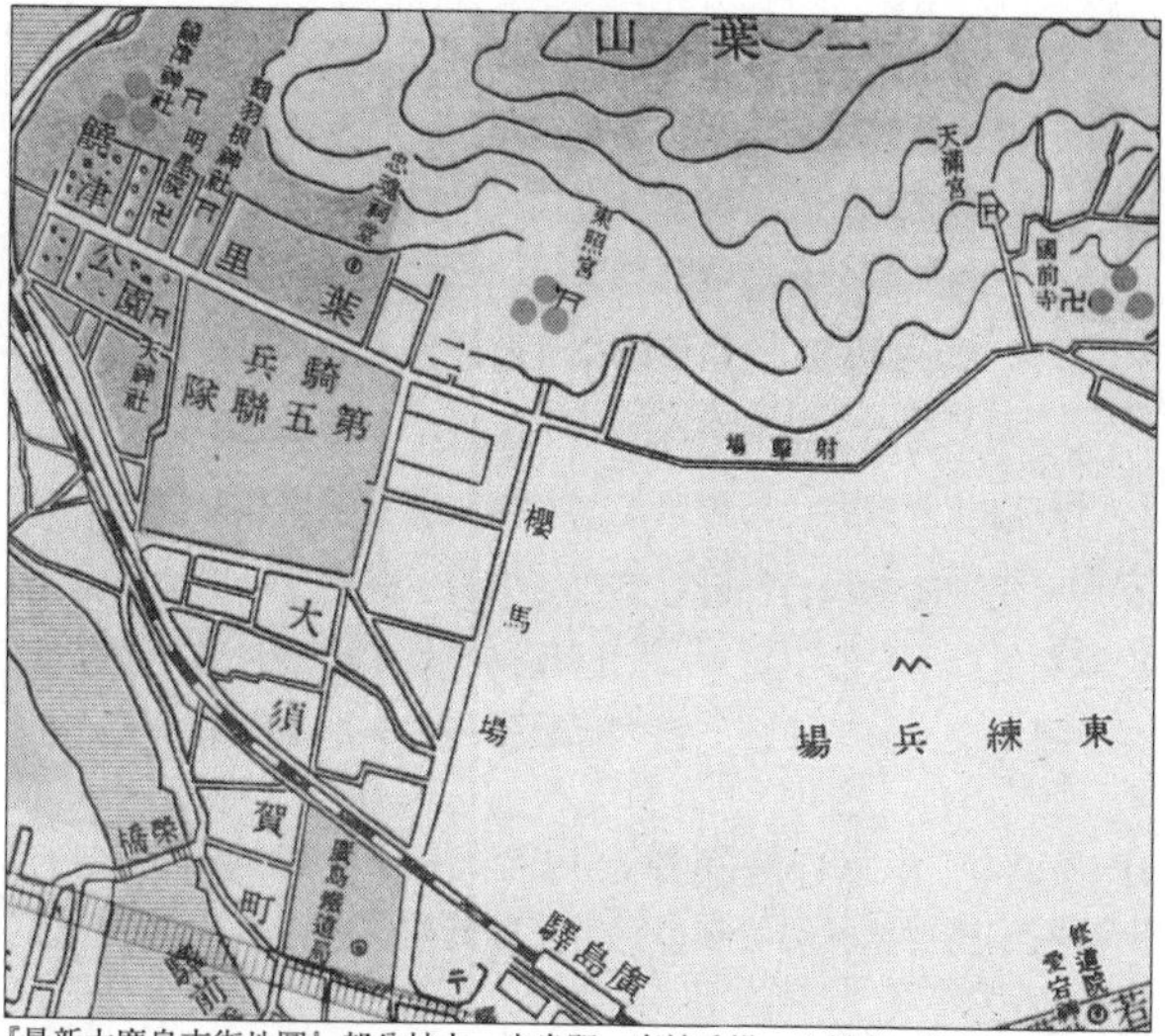

『最新大廣島市街地圖』部分拡大。広島駅、東練兵場、八幡宮、饒津神社など

場」、一直線の道路、八幡宮（東照宮八幡）、緑の森といずれも小説と変わらない。ほかにも、浅野長政ゆかりの饒津《にぎつ》神社、饒津公園、裏手にある二葉山、牛田町（現・広島市東区牛田地区）、太田川の支流と堤《つつみ》など、小説に書かれた地形と七年前の地図がそっくりなのである。

　地図を参考にしたのか、実際にフィールドワークしたのか、いずれにせよ夢声が、そうとう調べて書いたのはたしかである。『オール讀物』の目次には、《原子爆弾にいどむ特異な夢聲文學の感覚的野心作》とあるけれど、すくなくとも感覚的だけではない。

「移動演劇さくら隊 原爆殉難碑」と『連鎖反應 ヒロシマ・ユモレスク』は、丸山定夫の死に端を発し、その人脈とユーモアセンスを糧に、結実したものだった。もうひとつある。夢声が終生こだわり、自負した〝語り〟である。往年の映画説明、吉川英治原作『宮本武蔵』のラジオ物語、ロングセラーとなった著書『話術』(二〇一八年に新潮文庫化)など、夢声は「話術の神様」「語りの名手」と呼ばれた。多彩なキャリアの源流である語りを通しても、夢声は原爆、核の脅威と向きあっていく。

一九四八(昭和二十三)年八月から翌年の春にかけて、広島市内で一本のドキュメンタリーが撮影された。秋元憲(一九〇六〜一九九九)監督・脚本『ノー・モア・ヒロシマズ』である。約二十分の短篇で、当時の広島市内の様子にくわえ、市の復興計画や原爆孤児の暮らしが紹介された。この記録映画のナレーション(解説)を、夢声がつとめた。秋元が演出(編集)を手がけた記録映画『南京』(東宝、一九三八年)では、夢声がナレーションをした。南京と広島、終戦をはさんで、対照的な二本のドキュメンタリーでともに仕事をした。

『ノー・モア・ヒロシマズ』の冒頭には、《謹《つつし》んでこの映画を原爆犠牲者の霊に捧げる》と字幕が出る。被爆の悲惨さを訴える以上に、復興と平和への祈りがこめられた。広島の原爆をテーマにしたドキュメンタリーでは、かなり早い時期に撮られたものだ。

けれども本作は、ごく限定的に公開されただけで、幻のフィルムとなる。

のちに『記録映画　平和記念都市ひろしま』（内外映画社、一九五四年）として完成したものの、こちらも半世紀以上、人知れず埋もれたままとなる。本作の経緯については、中国新聞編集委員の西本雅実による論考『「平和記念都市ひろしま」―知られざる記録映画―』（『広島市公文書館紀要　第二十八号』、二〇一五年）に詳述されている。

『記録映画　平和記念都市ひろしま』を筆者が観たのは、二〇〇五（平成十七）年八月、戦後六十年の夏だった。その35ミリフィルムは、秋元監督が大切に保管していて、遺族によって神奈川県川崎市に寄贈された。それを機に、可燃性フィルムを修復、不燃化したものが川崎市市民ミュージアムの「戦後60年特別上映　発掘された映画」で上映された。それまで、このドキュメンタリーの存在すら知らなかった。抑制のきいた、でも、ところどころ感情を高める夢声の語りに接して、ずいぶんと感激した。

「移動演劇さくら隊　原爆殉難碑」と『連鎖反應　ヒロシマ・ユモレスク』と『記録映画　平和記念都市ひろしま』。その三つが生まれるなかで、原水爆をとりまく社会の状況は変化していく。

一九五四（昭和二十九）年三月、「第五福竜丸」がビキニ沖の水爆実験により、乗組員が被爆（被曝）した。同十六日、同船から水揚げされたマグロから、強度の放射能が検出され、「読売新聞」がスクープする。「水爆マグロ」と社会は震撼した。ビキニ沖で被爆した日本の漁船は、第五福竜丸だけではない。二〇一五（平成二十七）年二月、水産庁が参議院議員の紙智子（日本共産党）に、ビキニ被災文書類（一九五四年十一月三十日付け）を提出した。同文書には、被害を受けた漁船の総数が一四二三隻になると記されている。

ビキニ沖の被爆事件をきっかけに、原水爆禁止の署名活動が主婦を中心に、自然発生的に広がっていく。夢声が暮らす東京都杉並区では「原水爆禁止署名運動」が始まり、わずか二か月で、区民のおよそ七割にあたる二十七万人分の署名が集まった。この動きが八月八日の「原水爆禁止署名運動全国協議会」結成へとつながっていく。九月二十三日には、第五福竜丸の無線長、久保山愛吉《くぼやまあいきち》が亡くなる。十月十二日には「追悼原水爆対策全国漁民大会」がひらかれ、「原爆許すまじ」の声が高まっていく。

「丸山定夫追悼」を掲げ、夢声が追悼公演委員長と主演をつとめた劇団手織座の公演は、この年の十一月十六日から二十日まで、東京の第一生命ホールで上演された。パンフレットには、先述した夢声のほか、滝沢修、田村秋子、山本安英、杉村春子ら丸山の俳優仲間がコメントを寄せた。そのいずれにも《広島》《原爆》《犠牲》の文字がある。この公演からも、明確な反原水爆のメッセージを感じる。

そのかたわらで、原子力の平和利用が取りざたされた時代でもある。日米両国が原子力政策を推進するなかで、夢声も広告塔のひとりとなった。第五福竜丸の事件からまもない一九五四（昭和二十九）年五月号『主婦の友』（主婦の友社）に、座談会「原子力を平和に使ったら——現実と夢を語る　恐るべき原子力も人類の福祉のために活用できる！」が掲載された。慶應義塾大学教授で医学博士の林髞《たかし》（作家の木々高太郎）をはじめ、医学博士や技術者が出席するなか、夢声は司会をつとめた。

《この原子力というより、端的に原子爆弾というものにつきまして、比較的素人としては早く興味をもっている方なんで》（前掲書）と語った夢声だが、この座談会は得意のユーモアがからまわりした、悪しき例となる。石炭や石油にかわるエネルギー代用（原発）、がん治療への利用はともかく、人間の生殖力を放射能で破壊し、産児制限につなげる優生学的利用にまで話題はおよんだ。

夢声は言う。

原子力を平和に使ったら——
現実と夢を語る
恐るべき原子力も人類の福祉のために活用できる！

出席者
司会　徳川夢声
武藤俊之助
山口宗夫
林髞
北原文枝
石川数雄

『主婦の友』1954年5月号（主婦の友社）

人間の場合、優生学的に、こういう男の子孫は残したくないとなると、原子力のある室《へや》にその当人を入れゝば、たちまち、その男の子供はできなくなる、といった工合《ぐあい》に。（笑声）

（座談会「原子力を平和に使ったら——

現実と夢を語る 恐るべき原子力も人類の福祉のために活用できる！」『主婦の友』一九五四年五月号、主婦の友社）

原水爆禁止運動を横目でみながら、政府の原子力政策に加担する。原子力の平和利用を掲げた座談会ではあるものの、いわゆる御用学者や技術者がからんでいて、素直に読むことができなかった。「原子力の平和利用」の美名のもと、知名度のある芸能文化人夢声が、積極的にかかわったことは否めない。

このころ、広島、長崎を題材にした劇映画とドキュメンタリーが、あいついで封切られた。新藤兼人脚本・監督『原爆の子』（近代映画協会）が一九五二（昭和二十七）年八月に、関川秀雄監督『ひろしま』（日教組プロ）が一九五三（昭和二十八）年十月に、それぞれ封切られた。ドキュメンタリーでは、原水爆禁止運動のうねりを受けて、亀井《かめい》文夫《ふみお》（一九〇八〜一九八七）が『生きていてよかった』（日本ドキュメント・フィルム社）を撮った。一九五五（昭和三十）年九月に結成された原水爆禁止日本協議会（原水協）の製作で、一九五六（昭和三十一）年七月に封切られた。

『生きていてよかった』は、第一部「死ぬことは苦しい」、第二部「生きることも苦しい」、第三部「でも生きていてよかった」の三部から成る。亀井は現地を訪ね、被爆者の姿と声を追っていく。この作品に、夢声は関係していない。ナレーションをかって出たのは山田美津子、『ひろしま』に出演した山田五十鈴（本名、山田美津）である。観賞後のアンケートが、本作のパンフレットに載っている。夢声のコメントもある。

心の底から感動した。私は出来ることなら此の映画を持って説明役をつとめながら、世界中の人たちに、この悲劇を訴えて歩きたい。
（徳川夢声「アンケート」『生きていてよかった』パンフレット、映画タイムス社、一九五六年）

これだけ読むと、いかにも社交辞令の印象を受けなくもない。ラジオ、テレビ、映画、舞台、寄席、各種イベントの仕事にくわえ、『週刊朝日』（朝日新聞社）の連載対談「問答有用」で聞き手をつとめるなど、ジャーナリズムの世界でも活躍する大物である。全国各地を行脚し、『生きていてよかった』の説明をこなすのは、スケジュールのうえでも、予算においても無理があった。

『生きていてよかった』の翌年、亀井はふたたび核の脅威に目を向けた。全国各地の大学・研究所で撮影がおこなわれ、医師、科学者が協力した『世界は恐怖する　死の灰の正体』（日本ドキュメント・フィルム社、三映社）である。封切りは一九五七（昭和三十二）年十一月で、公開時のポスターには、センセーショナルな言葉が躍る。

『世界は恐怖する』チラシ

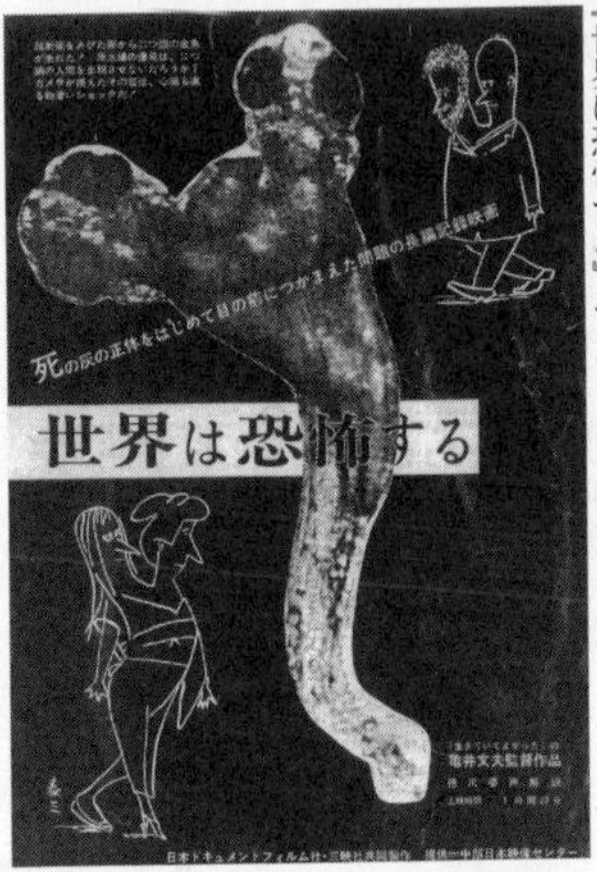

20世紀の怪物！

死の灰の正体、始めて目の前に！

問題の長編記録映画
放射能を受けて二つ頭の金魚が出現……次は人間世界にも？

「こんなことになるのか」と目を見はる驚異のかずかず！

（『世界は恐怖する　死の灰の正体』ポスター、日本ドキュメント・フィルム社、三映社）


この問題作のナレーションに、誰を起用すべきか。撮影と編集が終わるまで、決まっていなかった。そこで挙がった名が「徳川夢声」だった。語りの名手、ナレーションの第一人者である。『生きていてよかった』と『世界は恐怖する　死の灰の正体』のプロデューサーである大野忠が、夢声に打診した。夢声の仕事を多面的にとらえた特集「夢声百態　雑学先生の生活と意見」（『サンデー毎日』一九五七年十一月二十四日号、毎日新聞社）に、そのエピソードが紹介されている。

はたして、一流中の一流である夢声さんがOKしてくれるかどうか。大野プロデューサーがおそるおそるおうかがいを立ててみた。とたんに、夢声さんはふたつ返事で引き受けてくれたのである。

「商売じゃありません。これはやらなきゃならんことです」

夢声さんは、原爆被爆者を救う会の発起人である。

十月はじめのある日、都内のスタジオで行われた録音では「もうこの辺で……」というスタッフの言葉をけって、とうとう四回も録音をやり直し、スタッフ一同を感激させた。明朝は仕事で大阪へ行くという夢声さんが、スタジオを出て荻窪の自宅に帰ったのは、もう翌日の午前三時を過ぎていた。

（「夢声百態　雑学先生の生活と意見」『サンデー毎日』一九五七年十一月二十四日号）

「仕事を断るのが苦手」という理由で、夢声は来る仕事をできるだけ受けた。それはまた、本人なりの照れ隠しでもある。当時の日記やエッセイを読むと、かなりの過密スケジュールだったことがわかる。『世界は恐怖する　死の灰の正体』のナレーションは、そのあいまにかるがるしく引き受ける仕事ではない。『生きていてよかった』に寄せたアンケートは、社交辞令ではなかった。

亀井文夫とのつながりもある。『記録映画 平和記念都市ひろしま』を撮った秋元憲とおなじく、亀井とも戦前に仕事をした。亀井の代表作『信濃風土記より 小林一茶』（東宝、一九四一年）で夢声は、ナレーションをしている。小林一茶のことばを通して、詩情ゆたかな信濃の風景と、まずしい農民の姿を描いた本作は、ドキュメンタリーの名編として高い評価を得た。いまでも、上映される機会がたびたびある。

「移動演劇さくら隊 原爆殉難碑」を、東京に建立することができた。異色のユーモア小説『連鎖反応 ヒロシマ・ユモレスク』も書きあげた。一般公開されなかったとはいえ、『記録映画 平和記念都市ひろしま』の解説もやった。原水爆禁止運動のうねりのなか、こんどは旧知の亀井文夫が、核の脅威に向きあうことを知った。そこで夢声は、その解説を引き受ける。「語り」の仕事は、愛してやまない仕事だった。

もう十五年以上前、どこかの名画座で『世界は恐怖する 死の灰の正体』を初めて観た。とにかく怖かった。動物実験で放射能（ストロンチウム）を受けて二つ頭になった金魚、首すじに腫瘍《しゅよう》のふくれあがったネズミ……。直視するのもつらい映像に、不気味な長沢勝俊の音楽と、夢声の淡々としたナレーションがつづく。

映画の中盤に登場するネズミは、終盤にふたたび登場する。マジックハンドでしっぽを固定され、全身に放射能を浴びて、黒く変色していく。けいれんし、やがて動かなくなる。夢声が語る。《ネズミは、死にました》。すこし間《マ》があって、《ネズミの死が、人間の運命を暗示するものではないことを、こころから祈ります》。

映画のラスト、画面に《作者の言葉》が映し出される。作者すなわち亀井文夫である。夢声がそれを読む。

死の灰の恐怖は、人間がつくり出したものであって、地震や台風のような天災とは、根本的にちがいます。

だから人間がその氣にさえなれば、必ず解消できる筈の問題であることを、こゝに附記します。

（『世界は恐怖する　死の灰の正体』）

二〇一一（平成二十三）年一月九日から二月十二日まで、ラピュタ阿佐ヶ谷で、特集上映「元祖マルチ・タレント　徳川夢声のほろよひ映画人生」がおこなわれた。この名画座は、夢声が暮らした荻窪の隣の駅、ＪＲ阿佐ヶ谷駅の近くにある。

夢声が俳優として出演した映画は、ぜんぶで九十本以上ある。ところが上映できるフィルムが二十本ほどしかなく、プログラムが埋まらない。苦肉の策として、声の出演ではあったけれど、『世界は恐怖する　死の灰の正体』の十六ミリフィルムを上映することになった。二月二日から五日まで、一日一回の上映で合計四回である。

いまとなっては、上映できてよかったと思う。夢声にとって、代表的な語りの仕事である。そのわずか一か月後に東日本大震災が発生し、東京電力福島第一原子力発電所で事故が起きた。原子力の平和利用に期待を寄せ、「霊線放射能説」を唱えたことを考えると、不思議な暗示に思える。

二〇二〇（令和二）年八月六日、広島は被爆から七十五年を迎える。町並みは破壊されてしまったけれど、『連鎖反応　ヒロシマ・ユモレスク』に登場する饒津《にぎつ》神社の境内には、被爆当時の手水鉢が「原爆手水鉢」として残されている。

文筆家の新藤謙（一九二七〜二〇一六）の遺著となった『フィギュール彩69　体感する戦争文学』（彩流社、二〇一六年）に、「芸能人の戦中日記――徳川夢声と古川ロッパ」というすぐれた批評がある。新藤は、『夢声戦争日記』を読み、みずから体感することで、戦時下の夢声の視点、感情や心の機微に迫ろうとした。

新藤の批評を読んで痛感した。自分はどこまで夢声の書いたもの、語ったことを体感できたのか。夢声について調べていた大学時代から、久しく広島を訪れていない。夢声はあの原爆小説を、どんな気持ちで書いたのか。七十五年を迎えた〝被爆した町〟を歩きながら、あらためて考えたい。

長崎の鐘

佐々木孝丸、千秋実

好きな俳優の単著で、存在すら知らなかった一冊が、古本屋、古書展、古書目録で目の前にあらわれることは、少なくなった。学生時代ならともかく、最近はそうした未知なる出会いが減ってしまった。雑誌はちがう。「あの俳優が、こんな文章を書いていたのか」というよろこびが、しょっちゅうある。

一昨年だったか、神田神保町の古書展で、雑誌『文藝讀物《ぶんげいよみもの》』（日比谷出版社）一九四九（昭和二十四）年五月号を見つけた。目次には、小尾十三《おびじゅうぞう》、伊馬《いま》春部《はるべ》、玉川一郎、乾信一《いぬいしんいち》郎《ろう》といった書き手に混じって、大好きな佐々木《ささき》孝丸《たかまる》（一八九八〜一九八六）の名がある。特別讀物『或る原子學者の半生――永井隆博士の事――』（挿絵は河野《こうの》国夫《くにお》）。大好きなあの名悪役の、こんな文章があるとは知らなかった。古書価は三百円。安い。愛する俳優の、未知・未見の記事との出会いにこころが躍る。テーマの重さはひっかかったけれど、買わない選択肢はない。

佐々木孝丸（『故 佐々木孝丸氏略年譜』）

佐々木が『或る原子學者の半生』を書いた背景には、娘の佐々木踏絵とその夫の千秋実《ちあきみのる》（一九一七〜一九九九）が、戦後まもなく創立した劇団「薔薇座《ばらざ》」の存在がある。

薔薇座が、長崎医科大学（現・長崎大学医学部）助教授の永井隆《ながいたかし》（一九〇八〜一九五一）を主人公に『長崎の鐘　原子科學者 永井隆傳』を上演したのは、一九四九（昭和二十四）年のこと。永井の著作を読みこみ、戯曲に仕上げたのが、千秋の義父にあたる佐々木であった。『文藝讀物』を出した日比谷出版社は、永井の著書『長崎の鐘』（一九四九年発行）の版元である。

佐々木孝丸といえば、ヤクザの親分、保守系代議士、大物財界人、右翼の黒幕まで、名悪役として活躍したバイプレーヤーである。ワル以外もうまい。映画『大東亜戦争と国際裁判』（新東宝、一九五九年）ならびに『NHK特集 日本の戦後』（NHK総合、一九七七年）で演じた清瀬《きよせ》一郎《いちろう》（東京裁判の被告側弁護人）は、法曹家の気概をにじませる名演だった。映画の遺作となった『小説吉田学校』（東宝、一九八三年）では、斎藤隆夫代議士にふんし、ワンシーンながら戦後政界の長老の貫録を示した。

おびただしい数の映画、テレビドラマに顔を出し、メロドラマ、ホームドラマ、二時間サスペンス、時代劇、刑事ドラマ、特撮ヒーローものまで、なんでも出た。ただしそれは、戦後になってから。戦前のプロレタリア演劇全盛時代は、俳優、劇作家、翻訳家、編集者、演出家、劇団のプロデュースまで、新劇の世界で知らぬ者がいない存在であった。『インターナショナル』の訳詞者で、《起《た》て、飢えたる者よ》と訳した人でもある。

一八九八（明治三十一）年、北海道生まれ。父の諦薫は、監獄で教誨師《きようかいし》をする真宗の僧侶だった。本人も仏門の道へと修行したけれど、挫折する。逓信省の神戸通信生養成所をへて、神戸で郵便局員をしていたころ、世界文学と演劇に出会う。一九一七（大正六）年に上京し、赤坂の葵町電信局につとめる。そのかたわら「アテネ・フランセ」に通うなどして、語学を学んだ。「赤坂葵館」で徳川夢声が、活動弁士として頭角をあらわすのは、ちょうどこの時期だった。

結婚、娘（文枝、のちに踏絵）の誕生、翻訳家デビュー、電信局退職ときて、いよいよプロレタリア文学および演劇に邁進していく。一九二三（大正十二）年の土蔵劇場（のちに先駆座）を皮切りに、プロレタリア文芸聯盟「トランク劇場」、前衛座、左翼劇場（のちに中央劇場）、新築地劇団と新劇界の立役者になっていく。前進座や新国劇の演出も手がけた。娘の文枝も新劇の道をこころざし、父とともに新築地劇団に入る。ここで、のちにむすばれる千秋実と出会う。

この本でもたびたび書く戦前新劇の悪しき節目、一九四〇（昭和十五）年を迎えた。当局の方針により、新築地劇団と新協劇団は、強制的に解散させられた。佐々木は、特高警察の手で検挙され、拘束される。築地小劇場は「国民新劇場」となり、翌一九四一（昭和十六）年には「移動演劇聯盟」が発足した。

取り調べが進むにつれて、私がその時分には最早、新協にも新築地にも関係していないことが、テキさんにも明らかになつた筈だけれど、私はやはり、すぐには帰されず、お定まりの「手記」というやつを書かされた。

その尨大な手記の中で、私は、マルクス主義との絶縁をハッキリ宣言した。いうまでもなく、それは、世にいうところの「転向」に違いなかつた。

（佐々木孝丸『風雪新劇志――わが半生の記――』現代社、一九五九年）

還暦をすぎて出した自伝『風雪新劇志』に、みずからを《敗北者の逃走》《逃げっぱなし》《見つともよくない不様な姿》と書いた。自伝はそこで終わる。転向したあとの仕事、戦時中に手がけた東宝劇団における演出や、新築地劇団の仲間だった丸山定夫の原爆死、薔薇座での演出は、まったく記していない。永井隆を主人公にした『或る原子學者の半生』と戯曲『長崎の鐘』への言及もない。

　二〇一六（平成二十八）年には、ノンフィクション作家の砂《さ》古《こ》口《ぐち》早苗《さなえ》が『起て、飢えたる者よ〈インターナショナル〉を訳詞した怪優・佐々木孝丸』（現代書館）を出した。佐々木ひとりに特化した評伝としては、いまのところ唯一無二である。この評伝は、戦前・戦後を通した全キャリアを俯瞰する内容となっている。そのため、戯曲『長崎の鐘』への言及はわずかで、『或る原子學者の半生』の紹介はない。

　永井隆の半生を芝居にしようと奔走したのは、千秋実だった。その経緯とエピソードは、千秋と佐々木踏絵の共著『わが青春の薔薇座』（リヨン社、一九八九年）にくわしい。本項では『わが青春の薔薇座』をおぎなうかたちで、佐々木孝丸の戯曲『長崎の鐘』と、そこから生まれた一篇『或る原子學者の半生』について書きたい。

　永井隆は、一九四五（昭和二十）年八月九日、長崎に投下された原子爆弾に被爆し、妻の緑をうしなう。永井夫婦は、熱心なカトリック信者だった。自宅の焼け跡には緑

佐々木孝丸『風雪新劇志――わが半生の記――』（現代社、1959年）

の遺骨と、肌身はなさずつけていた「ロザリオの鎖」が残されていた。永井の同僚や教え子たちも犠牲となった。

被爆による白血病で、余命三年の告知を受けた永井は、病床で文章を書きはじめる。日比谷出版社が『長崎の鐘』を出したのは、一九四九（昭和二十四）年一月で、世に出たのは『ロザリオの鎖』（ロマンス社、一九四八年）のほうが早い。『長崎の鐘』の奥付には、式場俊三《しきばしゆんぞう》の名がある。俊三の兄は、精神医学者で美術評論家の式場隆三郎《しきばりゆうざぶろう》で、永井の文章を世に出した人物である。

『長崎の鐘』の後半には、「連合軍總司令部諜報《ちようほう》課」名義による特別附録「マニラの悲劇」が収録されている。一九四五（昭和二十）年二月、マニラ市における日本軍の無差別的破壊「マニラ大虐殺」の記録である。アメリカ軍による長崎への原爆投下と、日本軍によるマニラでの残虐行為を一冊にしたのは、GHQの思惑だった。GHQの許しがなければ、原爆の惨状を世に問うことはできなかった。

『長崎の鐘』の刊行からまもない三月十七日から二十七日まで、薔薇座が『長崎の鐘　原子科學者 永井隆傳』（五幕十一場）を三越劇場の「三越新劇祭」で上演する。日比谷出版社の『文藝讀物』に佐々木の『或る原子學者の半生』が載ったのは五月号、戯曲『長崎の鐘』は『悲劇喜劇』（早川書房）一九四九年十月号に掲載された。

この年の七月には、サトウハチロー作詞、古関裕而作曲による『長崎の鐘』が、日本コロムビアから発売された。《こよなく晴れた 青空を 悲しと思う せつなさよ》という藤山一郎の歌声は、今日まで広く歌いつがれている。永井は、ラジオで藤山が歌う『長崎の鐘』を聴いた。そして古関裕而に、感謝の手紙とみずから編んだ木綿糸のロザリオを送っている。一九五〇（昭和二十五）年九月には、大庭《おおば》秀雄《ひでお》監督『長崎の鐘』（松竹大船）が封切られ、若原雅夫が永井を演じた。

佐々木孝丸は当時、新劇の世界では有名だった。でも、映画にはまだ出ていない。国民の誰もが知る銀幕のスターではなかった。『文藝讀物』の誌面には、佐々木の肩書きやプロフィールはない。『或る原子學者の半生』の主人公は永井隆ではなく、仮名の〝中井豐〟になっている。その冒頭を引用する。

『文藝讀物』1949年5月号（日比谷出版社）

祈りに明け、祈りに暮れる長崎の聖地浦《うら》上《かみ》、キリシタン禁制のはげしい迫害に耐えながら、相繼ぎ相傳えて四百年、キリストの教をひそかにまもり通してきた人々の魂のふるさと浦上……天主堂の冴えた鐘の音と共に、朝に夕べに、いたるところでミレ

特別讀物
或る原子學者の半生
——永井隆博士の事——
佐々木孝丸
河野國夫畫
（84）

佐々木孝丸「特別讀物『或る原子學者の半生——永井隆博士の事——』」（『文藝讀物』1949年5月号）

ーの名畫そのままの姿が見られた。
そこから谷一つ距てた丘のふもとの、廣大な建物、ここでは、千數百の學徒が、近代科學の研究と實驗《じっけん》にいそしんでいる、長崎醫《い》科《か》大學である。
原子醫《い》學《がく》専攻の中井豊は、この大學の助教授で、物理療法科の科長である。自宅は大學と天主堂との中間にある。晝間《ひるま》、ラヂューム室やレントゲン室で、夢中になつて放射能と取り組んでいる中井の姿は、早朝や夕方には、しば〳〵、天主堂の中に見出される。彼は、すぐれた科學者であると共に、信仰篤いカトリック信徒なのだ。

（佐々木孝丸「或る原子學者の半生——永井隆博士の事——」『文藝讀物』一九四九年五月号、日比谷出版社）

『文藝讀物』は全体で九十六ページしかなく、『或る原子學者の半生』は十二ページにわたって掲載された。永井の半生を描くには足りないし、ダイジェストになってしまう。

「原爆文学」と呼ぶには、完成度はそれほど高くない。

　それでも、『筑波秘録』（落合三郎名義、南蛮書房、一九三〇年）、『慶安太平記後日譚』（同、塩川書房、同）、『立體《りつたい》脚本新劇集　父帰る　地藏経由來』（佐々木孝丸名義、池田書店、一九四七年）と三冊の戯曲集を出し、多くの舞台を演出した人である。演劇的効果をねらったような場面が、そこかしこにある。父（中井）と娘（綾野）のこんなやりとりがある。


　うと〳〵していると、綾野が自分の頬を父の頬にすりよせている。そして、

「お父さんのにおい、お父さんのにおい」

　そんなことを云つている。この子に、「お父さん只今！」と勢よくおなかえとびつかれてはことだ。ひぞうが極度にまで肥大して、臨月の腹のようになつている。そこえとびつかれたら、一度に破裂して即死だ。で、とびつかれないように、寝臺《しんだい》のへりえ、いろんなものをつみ重ねてバリケードを作る。愛情をせきとめるバリケード！

……だが、この子を孤兒にするのを、一日でも長くのばそうとする愛情のためのバリケードでもある。


（前掲書）

この読み物は日比谷出版社にとって、先行する永井の『長崎の鐘』と『生命の河―原子病の話―』（一九四八年）のパブリシティの意味があった。『文藝讀物』五月号の巻末には、《永井隆博士の二大主著》として両書の広告がある。百ページに満たない文芸誌に、五幕十一場の戯曲『長崎の鐘』の全篇をおさめることはできない。それをわかりやすく読み物にすることを、編集部が佐々木に提案したと思われる。

わずか十二ページ、佐々木は駆け足で、その半生をたどっていく。そこには、永井への誠実な姿勢が感じられる。題材は重いけれど、興味ぶかく読んだ。この作品を、娘夫婦が主宰する薔薇座のために書いたことを、「筆者附記」として明かした（漢字がむずかしいとの理由で、「バラ座」と書いている）。

　この物語は、永井隆博士のことを書いたもので、この三月十七日から三越劇場で上演された「バラ座」の脚本をストーリー化したものです。脚本執筆にあたつては、永井博士の全諸著述を参考とし、然《しか》も博士の本質を見失わない範圍《はんい》で、一篇の讀物として獨立《どくりつ》の形をとりました。

　したがつて博士の著書の中から、そつくりそのまま頂いた所もあるし、筆者のイマヂネーションによつて、全然あらたに創作した分も少くありません。それと、永井博士を始め作中の人物が實在《じつざい》されて居り、非禮《ひれい》にわたるのをおそれて、人物名を全部、仮名にしました。

この短文に多少なり共、興味を感じられて博士の全著作を讀みたいといふ誘ひになれば筆者のよろこびこれにこしたことはありません。

（前掲書）

千秋実は、戦前は新築地劇団の舞台に立ち、戦時中は樺太《からふと》国境へ出征した。内地へ戻ったのち、佐々木文枝（踏絵）と結婚している。ふたりは、二人の男の子にめぐまれた。東京の自宅は、空襲で焼けた。戦争が終わり、千秋と踏絵が語らって生まれたのが、若い世代を中心とした薔薇座だった。

一九四九（昭和二十四）年当時、新劇界には主要な劇団として、文学座、文化座、俳優座、新協劇団（第二次）、ぶどうの会、民衆藝術劇場（第一次民藝）、薔薇座があった。これらは東京を拠点とした劇団で、たとえば京都では、毛利《もうり》菊枝《きくえ》の「くるみ座」が活動を始めている。

薔薇座は、一九四六（昭和二十一）年一月に旗揚げされた。第一回公演『新樹』（久藤達郎作、村山知義演出）は、東京の神田共立講堂で上演された。そこには、千秋が抱く既存の新劇への反発と、踏絵の夢がある。夫婦二人三脚での再出発に際した、千秋の文章がある。

千秋実（『喜劇　愛しきは　馬鹿一とその隣人』パンフレット）

そして八月十五日を迎へたのです。舊《ふるい》日本は亡びて新しい文化國家日本の建設が我々に與《あた》へられたのです。ところが敗戰の混亂《こんらん》に、無反省にも古色蒼然たる舊き新劇を登場させ、その登場者はより所を失つて右往左往する悲しきそして愛すべき大衆を舞臺《ぶたい》の上から冷たく見下し決してその中に入り共に泣き共に笑はうとはしませんでした。その結果は封建的演劇の蘇生となり、刹那《せつな》的《てき》エログロ演劇のはんらんとなり、演劇界を益々混亂《こんらん》に導き入れた動機ともなつたのです。此の時、外地から工場からと幸ひにも生き殘《のこ》つてかへつて來た同志と共に我々の保ち續けた現代大衆劇の確立の情熱は燃え上り、ここに薔薇座の誕生となつて猛驀進《もうばくしん》を開始することになつたのです。

（千秋實「薔薇座の歴史と計畫」『日本演劇』一九四八年五月号「劇團特集（四）薔薇座」、日本演劇社）

薔薇座が生まれたとき、佐々木孝丸はどちらかといえば、群れない新劇人であった。

新劇界の名だたる演出家と俳優が属する各劇団に、参加していない。華やかに復活をとげる新劇人たちとは、距離をおいた。そうした当時の新劇界のなかで、娘夫婦から乞われるかたちで、薔薇座に参画する。

薔薇座を立ち上げるにあたって、千秋と踏絵は、佐々木に相談をしていない。それでも、戦前から活動する父の手腕はきっと頼りになる。自伝に《敗北者の逃走》《逃げっぱなし》と書いた佐々木にとっても、薔薇座には期するものがあった。かわいい娘と娘婿が心血をそそぎ、薔薇座には若い人たちも多い。そこに協力したいのは、演劇人としての情《じょう》であろう。いっぽうで娘夫婦の劇団ゆえ、遠慮もあった。

僕とバラ座との間には、組織的な關係は何もない。僕とバラ座の關係といえば、この劇團に、僕の娘と婿がいるということだけだ。（中略）若い連中だけで何から何までやって行こうとするこの劇團を、僕は絶對《ぜったい》に個人的な人情を交えず、冷静に客観的に見て行こうとする態度を持して來た。これからさきも、その態度はかえないつもりだ。（中略）

とはいえ、無論、いゝ仕事をさせたい、いい劇團にしてやりたいという気持は十分もつている。だから、關係はなくとも關心《かんしん》はある。いや、その點《てん》では人一倍關心をもつているということを正直にぶちまけるべきだらう。

（佐々木孝丸「僕と薔薇座」『機関誌 薔薇座 東京哀詩號』劇團薔薇座、一九四七年）

一九四七（昭和二十二）年一月、佐々木は、薔薇座の第三回公演『東京哀詩』（菊田一夫作、日劇小劇場）を演出する。『東京哀詩』は評判となり、薔薇座への注目が集まる。その勢いにのって矢継ぎ早に公演をうち、佐々木が演出を手がけた。薔薇座について、演劇評論家の大木豊はこう評す。《比較的大衆性のある創作劇のみを上演。「愉しめる新劇」は、一時、このあたりから芽生えるものと期待された》（『あの舞台この舞台』）。

その薔薇座が、第八回公演のテーマにえらんだのが長崎の原爆、永井隆の半生だった。原爆のむごたらしさを世に問う。それだけではなく、くりひろげられる人間くさいドラマ、夫婦愛、家族愛、医師の師弟愛を劇化しようと試みる。千秋は、永井の著作をもとにした戯曲化を、義父の佐々木に依頼した。

踏絵はのちに《佐々木は喜んで引き受けた》（『わが青春の薔薇座』）と書く。これだけでは、佐々木の真意がよみとれない。話題の人となった永井隆は、佐々木にとっても気になる存在だったらしい。一読者として惚れこんでいたところに、娘婿の千秋から戯曲化の相談を受けた。だから喜んで引き受けた。その心境を、上演にあわせて書いた。

『ロザリオの鎖』という博士の随筆集を讀んで、僕は非常に感激した。感激はしたが、そのときはまだ、博士のことを芝居に書いてみようなどという氣は全然なかつた。『この子をのこして』という次の本を讀んで、僕は少しばかり「永井マニア」になりかかつていたらしい。が、そのときのマニアはどうやら「擬似」程度のもので、きわめて輕《かる》い病症であつたらしいのだが、つぎに、『生命の河』を讀み、『亡びぬものを』を讀むにいたつて、僕の病症は「擬似」から「眞性」に進んでしまつた。「急性」と「慢性」と、醫《い》學的《がくてき》にはどちらが命とりなのか知らないが、とにかく僕は、「急性・眞性永井マニア」になつてしまつたのである。だから、薔薇座の千秋から、「おやじ書かんか」といわれたときには、「よし書こう」と言下に引き受けたわけである。

（佐々木孝丸「モデルに負けるの記」『日本演劇』一九四九年四月号）

永井隆の半生を芝居にするにあたって、千秋はまず、永井を世に出した式場隆三郎に相談した。式場から協力をとりつけたうえで、義父の佐々木に戯曲化を依頼した。著作を通して、永井の人となりに惚れこんでいた佐々木は、それを引き受ける。

その経緯を記した「モデルに負けるの記」には、原爆に対する怒り、当局の弾圧に屈して転向したうしろめたさ、自身の戦争責任への文言は見あたらない。戦後になって新劇人の戦争責任を問う声があがったとき、そこに佐々木孝丸の名もあった。各劇団が活動を本格化させていくなか、こうした責任を問う声は薄れていく。

永井隆の人となり、思想を戯曲にすることに、葛藤はなかったのか。原爆への怒りはどうなのか。「モデルに負けるの記」には、その心情が書かれていない。長崎は、一九三八（昭和十三）年二月に僧侶の父、佐々木諦薫が没した地である。永井がいた長崎医大は、佐々木が父を看病し、看取った病院だった。そうした縁すら記していない。「モデルに負けるの記」に書かれていないものの、脳裏には丸山定夫の存在もあったはずだ。丸山は、新築地劇団でともに舞台に立った仲間である。徳川夢声が戦後すぐ、移動演劇「桜隊」の合同葬と慰霊碑の実現に奔走したことは、すでに書いた。その夢声が、慰霊碑実現のために相談したひとりに、佐々木の名がある。丸山の死から二十五年後、仲間たちが遺稿集『丸山定夫・役者の一生』（ルポ出版、一九七〇年）を編んだときには、夢声とともに刊行委員に名をつらねた。

自伝『風雪新劇志――わが半生の記――』には、新築地劇団時代の丸山のエピソードが綴られている。丸山だけではない。ともに原爆の犠牲となった仲みどりは、左翼劇場にいたことがある。同自伝には《戦争中、丸山定夫たちの「さくら隊」に加わり、広島で原爆にやられて亡くなった。敢て一言書き記して置く。》とある。

いずれにせよ、戯曲化を引き受けた。佐々木は、永井の著作群を原作として、二百枚の戯曲（草稿）を書き上げた。千秋はそれを持って、長崎で闘病中の永井を訪ねる。病床の永井は、ひと晩でそれを読み、千秋に指摘した。永井から佐々木宛てに、手紙も送られた。
永井の指摘は、演劇人として相応のキャリアをもつ佐々木を唸らせた。「モデルに負けるの記」を読むと、最大限の敬意をはらっていることがよくわかる。具体的にどんな指摘を受けたのか。佐々木が覚悟していた「脚色しすぎで事実と異なる」「モデルとなった人たちに顔向けできない」といった指摘は、なかった。あったのは、等身大の人物像にしてほしいとの注文である。完成した戯曲『長崎の鐘』の序幕に、こんなシーンがある（清野は中井の妻で、永井緑がモデル）。

川口が歸《かえ》つて來る。
中井豊が二階から降りて來て臺所《だいどころ》の方へ行きかかる。豊、このとき三十四歳。學生時代にバスケツトボールの選手をやり、かつ、軍醫《ぐんい》としての二度の出征で鍛え上げた頑丈な身體《からだ》をしている。いがぐり頭——白がすりの單衣を無雜作に着流している。

清野　あなた、なァに？
中井　え？　何だつたつけ？　あ、そうだお茶だよ。喉がかわいていたことに氣がついたのでね。

清野　お茶とビールと、どっちがよかですの？
中井　ビール？　へえ、そいつはありがたいな。（初めて川口に氣付き）おう、川口大人、來てたのか。さあ上れ、ビールがあるそうだ、凄いだろう。
（佐々木孝丸「長崎の鐘――永井隆博士の諸著によりて――」『悲劇喜劇』一九四九年十月号、早川書房）

本筋とはあまり関係しない、なにげない日常である。佐々木が最初に書いた草稿（未発表）では、中井（永井）のせりふが「おおい、清野、お茶」になっていた。それが完成稿では、自分でお茶を淹れる演出になっている。永井から指摘を受けての改訂である。

序幕で、主人公が、二階から、「おおい、清野、お茶」と呼ぶところがあつたが、それについても、次のように書いてこられた。

「……二階から妻君をよんで、麥湯《むぎゆ》を所望するところがありますが、あれは日本の亭主關白を表現するもので、むかしから私は嫌いでしたし、今でもラジオコメデー《原文ママ》などで、オイお茶をくれ、というのがたまらなくいやです。妻が忙しいのを知つていますから、そして對等な夫婦であつて、主従ではありませんから、横柄に命令することはいけないと思います。湯ぐらいは自分で降りて飲みますヨ」

なるほどと思つた。

（「モデルに負けるの記」）

佐々木が仕上げた二百枚の草稿は、永井だけでなく、式場隆三郎も読んでいる。『長崎の鐘』の上演パンフレットに式場は、《私の意見も十分に汲みとつてくれた。この脚本はある意味では、永井、佐々木、式場の三人の合作であるともいへる》とある。ただし佐々木の「モデルに負けるの記」には、永井とのやりとりがあるだけで、式場の名は出てこない。

佐々木は、身をていして原子病に向き合う永井の姿に共感した。最初の原稿では、永井の医学者としての姿勢を、自己犠牲の美談として書いた。永井からは、それに対する指摘もあった。そのうえで佐々木への手紙にこう書く。《鐘はグロテスクに鐘楼《しょうろう》にぶらさがつています。これを脚色なさる方がお鳴らしになる。鐘を鳴らす人の心のままに、鐘は美しい響をひろくひびかせてゆきます。きく人々はその鳴らされた音をきき、それぞれに心をうたれるでしよう。》（前掲書）。永井なりの励ましであろうか。

一般大衆に向けて、佐々木はできるだけわかりやすく、戯曲にした。そうはいっても、主題は長崎の原爆にある。ひとりの医学者が原爆にどう向きあったのか、その視点は避けてとおれない。

アメリカ軍が撒いたビラ「日本國民に告ぐ」を永井が読み、原爆の存在を強烈に意識したのは、実話である。そのエピソードを佐々木は、教え子からビラを渡された中井（永井）が読むかたちにアレンジしている（第四幕第二場）。劇中に登場する種田と呉は、教え子の学生である。

中井　（眼がキラリと光る）なに原子爆彈？……どれ貸し給え。（ビラを引つたくるようにしてとる）「……今回發明せられた原子爆彈は只その一箇を以てしても優にあの巨大なB29二千機が、一同《かい》に搭載し得た爆彈に匹敵する……」（あと、しばらく口のうちで讀んで）B29二千機に匹敵……ふうむ。やつぱりそうだつたのか。
呉　やつぱり原子爆彈だつたんですね。
中井　……科學の勝利……すばらしい科學の勝利だ。科學者としてこの成功を祝わねばならん。
種田　（怒つた口調で）祝う？……祝うんですか、この惨状を！
中井　祝いながら、よろこびながら……同時に祖國の敗北を悲しまねばならん。
種田　（泣き乍ら）まだ敗北とはきまつとりません！
中井　いや敗けです。アメリカが原子核破壊の祕密を發見して、それを爆彈で用いることに成功した以上、この强力な兵器に太刀打ちできるものはなにもない。竹槍戰術など狂氣の沙汰だ。……敗けた……敗けた……われ〳〵は徹底的に敗けたんだ。
（佐々木孝丸「長崎の鐘——永井隆博士の諸著によりて——」）

しばしの間《マ》があって、重態の学生が中井の膝にすがる。「原子病と思われるこの身体を使って、後世のために研究してほしい」と中井に懇願し、そのまま力尽きる。

中井（學生に注射してから、獨り言のように）……原子病……原子病の研究……（心機一轉、力強く）そうだ、わがこと終れりではないぞ。わがこと始まれりだ！吳君、種田君、仕事はこれからだぞ。原子病の研究……原子病の研究……世界最初の病氣の研究がぼくらの手に、日本科學者の手にまかせられたんだ。……泣くのはよそう、涙をおさえよう……怒りも捨てよう……冷静な科學者に立ち歸ろう。新しい仕事、原子爆彈症の研究、それは科學者としてのぼくらの責任なんだよ。
（前掲書）

薔薇座第八回公演『長崎の鐘』は、門馬隆が演出し、中井を千秋実が、妻の清野を佐々木踏絵が演じた。同公演の反響は大きく、大阪や九州で巡演された。関西公演のチラシには、《佐々木孝丸が十三年振りの創作意欲を燃え上らし、書き下した博士の半生である。》と印刷されている。

仮建築だった浦上天主堂講堂で上演されたときは、担架で運ばれた永井隆本人が観劇している。そのことは千秋をはじめ、薔薇座の関係者をおおいに感激させた。それから二年後、一九五一（昭和二十六）年五月一日、永井は死去する。

『長崎の鐘』に対する賞賛の声とは裏腹に、九州公演では興行を仕切るヤクザから、売り上げをピンハネされた。東京に戻ってからは、薔薇座の財政状況が厳しくなり、第十回公演『冷凍部隊』（三越劇場、一九四九年八～九月）をもって解散を余儀なくされる。『冷凍部隊』は北條秀司の作で、佐々木は演出を手がけるとともに、部隊長の役で出演した。薔薇座の解散には、財政的な理由だけでなく、菊田一夫に依頼した新作が完成しなかった事情もあった。他の作家へ依頼した台本もできてこない。

薔薇座の終焉をもって、佐々木孝丸の新劇俳優としてのキャリアは途絶えてしまう。それからも演劇界のベテランとして、新劇の舞台に立つことはあった。しかし活躍の場は、映画、ラジオ、テレビが中心となる。『長崎の鐘』をはじめとする薔薇座の仕事は、佐々木から戦後新劇界への置きみやげとなった。千秋実もまた、映画や放送の人になっていく。

薔薇座が解散した翌年、佐々木は映画俳優として本格的にデビューする。一九五〇（昭和二十五）年二月、山本薩夫監督『ペン偽らず・暴力の街』（日本映画演劇労働組合・

日本映画人同盟）が封切られた。この映画では、埼玉のある町を縄張りとし、市民を恐怖支配する暴力団の組長を演じた。老人から犬にいたるまで、意に沿わぬ者には容赦なくリンチを加える。その冷たく凄みのある演技は、いま見ても色あせない。ここから、その名悪役人生（だけではないが）がスタートする。

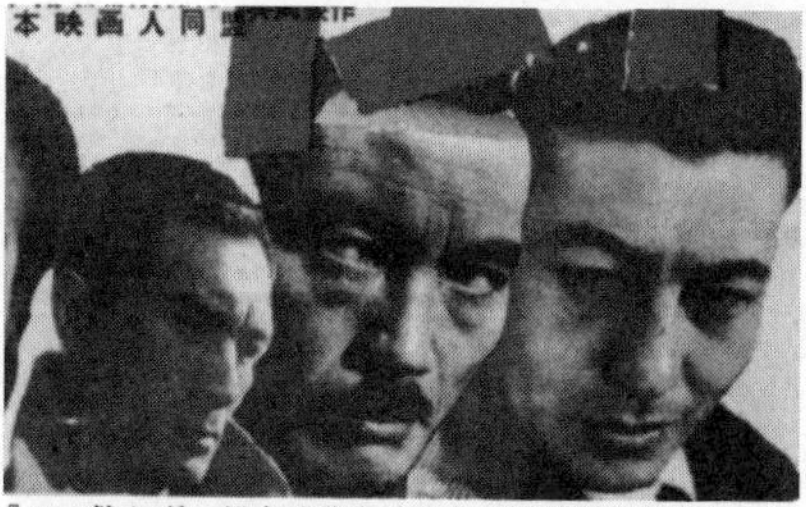

『ペン偽らず・暴力の街』（日本映画演劇労働組合・日本映画人同盟、1950年）プレスシート部分拡大。左より植村謙二郎、佐々木孝丸、池部良

ギョロック目玉で暴力団の親分や政治家などドスのきいた役が多かった。彼の子供の頃のアダ名は〝馬の目〟だったという。

「親父はよくスリに財布をスラれたなァ、スリの方が人を見る目があるよ、ギョロ目のくせにお人好しってチャンと見ぬいてる」とは千秋の感想。そしてまたこうもいう。

「親父は一生、仲間を裏切ったり卑劣なことをしたことのない男だったなァ」

（佐々木文枝「〝闘う人〟佐々木孝丸とギョロック目玉」『悲劇喜劇』一九九二年六月号「特集・あの芝居、あの人（上）」）

最晩年は仕事を減らしたとはいえ、俳優として現役をつらぬいた。一九八六（昭和六十一）年十二月二十八日死去、享年八十八。

年が明けて一月二十三日、理事長をつとめた協同組合日本俳優連合による連合葬が、東京の千日谷会堂で営まれた。会葬者にくばられた『故 佐々木孝丸氏略年譜』（協同組合日本俳優連合）には、《昭和二四年三月　永井隆原作『長崎の鐘』脚色　於三越劇場ほか西日本巡演》とある。原爆に向きあった仕事が、こうして公式に記録された。

初版からおよそ七十年、永井隆の『長崎の鐘』は、「アルバ文庫」で読むことができる。藤山一郎が歌う『長崎の鐘』はCDで聴けるし、大庭秀雄監督の松竹映画『長崎の鐘』はDVD化されている。

佐々木孝丸の戯曲『長崎の鐘――永井隆博士の諸著によりて――』は、上演の年に『悲劇喜劇』に掲載されたきり、活字化されなかった。戯曲が復刻されたのは、上演から四十九年後の一九九八（平成十）年九月のこと。『「戦争と平和」戯曲全集』（日本図書センター）の第六巻に全篇おさめられた。

『文藝讀物』に掲載された『或る原子學者の半生――永井隆博士の事――』は、これまで単行本化されていない。戦後の古雑誌に人知れず埋もれた、名悪役の仕事である。

門前に佇《たたず》む母

鈴木瑞穂

仕事で、プライベートで、原爆と向きあった俳優は多い。故人、現役、男女、世代をとわず、である。直接の被爆者でなくても、何かしら接点のある俳優もいる。

広島にかぎると、すぐに何人か思い浮かぶ。悪役でならした小松方正《こまつほうせい》（一九二六〜二〇〇三）は終戦直前、海軍の功績調査部にいた。広島には八月五日までいて、難をのがれた。おなじく名悪役の内田朝雄《うちだあさお》（一九二〇〜一九九六）は復員後、広島湾のそばにある妻の実家で一時期、居候している。内田は義理の母親から、地獄のようなその日のことを聞かされた。

動物の声帯模写で人気を博し、俳優としても活躍した三代目江戸家猫八《えどやねこはち》（一九二一〜二〇〇一）は、爆心地からほど近い宇品《うじな》（広島市南区）で被爆した。猫八は、陸軍船舶司令部部隊、通称「暁部隊」に属する兵長だった。すぐに爆心地に入って救援活動にあたる。その凄惨な、という表現では足りないほどの有様にショックを受け、猫八は口を

鈴木瑞穂（『関漢卿』パンフレット、1959年）

とざした。著書、テレビのドキュメンタリー、新聞・雑誌のインタビューで語るようになったのは、ずいぶん経ってからである。

広島、長崎だけではない。戦前の新興キネマから新劇の人となり、映画、テレビでも活躍した神田《かんだ》時枝《ときえ》（一九一九～二〇一九）は、戯曲『第十三光栄丸・ビキニで被爆す「食べてうまいよ三崎のまぐろ」』（二幕五場）を書いた。徳川夢声の項で触れた「ビキニ環礁被爆事件」が題材で、神田が主宰する三浦半島劇団「海」が上演（一九八九年初演）した。

筆者自身のことにおきかえると、「原爆と俳優」で印象的な存在が、三人いる。鈴木《すずき》瑞穂《みずほ》（一九二七～）、渡辺美佐子《わたなべみさこ》（一九三二～）、木村功《きむらいさお》（一九二三～一九八一）である。前述した丸山定夫、徳川夢声、佐々木孝丸とはまた違った、ぼくなりの思い入れがある。

今年で九十三歳になる鈴木瑞穂は、新劇の大ベテランである。いまから三年前、トークショーで聞いたエピソードが忘れられない。二〇一七（平成二十九）年一月二十二日、東京の池袋で開かれた「現代社会とチェーホフ」という会に、九十歳を前にした鈴木が登壇した。さっそく駆けつけた。いまから考えても、ぜいたくなイベントだった。

この日、ベテラン俳優はなにを語ったか――。

一九四五（昭和二十）年八月六日、江田島にある海軍兵学校の生徒（第七十五期生）だった鈴木は、朝食を終え、モールス信号の授業の準備をしていた。江田島と広島の中心地は、およそ十一キロ離れている。

午前八時十五分、「ピィーッ」と音を立てたようにまわりが真っ白になり、地鳴りとともに校舎が揺れた。鈴木は、あわてて裏の古鷹山《ふるたかやま》に登った。真北を向くと、向かって左奥に広がる広島湾の空の色がおかしい。声優としても活躍した渋い声で、このように語った（以下は当日の公式記録動画より筆者が活字化した）。


ダークオレンジの、カルメ焼きのような、下から「グーーッ」と盛り上がって、それがもう「スーーッ」と上へのぼっていくんですね。見る間《ま》に一万二千メートルくらいの上までいって、上のほうは冷えているんで真っ白になって、きのこ雲ができた。それしか僕らは見なかったんですけど。実際に原爆が落とされた真ん中にいたわけじゃない。十一キロくらい離れていますから。ちょうど、ちょうど、言い方は悪いけれども、見ごろだったですね。ただ、海軍ではそれがわかっていたようで、「生徒は外に出るな。いっさい雨にうたれちゃいかん」、それから「空から降ってきたものに触るな」と言うんで、僕らは外に出られなかったんですけど……

（劇団銅鑼《どら》創立四十五周年記念公演第一弾『彼の町―チェーホフ短編集より―』プレイベント「現代社会とチェーホフ」二〇一七年一月二十二日、ワーカーズコープ会議室）

海から救出に向かった水兵たちは、なすすべもなく江田島に戻ってきた。「広島湾は死体の筏《いかだ》で、すべて埋まっています。オールがききません」。水兵たちから状況を知らされ、若き日の鈴木は言葉をうしなう。そのうち甘酸っぱい、なんと形容していいのかわからない、吸うと吐き気をもよおす死臭が、北から風にのってきた。

その日の日記に鈴木は、こう怒りをぶつけた。「人間が、ここまで人間を貶《おとし》める事が出来るのか」。

その鮮烈な記憶を目の前で語られると、臨場感がすごい。しかも、あの声でだ。言い方は悪いけれど、ただただ聞き惚れてしまった。この日のトークは、鈴木が出演した劇団銅鑼公演『彼の町―チェーホフ短編集より―』のパンフレットに、再構成（抜粋）のかたちで載っている。八月六日の体験が、活字として記録されたことになる。

終戦となった。秋田にいる叔父のもとで暮らした鈴木は、京都大学に入学する。京都での三つの出会いが、その後の人生を決めた。『日本国憲法』、河上肇《かわかみはじめ》の『貧乏物語』、そして、チェーホフの『かもめ』。

京都の華頂会館で観た『かもめ』は、劇団民藝の第一回公演である（一九五〇年十二月二十七、二十八日）。「人間というのは一人ひとり、こんなに多彩な生き方ができるものなのか」。戦争しかなかったわが身をかえりみた鈴木は、楽屋を訪ねた。そこに宇野重吉がいたので、芝居で受けた感動を伝えた。「それがチェーホフなんだよ。うちの劇団の試験を受けに来なさい」と宇野は言った。それがきっかけで京大を中退、劇団民藝に入団した。それから今日までずっと、新劇の世界で生きている。

鈴木へのインタビュー記事やエッセイはあるけれど、単著としての自伝、聞き書きの類いは、いまのところ一冊も出ていない。お元気なうちに、と思うのは無責任だろうか。

渡辺美佐子

渡辺美佐子は、朗読劇を通じて原爆を語りついでいる。デビューは俳優座で、昭和三十年代の日活映画にたくさん出た。それから今日まで、印象的な舞台、映画、テレビの仕事は数知れない。

全国各地をまわり、手弁当で原爆朗読劇をつづける「夏の会」は、メディアでよく取り上げられてきた。メンバーは、渡辺美佐子、高田《たかだ》敏江《としえ》、寺田《てらだ》路恵《みちえ》、大原ますみ、岩本《いわもと》多代《ますよ》、日色《ひいろ》ともゑ、長内《おさない》美那子《みなこ》、柳川慶子《やながわけいこ》、山口果林《やまぐちかりん》、大橋芳枝《おおはしよしえ》らベテランの女優たちばかり。「夏の会」は、木村光一主宰の地人会（二〇〇七年解散）による「この子たちの夏」を受けついで生まれた。毎年夏になると「夏の会」の女優たちが、原爆朗読劇「夏の雲は忘れない」を上演する。あの日の広島と長崎を、それぞれが語る。

二〇一九（令和元）年四月には、ドキュメンタリー映画『誰がために憲法はある』（「誰がために憲法はある」製作運動体）が封切られた。井上淳一監督の本作では、「夏の会」の女優たちを追うとともに、冒頭で渡辺美佐子が『憲法くん』をひとり語りする。『憲法くん』は、政治風刺やパントマイムを得意とする松元《まつもと》ヒロが、『日本国憲法』を擬人化して書いた。およそ十二分間、渡辺が『憲法くん』を語るさまは圧巻だった。

筆者は十年以上、生活協同組合の雑誌で、編集兼ライターの仕事をしている。その連載インタビューで「反戦と平和」がテーマに持ち上がったとき、まっさきに渡辺の名を挙げた。『誰がために憲法はある』のプロモーションを兼ねて、インタビューできることになった。映画の封切りを控えた四月四日の夕方である。

一九三二（昭和七）年、東京・麻布に生まれた渡辺は、小学生のとき、転校してきた同級生に淡い恋ごころを抱く。「水瀧《みずたき》くん」と呼んだその同級生は、一年もしないうちに姿を消してしまう。渡辺はその消息を、戦後三十五年もたってから知った。

一九八〇（昭和五十五）年、『小川宏ショー』（フジテレビ）の人気コーナー「初恋談義」に、渡辺が出演することになる。事前にスタッフに挙げた名が「水瀧くん」であった。放送当日、スタジオにあらわれたのは「水瀧くん」ではなく、その両親であった。渡辺はそこで、「水永龍男《みずながたつお》」という本名と、広島の原爆で行方不明になったことを聞かされる。

八月六日の朝、爆心地近くで勤労動員していた旧制広島県立広島第二中学校（現・広島県立広島観音高等学校）一年生（三百二十一名）が犠牲となる。そのひとりに「水瀧くん」がいた。広島二中の悲劇は、一九六九（昭和四十四）年に広島テレビがドキュメンタリー化し、『いしぶみ　広島二中一年生 全滅の記録』（ポプラ社、一九七〇年）として出版された。映画『誰がために憲法はある』には、雨のなか、渡辺がひとり「広島二中原爆慰霊碑」に花をたむける姿が映されている。

生協の雑誌インタビューでは、「水瀧くん」のことを訊いた。フジテレビのスタジオでのことを、渡辺はこう話してくれた。

どこか遠い出来事だった原爆が、急に、ドーンと、すごい近いものになりました。広島で二十万人、長崎で七万人、そうやって数でしか伝えられてこなかったものが、ひじょうにもっと、顔、かたちをもって、近くなったんです。

ご両親は当時、外地にいらしたそうです。せっかく疎開させた広島で、息子が消えてしまった。ご両親は三十五年間、そのつらさを背負っていらした。私が「会いたいな」と思ったばっかりに、悲しいことを思い出させてしまった。「本当に申し訳ありません」とそのとき申し上げたんです。

ご両親は、こうおっしゃいました。「私たちは各地を転々としていたので、龍男には友だちができる暇もありませんでした。あの子が生きていたことを知るのは、私たち家族と親戚だけです。三十五年も覚えていていただいて、本当にありがとうございます」と。本当につらかったです。

(「のんびるインタビュー『戦争を知る私たちが語り、撒く、平和の種《たね》』」『のんびる』二〇一九年七月号、パルシステム生活協同組合連合会)

これまでに本や雑誌を通して、いろいろな俳優の戦争体験に接してきた。しかし、取材のかたちで話を聞くことができたのは、渡辺美佐子ただひとりである。「水瀧くん」のエピソードは、渡辺の自伝エッセイ『ひとり旅一人芝居』(講談社、一九八七年)に書かれている。インタビューなどでも、たびたび語られてきた。

でも、こうして目の前で語られると、重く、せつない。凜とした佇まいをくずさす、言葉をえらぶようにして語る姿に、緊張というか、気おくれしてしまった。

原爆朗読劇を続けてきた私たちは、戦争を経験しています。戦争を知らない世代が語る「平和」という響きと、戦争を知る世代が語る「平和」という響きは、中身がかなり違っているはずです。若い方たちにとっては、「平和」といっても比べようがないですよね。私たちは、比べるものをもっています。平和がどんなにすばらしくて、大事なものか、わかっています。

（前掲書）

渡辺美佐子（『のんびる』2019年7月号、パルシステム生活協同組合連合会）撮影／堂本ひまり、写真提供／パルシステム生活協同組合連合会・地域活動支援室

この日の取材時間は二十五分しかなかった。果たしてこのボリュームで記事にまとめることができるのか。不安しかなかった。「一つひとつの言葉を、大切に語る方でしたね」。取材後、撮影をお願いした若い写真家が言った。

翌日、一言一句ていねいに、録音を活字に起こした。すると、カットできるところがない。血のかよった言葉はすごい、と痛感した。

原爆朗読劇「夏の雲は忘れない」は、二〇一九年の夏をもって公演を終えた。「夏の会」の女優たちには、変わらぬ反戦への意志、平和への祈りがある。とはいえ、企画、台本の準備、告知、稽古、チケットの販売にいたるまで、自分たちですべておこなうため、大きな負担になっていた。それでやむなく、「夏の会」に終止符をうったのである。

「夏の会」の活動は、映画『誰がために憲法はある』と、NHK・BS1のドキュメンタリー『女優たちの終わらない夏　終われない夏』（二〇一九年十一月十日放送）にまとめられた。朗読を通して反戦と平和を訴えた、女優たちの貴重な記録となる。

「ずっとつづけている朗読の会では、原爆朗読劇のいくつかを、レパートリーに加えたい」。取材の最後、渡辺はそう言った。

木村功

木村功は、昭和二十年代から五十年代にかけて、映画、舞台、ラジオ、テレビで活躍した。若いころもいいけれど、『東芝日曜劇場　田園交響楽』（北海道放送、一九七二年）や向田邦子《むこうだくにこ》の『冬の運動会』（TBS、一九七七年）などで魅せた、中年男の色気に惹かれてしまう。

五十八歳の若さで世を去り、来年で四十年になる。鈴木瑞穂や渡辺美佐子のように直接、声を聞けた俳優ではない。亡くなる前の年に放送されたテレビドキュメンタリーと、亡き母について綴ったエッセイが、こころを捉えて離さない。とても感銘を受けた。

木村が広島の原爆で受けた傷は、あまりに深く、大きかった。最愛の両親がともに被爆したのである。父親が八月七日に亡くなり、母親も後を追うように翌年の三月、この世を去った。

木村の父は芸備銀行（現・広島銀行）西条《さいじょう》支店長で、戦時中に重役に栄転し、本店勤務となった。その人事さえなければ、事情は変わっていたかもしれない。母もまた、たまたま広島市内にいて被爆した。戦後、海軍から復員した木村が必死に看病したものの、亡くなってしまう。最愛のふたりを、原爆が奪った。

木村功に著書はない。新聞・雑誌に寄稿したエッセイ、インタビュー、それに、妻でエッセイストの木村梢（一九二六～二〇一九）の著書『功、大好き　俳優木村功の愛と死と』（講談社、一九八二年）ならびに『功、手紙ありがとう』（三笠書房、一九八五年）があるくらいだ。梢は、作家の邦枝《くにえだ》完二《かんじ》の長女で、ふたりは終戦の三年後に結

木村梢『功、大好き　俳優木村功の愛と死と』（講談社、1982年）

婚した。後者の本は、結婚前にふたりが交わした書簡集で、戦中・戦後の互いの胸中に触れることができる。

広島の中心地を流れる本川（旧太田川）だろうか。一九八〇（昭和五十五）年、木村が亡くなる前年に夫婦ふたりで歩いた思い出を、梢が『功、大好き』に書いている。

「子供のころよく泳いだもんだ。いや、この川ではなく、もっとあっちの川だ。鮎だって釣れたんだぜ。水がきれいで、街もきれいな城下町だった」

戦前の広島をなつかしみながら、じっと遠くを見る功の瞳の中には、元気だったころの両親のさまざまなたたずまいが、走馬灯のように横切ったことだろう。お父さんが好きで、お母さんが好きで、君はその次だよ。と結婚する前にいわれたことがある。そんな両親を突然に奪ってしまった戦争を、原爆をどんなに憎んできたことか。

（木村梢『功、大好き　俳優木村功の愛と死と』講談社、一九八二年）

一九二三（大正十二）年、木村功は、広島市千田町（現・広島市中区）に生まれた。三人兄弟の末っ子で、中学時代まで広島で過ごす。母校の旧制広島第二中学校は、渡辺美佐子の初恋の人「水瀧くん」がいた学校である。

一九四一（昭和十六）年の春、広島から上京し、文化学院に入学する。このころから、新劇の俳優をこころざす。文学座にいた森雅之にあこがれ、学園祭で舞台に立つにあたり、森から演技の教えを受けた。東宝の撮影所にも出入りし、『ハワイ・マレー沖海戦』（東宝、一九四二年）の少年航空兵など、端役で映画にも出演した。

文化学院時代に出会った梢とは、そのころから付き合っていた。それからまもなく、召集令状が届く。文化学院は繰り上げ卒業となり、一九四四（昭和十九）年二月、広島県大竹町（現・大竹市）にある海軍「大竹海兵団」（呉鎮守府《くれちんじゆふ》管下の呉海兵団大竹分団）に入団した。そののち大竹海兵団から、横須賀の海軍通信学校をへて、九州へ転属となる。

終戦時は九州にいた。海軍の通信隊に配属された下士官として、特攻隊基地付きだった。梢は雑誌のインタビューで、こう語っている。《自分から航空兵を志願しないと、みんな殴られたりしたらしいけど、イサオは〝飛行機乗りになったら死んじゃうからいやだ〟といって、とうとう志願しなかったんです。》（「奥さんこんにちは木村梢さん」『週刊平凡』一九七八年四月六日号、平凡社）。

海軍の通信隊という立場上、八月六日のことは、早くから知っていた。終戦の翌日には、兵器受領の命令を受け、呉（呉鎮守府）へ向かっている。

その途中、停車した列車から上官の許しなく飛び出し、実家に戻っている。そのとき初めて、一家を襲った悲劇を目の当たりにした。『功、手紙ありがとう』に、一九四五（昭和二十）年九月十四日、東京にいる梢にしたためた手紙がある。《お元気ですか。私も無事還《かえ》ってきました》のあと、こうつづく。

先月六日の被爆にて父を失い、家を破壊されました。父の死は何よりも大きく、私の環境は一変したと言ってよいでしょう。

私が父の死を知ったのは大分後のことで、葬儀にももちろん間に合いませんでした。今、瞼を閉じると、父の微笑んだ顔しか浮かびません。慈愛の深い寛容な父でした。絶えず正しく前進を続けた父は、死の瞬間において己の生涯に安心して微笑んだでしょう。

でも私に言わせれば、それはあまりにも悲惨な死に方です。報いられたものの、最後としてあまりにも残酷でした。母から聞いたその最後の状況は、私は今とても書く勇気を持ちません。

いい父でした。

三十年、苦難の道をたがいに愛し愛されてきた母は、涙のうちに送日しております。

（木村梢『功、手紙ありがとう』三笠書房、一九八五年）

この手紙は、仏壇の前ですすり泣く母を前になにもできない苦悩、自力で生きていくことへの不安、梢の健康を祈る言葉で終わる。梢への手紙はこのあとも途切れず、『功、手紙ありがとう』で読める。母の病が日に日に重くなり、息子として死を覚悟する心境の変化は、読んでいてつらい。いっぽうで母を弔うなかで、梢への愛を深め、木村のこころは東京へ、俳優の仕事へと向いていく。

　戦後三十五年目の夏、渡辺美佐子が「水瀧くん」のその後を知った年、NHK広島放送局製作の『ドキュメンタリー　爆心地のジャーナリスト』が放送された。番組は、一九八〇（昭和五十五）年八月六日、午後八時から全国に流れた。原爆投下直後に爆心地へ入り、取材をおこなった三人のジャーナリスト、作家の大佐古《おおさこ》一郎《いちろう》（当時「中国新聞」記者）、写真家の松重美人《まつしげよしと》（当時「中国新聞」カメラマン）、会社社長の中村敏《なかむらさとし》（当時「同盟通信」記者）の姿を追う特集番組である。

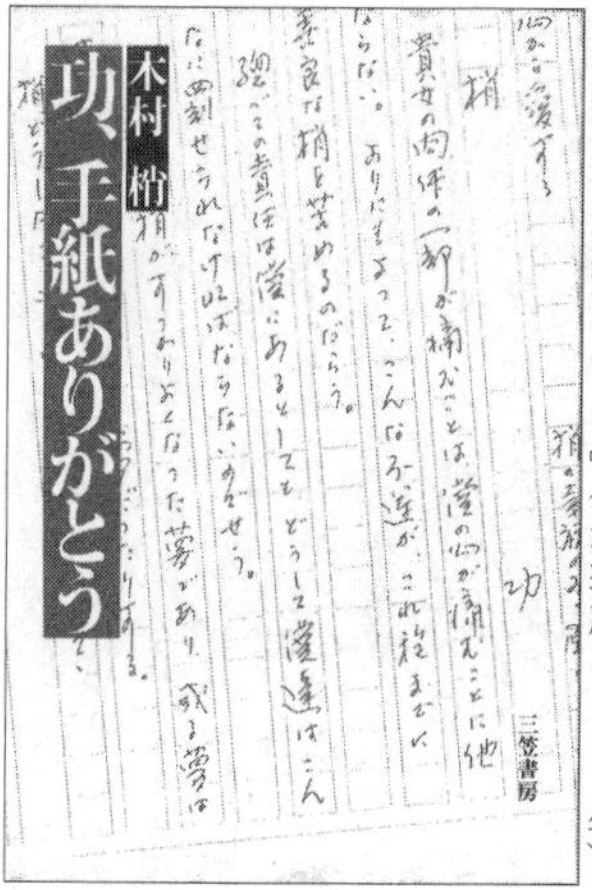

木村梢『功、手紙ありがとう』（三笠書房、1985年）

　木村功は、本編のナレーションをつとめるとともに、レポーターとして番組の冒頭とラストに生出演した。グレーのスーツに黒いネクタイをしめた木村が、平和記念公園に立ち、番組はスタートする。

　こころを捉えて離さない、とさっき書い

たテレビドキュメンタリーが、これである。『爆心地のジャーナリスト』は、『功、大好き』にも触れられている。番組をめぐるエピソードは、製作を担当したNHKディレクターの小河原正己《おがはらまさみ》が『ヒロシマはどう記録されたか 上 昭和二十年八月六日』『同下 昭和二十年八月七日以後』(朝日文庫、二〇一四年)にまとめている。木村が、万感の思いと覚悟をもって引き受けた経緯と収録秘話が、この本でよくわかる。

木村梢のエッセイと、小河原正己のノンフィクションを読んで、なんとなく『爆心地のジャーナリスト』を見た気になっていた。ここに活字の限界がある。東京の愛宕山《あたごやま》(港区)にあるNHK放送博物館のライブラリーで番組を見て、衝撃を受けた。古い映画やテレビドラマで見てきた木村功に、こんな表情があったとは。

番組のラスト、夜の広島からの生中継で、木村はこう語りかけた。

郊外に家《うち》がありながら、偶然その日は、父は疎開作業の当番にあたって、早朝から爆心に近い紙屋町《かみやちょう》におりましたし、母もその日、病院で診療を受けるべく、郊外のプラットホームで電車を待ちながら、被爆しました。ほとんどの人たちが行方不明なのに、とにかくもう夕方、わが家《や》にたどりついて、もっとも声を聞かないとそれが父だということがわからないほど、悲惨な姿だったそうですけども、わずかな時間でも看病できたことは、不幸中の幸いだったと。しかし、こんなに苦しんでいる姿を見たら、むしろ即死したほうが、本人のためには本当は幸せだったんじゃないか、と泣きながら語っていた母の言葉が忘れられません。その母も、被爆が原因で翌年の三月、後を追いました。

（『ドキュメンタリー　爆心地のジャーナリスト』ＮＨＫ総合、一九八〇年八月六日放送）

　ここに引用したコメントは、映像を何度か見返しながら、筆者がノートに書き起こした。小河原正己の『ヒロシマはどう記録されたか』の下巻にも、この部分のコメントは載っている。ただし、微妙に文言が異なる。読者に伝わりやすいように、最低限の編集がなされている。たとえば《病院で診療を受けるべく、郊外のプラットホームで電車を待ちながら、被爆しました》を、《病院で診療を受けようと出かけて、電車を待つプラットホームで直接被爆しました。》に直している。

　読みやすさ、伝わりやすさはともかく、肉声を一言一句、活字にしたほうがリアルに響いてくる気がする。その反面、そのまま活字

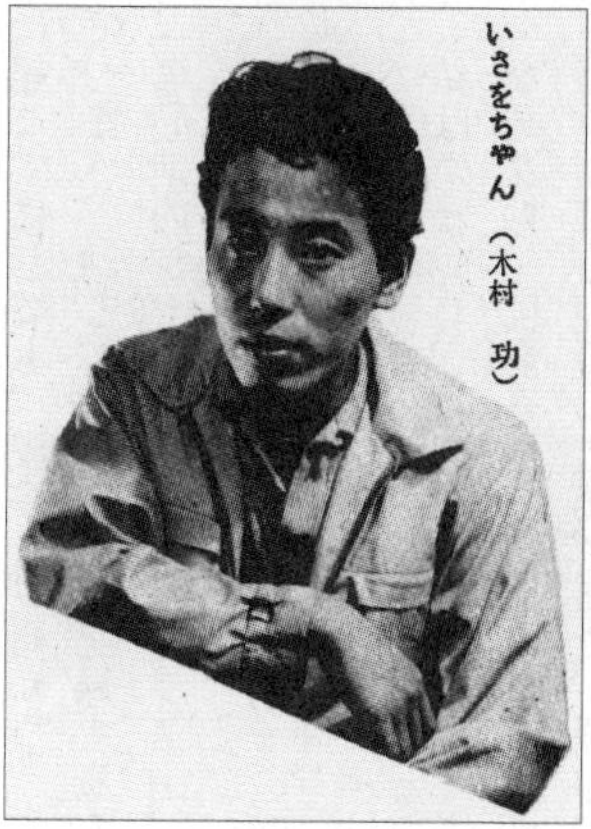

木村功（劇団青俳第1回公演『フォスター大佐は告白する』パンフレット、1954年）

に起こすにしても、漢字とひらがな、句読点と改行などに、起こす人のセンスが問われてしまう。話し言葉を活字に記録することのむずかしさを、考えてしまった。

『爆心地のジャーナリスト』のラスト、木村は三分ほど、視聴者に語りかける。両親のことを語ったのち、こうつづけた。これも実際の映像から書き起こしたもので、小河原の著書にある文言とは異なっている。

私はつねづね、自分にはもう、ふるさとはないんだというふうに強調してきました。なぜなら、広島へ帰りたくなかったからです。幼いころの美しい広島、原爆にくすぶりつづける廃墟の広島、また、見事に復興した広島、これらが大きな爪あととなって、私の胸をえぐるからです。被爆した多くの人たちが、あの日のことになると、口をつぐんでしまうみたいに、私もまた、ふれられたくない思いでした。

（『ドキュメンタリー　爆心地のジャーナリスト』）

このあと木村は、被爆者が口をつぐんでしまうこと、そのなかで三人のジャーナリストが発信しつづけたこと、そして、原水爆に対してまっとうな審判をくだすべきことを語って、番組は終わる。

この番組には後日談があるけれど、そこは小河原の『ヒロシマはどう記録されたか』

にゆずりたい。『爆心地のジャーナリスト』は、NHKの公開ライブラリーで視聴できるものの、できれば再放送して、多くの人に見てもらえたらと願っている。

戦争が終わり、最愛の両親をうしなった木村は、東京に戻った。失意のなかで、新劇に活路を見出す。つてを頼って千田是也を訪ね、俳優座の研究生補となった。一九四六(昭和二十一)年の秋、母を看取った七か月後である。梢の父、邦枝完二の許しはなかなか得られなかったものの、俳優座入団の二年後に梢と結婚する。そののち俳優座を去り、岡田英次、西村晃らと「青年俳優クラブ」を結成した。これがのちに、木村が中心的な役割を担う「劇団青俳」につながっていく。

映画には、俳優座に入団した翌年から出ている。一九五〇年代になると、舞台のかたわら、映画の仕事が本格化していく。名匠、巨匠と呼ばれた監督の、さまざまな作品に出演した。昭和二十年代は独立プロの全盛で、戦争がテーマの作品にも多く出た。特攻隊員の深見中尉を演じた、家城《いえき》巳代治《みよじ》監督『雲ながるる果てに』(新世紀映画・重宗プロ、一九五三年)のことは、第五章「雲ながるる果てに」でくわしく触れる。

一九五四(昭和二十九)年十一月封切り、市川崑監督『億万長者』(青年俳優クラブ)では、税務署員の館香六《たてこうろく》を演じた。おなじ家に間借りしているヒロインの鏡すて(久我美子)は、広島の原爆で両親と十七人の兄妹、すべて亡くした。すては、世界平和への願いをこじらせて、みずから原爆を製造しようと躍起になる。恐れおののく香六は、被

『億万長者』（青年俳優クラブ、1954年）パンフレット。左より岡田英次、久我美子、木村功

爆が及ばない静岡県の沼津まで走って避難する。

原爆で両親をうしなった俳優が、原爆を風刺した喜劇に出る。フィクションだとわりきって、演じることができたのだろうか。その三年後には、今井正監督『純愛物語』（東映東京、一九五七年）に出演し、被爆したヒロイン（中原ひとみ）を診察する医師を演じた。この作品での、もの静かな医師役はいい。

プライベートでは、ふたりの娘にめぐまれ、三十七歳のとき長男が生まれた。仕事と私生活が充実するなか、広島のこと、原爆のこと、両親のことは、積極的に語ろうとしなかった。仕事柄、地方公演が多かったものの、広島公演はできるだけ避けたという。

木村と広島の関わりを、まわりの俳優仲間も知っている。文学座にいた南美江《みなみよしえ》（一九一五〜二〇一〇）は、広島市の出身で、小学生のときまで爆心地の近くに暮らしていた。木村と仕事をするときは、本人に気づかって、戦争につながる話を一度もしなかった。木村が没したのち、《私は木村さんが特別に可哀そうでならなかった。》（「私の連想」『女

優の証言 一九四五年八月十五日』）と南は明かした。

一九八〇（昭和五十五）年夏、戦後三十五年目にして、木村は『爆心地のジャーナリスト』に出演し、あの日のことを語った。

その年の十二月には、広島で舞台に立った。高林由紀子とのふたり芝居『ふたりでシーソー』（ウイリアム・ギブソン作、末木《すえき》利文《としふみ》演出）の三演で、同年九月から十二月にかけて全国を巡演した。手塩にかけて守ってきた劇団青俳は、劇団社長のずさんな経営により、前の年に倒産した。この公演は、再起をかけて立ち上げた「木村功演劇事務所」のプロデュースである。

広島公演は十二月九日から十一日までの三日間、広島市公会堂（現・広島国際会議場）でおこなわれた。公演を無事に終えて翌十二日の朝、木村は梢とマネージャーの三人で、実家のお墓参りをした。その車中の様子を、梢が書いている。

「この道を通る時、おれは、なんていったらいいのか……つまり、この道をガタガタの三輪トラックで、寝たきりのおふくろを、瀕死のおふくろを乗せて、呉の兄貴の家へ運んだ日のことを、忘れられない。やっとのことでトラックを頼んだんだ。もう、おれだけではどうしようもなかったのさ。原爆のあとの広島には、医者もいないし、もうどうしようもなかったんだよ。かわいそうにおふくろは……」

窓に顔を寄せて、私には後ろを見せたまま、功の声は次第に小さくなってふと途切れた。ズボンのポケットから、腰をねじりながらハンカチを取り出した功は、そのまま黙したまま兄の家へ着くまでなにもいわなかった。いわないでいてくれてよかった。

（『功、大好き　俳優木村功の愛と死と』）

『ふたりでシーソー』の全国公演の前から、木村は体調をくずしていた。千穐楽を終えたあと検査し、食道ガンが見つかる。一九八一（昭和五十六）年七月四日、五十八歳で亡くなるまでの日々は、『功、大好き』に記録されている。それは壮絶なもので、相当きつい放射線治療に耐えている。生きるための治療とはいえ、原爆で深い傷を負った人へのずいぶん残酷な仕打ちだな、と感じてしまう。

この年の八月十日夜、『爆心地のジャーナリスト』から一年後、小河原正己の手でふたたび、原爆のドキュメンタリーが放送された。「海軍原爆調査団」の軌跡をたどる『NHK特集　「密命」―特殊爆弾ノ正体ヲ解明セヨ―』（NHK総合）である。そのロケ用の台本には、「レポーター　木村功」と印刷された。しかし、その仕事をすることは叶わなかった。放送されたとき、木村はすでにこの世の人ではなかった。

広島にずっと、複雑な気持ちを抱いた人であった。だからといって、戦後三十五年目の『爆心地のジャーナリスト』まで、黙して語らなかったわけではない。

五十一歳のとき、木村の次女が結婚したのを節目に、千二百字ほどのエッセイを寄稿している。雑誌『子どものしあわせ』（草土文化）連載の「母の像」に「面会日」と題して、亡き母の思い出を綴った。この文章が、とても好きだ。

《とても小さな母だった。とてもきびしい母だった。然し、この上もなく優しい人であった》。この言葉で始まるエッセイでは、広島に暮らす母が、山口県境に近い大竹まで訪ねてきたときの話が綴られる。『功、大好き』にも紹介されているので、妻の梢も、この一篇に感銘を受けたのだろう。

小柄だった木村の母は、重い神経痛を患っていた。ところが月に一度、みちがえるように元気になる日がある。かわいい末っ子、功との面会日である。

食べものが不自由な時代、はりきってごちそうを用意した。寿司を巻き、あずきを煮て、おはぎをこしらえた。母はそれを手に、広島から遠く離れた大竹までやってくる。ところがある日、前から決まっていた面会日が、行軍日に変更されてしまう。

私は門前に佇《たたず》む母に声をかけることもできず、行軍の一員となって歩き出していた。ところが母も一緒に歩いてくるではないか。どうするつもりだろう、としばらく行って振り返ると後ろから一生懸命に歩いてくる母が見える。また、少しいって振り向くと、母は重い風呂敷包みを引きずるようにしながらやっぱり小さな体でヨタヨタと追いかけてくる。大の男の足に母が追いつくはずがない。その間はどんどん遠くなるが、その黒い姿は決して戻ることはなく、私たちの後方を歩いてくる。私は、学生時代に見た映画『モロッコ』の最後のシーン、ゲーリー・クーパーを追って、裸足で砂漠を歩くマルレーネ・デイトリッヒの画面とダブって胸が熱くなった。どのくらい歩いたろう、やっと小休止の号令があって列を崩したその場所まで、母はとうとう歩いてきてくれたのだった。

（木村功「母の像・面会日」『子どものしあわせ』一九七六年十二月号、草土文化）

木村家の人たちは、功も、妻の梢も、長女と長男も、どちらかといえば背が高かった。次女だけが小柄だった。ふっくらとした頰と目元、高島田に結った振袖姿の次女を、花嫁の父は、少し離れたところから見つめている。亡き母の面影を見る。エッセイ「面会日」は、そこで終わっている。

第五章　戦後となりて

葫蘆島《ころとう》の風、冷たく

芦田伸介

女優の斉藤とも子（一九六一〜）は、舞台、映画、テレビに出演するかたわら、社会福祉士、チャリティーイベントの司会や朗読などで活躍している。著書に広島の被爆者とその家族から聞き取った『きのこ雲の下から、明日へ』（ゆいぽおと、二〇〇五年）がある。斉藤は、こまつ座公演『父と暮せば』（井上ひさし作、一九九九〜二〇〇一年）で広島の被爆者である娘の美津江を演じ、おなじころ原爆小頭症《しょうとうしょう》の親子の会「きのこ会」と出会う。それが原爆と真摯《しんし》に向きあうきっかけとなる。著書は、東洋大学大学院の修士論文がもとになった。反戦と平和への活動を、積極的につづけるひとりである。

斉藤の、心のこもった文章を新聞で読んだ。冷えきった、というよりは深刻さを増す日韓関係に胸をいためて綴った、六百五十字ほどのエッセイである。平和を願う活動の原点がここにあるのか、と思いながら読んだ。

けれど父は、生きて帰ってきました。かつて占領していた国の人たちに、命を助けられたからです。

空腹の父たちを泊め、なけなしの食事をふるまってくれた人。ソ連兵に捕まり、日本人と判れば殺されそうになった時、「この子は朝鮮人！」と証言した農夫。

その農夫には父たちが日本人であることが判っていたのに…。お礼の言葉を発すれば最後、その方の命も危ない。父は目礼だけで、その場を去るのです。

奇跡的に帰国した父は、すぐに長文の手記を書きました。忘れてはならない人達のことを、遺さずにおれなかったのだと思います。

その中の誰ひとり欠けても、私は、生まれることができなかった。

国や政治がどうであっても、私にとっては、命の恩人の暮らしていた国。その子孫の暮らす国です。

（斉藤とも子「つなげてもらった命」『しんぶん赤旗』二〇一九年三月八日付け）

斉藤の父は、一九二九（昭和四）年、満洲の吉林で生まれた。祖父は満鉄病院で医師をしており、そののち現在の北朝鮮にある羅津《らしん》で暮らす。

一九四五（昭和二十）年八月九日の朝、ソ連の侵攻を受け、当時十六歳だった斉藤の父は、かろうじて逃げのびた。それから九か月かけて、日本へ引き揚げた。植民地支配だったゆえの反日感情のなか、祖国への引き揚げは、生と死が隣り合わせである。エッセイにあるとおり、地元の人たちの庇護があって、無事に日本へ戻ることができた。

斉藤はこのエピソードを、イベントや講演の席でも語っている。ピアニストの崔善愛《チェソンエ》と朗読コンサート（二〇一九年八月十八日、ひとミュージアム上野誠版画館）を開いたときは、《私はこのことを生きている限り伝えていきたいと思っています》（「我が事としての原爆、戦争」『たぁくらたぁ』第四十九号、青人草、二〇一九年）と話した。

戦争は終わった。引き揚げをめぐる悲劇が、そこから始まる。赤ん坊から老人まで、事情はさまざま。南樺太、満洲、朝鮮、台湾、南洋群島と、場所もいろいろである。

引き揚げ体験のある現役の俳優たちもいる。近年では、浅丘ルリ子（一九四〇～）が『私は女優』（日本経済新聞出版社、二〇一六年）でタイからの引き揚げを、宝田明（一九三四～）が『銀幕に愛をこめて　ぼくはゴジラの同期生』（筑摩書房、二〇一八年）で満洲からのことを、有馬稲子（一九三二～）が『有馬稲子　わが愛と残酷の映画史』（筑摩書房、二〇一八年）で釜山からの帰還を、それぞれ語った。釜山から密航のかたちで脱出した有馬をはじめ、貴重な証言が活字に刻まれたことになる。

当時、残留（抑留）を余儀なくされた俳優たちは多い。たとえば劇団文化座は、一九四五（昭和二十）年七月から、満洲都市公演をおこなっている。一行は、新京《しんきよう》、哈爾濱《はるびん》、牡丹江《ぼたんこう》、佳木斯《じやむす》と巡演したのち、奉天《ほうてん》（現・遼寧《りようねい》省瀋陽《しんよう》市）で終戦を迎える。鈴木《すずき》光枝《みつえ》、山形勲、山形三郎（勲の弟）、浜村純《はまむらじゅん》、河村久子《かわむらひさこ》、幸田宗丸《こうだむねまる》ら俳優陣のほか、演出部の佐佐木隆《ささきたかし》以下、総勢十六名の劇団員が、翌年七月まで新京で抑留された（その間、長春で三好十郎の『彦六大いに笑ふ』を佐佐木の演出で上演している）。

満洲からの引き揚げ体験を証言する現役の俳優は、少なくなった。長春県《ちょうしゅんけん》（現・吉林省長春市）の出身で、現地で終戦を迎えた赤木春恵（一九二四〜二〇一八）は、引き揚げ体験をインタビューなどで語っている。巡演先の奉天で終戦を知ったとき、そばには藤山寛美がいた（第一章「玉音放送、それぞれ」参照）。こうしたエピソードを証言した赤木は、二〇一八（平成三十）年十一月二十九日に死去した。『森繁自伝』（中央公論社、一九六二年）に、満洲からの引き揚げ体験を残した森繁久彌《もりしげひさや》（一九一三〜二〇〇九）も、亡くなって十一年になる。

文化座の俳優たちも、その多くが故人となった。引き揚げの語り部は、文化座の佐々木愛（佐佐木隆と鈴木光枝の娘）、あるいは斉藤とも子のように、子や孫の世代へと代替わりしている。

兵士、軍の関係者、一般人とわず、戦争が終ったからといって、無事に祖国へ戻れたわけではない。生と死が隣り合わせになった、引き揚げをめぐるさまざまな悲劇、出会いと別れがあった。

第一章「玉音放送、それぞれ」で、中国へ出征した田崎潤について触れた。漢口への行軍中、敵の迫撃砲で負傷し、武漢大学の兵站《へいたん》病院で手当てを受ける。そこで田崎は、玉音放送を聴く。そこから上海へ移され、療養するものの、傷は癒えるどころか悪化するばかり。手術をくりかえし、療養の合間をぬって、余興の演芸大会で脚本を書き、演出をし、出演もした。

待ちに待った内地送還の日がきた。持てるだけの荷物を手にした田崎は、鹿児島へ向かう船に乗りこむ。一九四六（昭和二十一）年一月のことである。

いよいよ中国大陸ともこれが最後というので船が岸に着けられた。ようやく渡れるような狭い板が向う岸に渡され、希望者だけが降りて食事になった。もう明日は日本に着くのだ。いろんな思い出話をしながらにぎり飯を食べ、中国との別れをして乗船ということになった。

渡し板から乗船する時、私の前は普通の兵隊、その前は足を負傷しているらしく不自由な歩き方の兵隊だった。もう少しで船に乗り移るという時に、その足の悪い兵隊がよろけて前後の人にしがみついた。「あッあッ！」といいながら、私の目の前で三人とも海中にドボン！　黄色い濁流に吞まれてすぐに姿が見えなくなった。

運不運ってこれですね。私がもう一つ前に並んでいたら、私がつかまって濁流の、三途の川へドボン、だったんです。嫌だ嫌だ、永いあいだ戦地で苦労して、明日、日本へ着くという日に。
もう戦争の話は書きたくない。
（田崎潤『ズウズウ弁の初舞台　悔いなし、役者人生』サイマル出版会、一九八三年）

どこかユーモラスな筆致ながら、自伝『ズウズウ弁の初舞台』にはこの先、戦争の思い出が出てこない。《もう戦争の話は書きたくない。》。運不運と受けとめるには残酷な、引き揚げの悲劇がそこにある。

芦田伸介（1960年代、劇団民藝宣材写真）

紙一重で戻ることができた人、戻れなかった人、何年も抑留された人、戻ろうとしなかった人、中国残留孤児のような現実もある。中国残留孤児の肉親探しは、一九七〇年代生まれの筆者が、リアルタイムで覚えている最後の世代かもしれない。

引き揚げ体験のある俳優で、真っ先に思い浮かぶのが芦田《あしだ》伸介《しんすけ》（一九一七～一九九九）である。その理由は、子どものころから芦田のファンだったから。一九六〇年代に人気を博した『七人の刑事』（TBS、一九六一〜六九年）の沢田部長刑事はリアルタイムではないけれど、映画、ドラマ、商業演劇の渋い役者として、亡くなる直前まで見かけた。芦田が満洲から引き揚げた逸話は、あるテレビ番組で知った。一九九五（平成七）年八月十五日、終戦記念日に放送された『芸に生きる（2）芦田伸介・烈風に舞う』（NHK-BS2）である。

親交のあった映画監督・演出家の実相寺《じっそうじ》昭雄《あきお》が、芦田の聞き手と番組の構成をつとめた。インタビューは、東京・世田谷の芦田邸でおこなわれた。番組では、インタビューの合間に、芦田の俳優人生をたどるドキュメンタリー（ナレーションは寺田農）が紹介される。引き揚げについて、ふたりは語り合う。

実相寺　運はいいですよね。
芦田　ああ、運はいいね。
実相寺　芦田さんのもってまわった運というものは、やっぱりあると思うな。だって、ちょっと無蓋《むがい》貨車で雨が降ったら、もう死んじゃうということだってあるわけじゃないですか。
芦田　無蓋貨車でも雨に降られたらね。
実相寺　ぼくの同級生なんかはやっぱり、それで死んでますよ。だって、しかも、亜《あ》子《こ》ちゃんが生まれたてでしょう。

芦田　そうだね。あのあとはまた無蓋車で、葫蘆島《ころとう》まで行っちゃうんですけどね。ぼくは錦州《きんしゅう》を降りたときに、ボロぎれみたいに死んでた、子どもが……。「なんか、忘れものしてらあ」と思ってみたら、子どもが死んでましたけどね。その子を抱えたらね、軽いんですよね。その子は汽車からおろして、埋めてやりましたけどね。まあ、運がいいというのは運がいいけど、悪いっていえば悪いし……（苦笑）

（『芸に生きる（2）芦田伸介・烈風に舞う』NHK－BS2、一九九五年八月十五日放送）

この番組を見たあと、芦田の自伝『ほろにがき日々』（勁文社、一九七七年）を読んだ。大好きな一冊で、拙著『脇役本』でも取り上げた。この自伝を執筆した動機が、満洲からの引き揚げ体験であった。

満州での敗戦と引揚げ、あの「苦難の時」を体験した一人として、記憶の薄れないうちに歴史の小さな一コマを正直に書き留めて置くことも、自分の義務のひとつだと思いました。

（芦田伸介『ほろにがき日々』勁文社、一九七七年）

芦田伸介『ほろにがき日々』（勁文社、1977年）

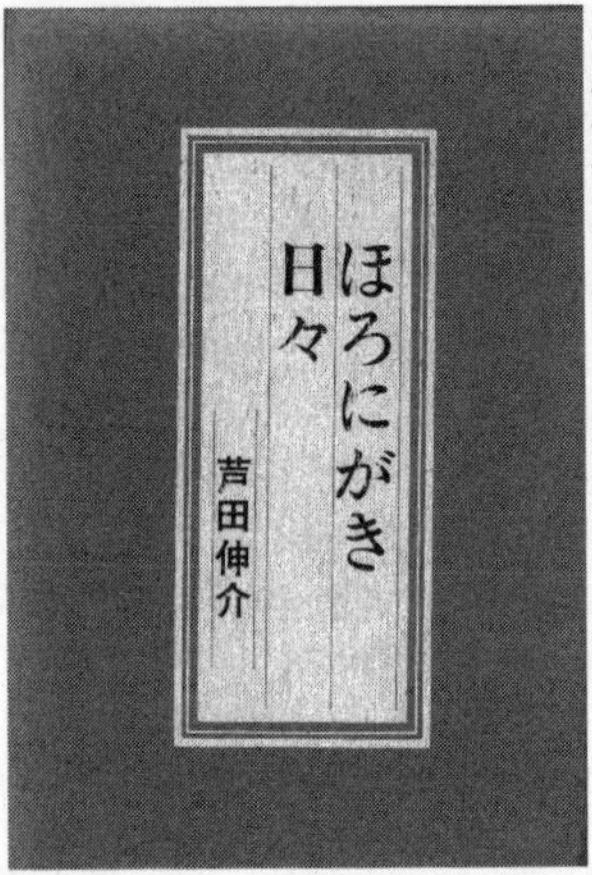

満洲からの引き揚げ体験は、自伝の第一章「柳絮《りゅうじょ》飛ぶ国」にくわしく書かれている。柳絮は、真綿のようにやわらかな泥《どろ》柳《やなぎ》の種子のこと。満洲の夏空に柳絮が舞う姿は、若き日の芦田のこころを捉えて、はなさなかった。

一九三八（昭和十三）年四月下旬、東京での学生生活に愛想を尽かした芦田は、授業料をふところに、神戸港から日満連絡船「うすりい丸」に乗った。目的地は、満洲の港湾都市・大連《だいれん》（現在の遼寧省）である。当時二十一歳、詰襟の学生服に、灰色の薄いオーバー姿で、手にはボストンバッグがただひとつ。大連に着いたものの、満洲への入国は、そう簡単ではない。船上で知り合った大西源太郎という男の口利きで、なんとか入国できた。大西は当時、新京の大同学院生で、満洲の北部へ赴任する途中であった。大同学院は、満洲国の官吏を養成する機関だった。

大連の町を歩き、「住みたい」との衝動にかられた芦田は、一枚のポスターに目をとめる。大連芸術座公演『伯父ワーニャ』（ワーニャ伯父さん）で、日本人の俳優が出ていた。アントン・チェーホフの戯曲は、すでに読んでいた。その夜、会場の満鉄協和会館を訪れた芦田は、その公演に感銘を受け、芝居をやろうと決意する。

芦田は、新京放送劇団に入団するかたわら、満洲電業で働き始める。満洲電業は、当時の満洲政府が監督・保護した「特殊会社」のひとつだった。同社でラグビー部員として汗を流すかたわら、新京放送劇団ではラジオドラマに出演、特殊会社の仲間と演劇にいそしむ。新京放送のアナウンサーだった森繁久彌や、旅公演で新京にいた文化座の浜村純とは、このころ出会っている。

大連埠頭（『満洲ト満鐵』南満洲鐵道、1938年）

二十五歳の初夏、新京に暮らす石川明子と出会う。宝塚歌劇団にいた明子は、家族のいる満洲へ移る。芦田とともに新京放送劇団に属し、放送局でラジオ体操のピアノ伴奏をし、放送合唱団でも活躍した。ふたりが新京の教会で結婚したのは一九四五（昭和二十）年二月十一日、牧師である明子の父親がふたりに立ち会う。

甘い新婚生活は、長くはつづかなかった。同年八月十三日、満洲電業の関係会社に派遣され、当日は新京にいた芦田が、本社のある安東《あんとう》に呼び戻される。そばには、妊娠四

芦田伸介、1939年撮影（『ほろにがき日々』）

か月の明子がいた。ふたりは貨車に乗り、安東へ向かう。八月十五日の真昼、ふたりは安東に着いた。街には青天白日旗がひるがえり、「朝鮮独立万歳」ののぼりをおし立てた群集でわきたつ。芦田は信じられぬ思いで、日本の敗けを知った。

日本軍は降伏した。勝利により、共産党が勢力拡大のため、各地で行動を起こす。これに対して国民政府側が警戒を強めていく。「国共内戦」と呼ばれる争いが激しさを増す時代だった。『ほろにがき日々』によれば、安東の治安は、かろうじて保たれていた。在留する日本人の結束と、中国側の治安維持委員会の活動があったからである。

ただそれも、長くはつづかない。集団襲撃と略奪が続発し、流言蜚語《りゅうげんひご》が入りみだれる。政情が不安定になるなかで、日本へ戻る手立てが見つからない。芦田は、安東で食べていくために貸本屋を営みながら、演劇活動に取り組む。演劇活動は、「日本人民解放同盟」と称する中国側（東北人民解放軍＝八路軍《はちろぐん》）からの要請だった。

年が明けた。一九四六（昭和二十一）年、安東は当時、八路軍の占領下にある。反動分子と目された日本人が逮捕され、処刑されたことを、芦田は耳にする。知り合いの中尉は、「命を賭けて安東から脱出する」と伝えた。心落ち着かない芦田のそばで、妻の明子は陣痛で苦しむ。逃げるに逃げられず、貸本屋で生計を立てながら、子ども向けの紙芝居をつづけた。使っていた紙芝居に、日の丸が描かれていたため、政治犯として連行されたこともあった。

その年の一月二十一日、伸介・明子夫妻に、女の子が生まれた。明子の愛称「アコ」をもじって「亜子」と名づけた。その喜びもつかのま、明子が言う。「出生届はどうなるんでしょうねえ」。

それにしても、小さな自分の分身の誕生とは、なんと恐ろしくそして感動的なことだ、と思った。と同時に、動乱の異国の隅っこで、妻と赤ん坊を両の手に抱いた自分は、生と死の隣り合わせの道をいやおうなく突き進んで行かねばならない——と覚悟した。

（前掲書）

この年の三月、貸本屋がいよいよ立ちゆかなくなった。政情不安と激しいインフレで、商売はあがったりである。乳飲み子を抱えて一家三人、どうやって暮らすのか。ここへ、ひとりの日本人が訪ねてくる。

「東北民主連盟の工作員」を名乗るその男は、安東に設立される「芸術学校」の講師を芦田に依頼した。芦田が演劇論を、子育てをしながら明子がピアノを、画家で版画家の北岡文雄が美術を教えた。芦田と北岡は安東で出会い、ふたりは終生親交を深めることになる（ＮＨＫ・ＢＳの番組にも、北岡は出演）。

芸術学校の給与は現金でなく、とうもろこしだった。とうもろこしの相場で、給与の額が決まる。それでも、国家公認の「芸術学校」講師という立場は、幼い亜子を抱えたふたりにじゅうぶんな身分保証だった。安東の劇場では、芸術学校の教え子たちによる第一回公演『解放』が上演され、大成功をおさめる。

ところが安東の政情不安は、どんどん悪化していく。国民党中央軍と東北民主連軍（中国共産党の組織）の対立が、安東に暮らす日本人を窮地に立たせた。現地に残留する多くの日本人が犠牲となった。安東では民主連軍の「徴募令」により、男性が労工隊員に、女性が看護婦に徴用される話が広がっていく。

そのなかで芦田は、変わらず演劇に取り組んだ。芦田の指導のもと、民主連盟の演劇工作班（「芸術学校」とは別）が、日本人向けの公演（『巡閲使』、三好十郎『報国七生院』改題）を安東の劇場でおこなった。徴用免除になることを期待して、演劇工作班には、日本人の志願者が殺到する。芝居をやったことのない、子ども連れの夫婦もいた。公演をしたところで、芝居見物をする余裕は日本人になく、公演は大失敗に終わる。

こうした生活のなか、明子が過労で倒れた。芦田は、国府（国民党中央軍）治下の奉天で、日本人の故国移送が始まったとの噂を耳にする。演劇工作班のメンバーも口々に、脱出を訴える。六月下旬のある早朝、民主連盟からの密使が、芦田の家に駆けこんできた。密使の男性の口から、民主連軍が安東から撤退することを知らされる。

この時点で、芦田の選択肢は三つにしぼられた。ひとつは民主連盟のメンバーと岫《しゅ》巌《うがん》（現・遼寧省鞍山市）へ向かう。ひとつは「芸術学校」とともに山東《さんとう》（現・山東省）へ向かう。ひとつは国府治下の奉天へ向かう。この三つである。

覚悟は決まった。演劇工作班メンバー百三十名を率いて、安東を脱出し、奉天へ向かう。そこから船で、日本へ渡る。国府側からすれば、芦田たちは敵側の演劇活動に関わった日本人である。露見すれば逮捕と処刑は免れない。

安東脱出にさいして芦田は、パトローゲン（粉乳）、角砂糖、トリアノン注射（細菌感染症の治療などに用いられた化学療法剤）を買い集めた。明子は、豚肉を入れた油味噌をつくった。貸本屋を閉じ、それで得たお金で演劇班全員の米、コーリャン（もろこし）、味噌、梅干しを調達した。苦労して集めた現金（日本銀行券）は百円札を十枚ずつ丸め、濡れないように両足のくるぶしに二本ずつ、縄でしばった。

出発は七月一日、午前九時である。終戦からすでに十一か月が経っている。生と死が隣り合わせの脱出行が、こうして始まる。

何百キロにわたる満州の曠野《こうや》を彷徨《ほうこう》した悲惨な逃避行の記録は、敗戦後の満州では珍らしいことではない。安東――奉天二百六十キロの私たちの脱出行は、それにくらべればまだ幸せなほうかも知れない――。

（前掲書）

リーダーの芦田は、一隊を三つの班に分けた。先頭をゆく第一班は演劇班の各班長、第二班は虚弱者、第三班が青壮年である。こうすれば、落伍する第二班の人たちを、第三班が救出できる。安東から鳳凰城《ほうおうじょう》～鶏冠山《けいかんざん》～連山関《れんざんかん》～本渓湖《ほんけいこ》を経て、奉天を目ざす。

正直なところ、終戦から安東脱出まで、およそ十一カ月の苦心譚を読んでからだと、二百六十キロの脱出行に、さほど切実な印象を抱かないのでは、と思っていた。安東から奉天は、東京から浜松の先のあたりまでの距離だ。安東脱出から五日目には、一日の行程は十五キロに落ちている。東京から京浜東北線の蒲田あたりに過ぎない。そうした距離だけの印象は、芦田の脱出行を読むとすっ飛んでしまう。

炎天下での徒歩と、満天の星の下での野宿のくりかえし。日射病（熱中症）、下痢、泣き叫ぶ赤ん坊、国民党中央軍兵士からの略奪もある。この略奪で、着るものと食べものを奪われた。芦田には百三十名を率いるリーダーとしてだけでなく、おさない娘の父親としての責務がある。安東を脱出して二十日、一行は難所の山岳地帯にさしかかる。女性たちが抱きあい、泣き出した。若い班員が、即興歌を口ずさんだ。

泣くな妹よ　妹よ泣くな
泣けば想思《シャンス》のふたりして
安東《アントン》捨てた　かいがない

（前掲書）

谷川を見つけ、一行はしばしの休息をとった。ある者は水筒に水をつめ、ある者は子どものおしめを洗濯する。そこへ、坊主の男がひとり横切り、すぐに姿を消した。芦田は、一抹の不安をおぼえる。

その夜、粗末な小屋で寝ているとき、住民（芦田は「暴民」と称す）の襲撃を受けた。そのなかに、坊主の男がいた。それは容赦のない略奪で、おさない亜子のおしめも奪われてしまう（粉乳の缶とトリアノンの注射液は無事だった）。

ここまで、命を落とす者はいなかった（『ほろにがき日々』にそうした記述がない）。一行は本渓湖の近くまでたどり着く。奉天までは、そう遠い距離ではない。屯長《とんちょう》（村長）

と称するヒゲの老人が、「四台の大車で奉天まで、子どもと女たちを乗せてもいい」と言ってきた。あやしく感じるいっぽう、願ってもない申し出である。

それからまもなく、農民とおぼしき七、八名の男女が、一行に近づいてきた。そのひとりが芦田に、「あんたが親方か？」と訊ねる。「日本人の子どもを売ってほしい」との交渉である。女の子は五百円、男の子は三百円、それが彼らの値づけだった。札束を見せつけ、執念ぶかく売買を迫ってくる。

中年の女性が、明子に抱かれた亜子に目をつけた。札束を手に、「男の子か、女の子か、可愛いね」と言う。亜子がにっこり笑う。ますますその子が欲しくなる。五百円が六百円に、八百円から九百円に、女性は値をつりあげていく。

首を振りながら、妻は後へ退《すさ》って行く。女の太い腕が亜子の手に伸びた。もはや力ずく――の気勢であった。

妻が叫び声をあげた。

「等一会児《トンイーホイル》、太太《タイタイ》」（待ってくれ、奥さん）

私は咄嗟に女のからだを押し戻した。

「太太《タイタイ》、救命呀《チウミンア》！……小孩《シャオハイ》ハ我的《オーデー》ノイノチト一様《イーヤン》、明白《ミンパイ》？　明白《ミンパイ》？　我的《オーデー》ノイノチ！」

中国語を探している余裕はない。地べたに膝をついたまま、女の服の裾をつかまえながら私は必死に赦《ゆる》しを乞うた。殴られたって蹴飛ばされたっていい、どんなことをしても亜子は渡せないのだ……。

女は私の手を強くふり払うと、舌打ちをしながらからだをひるがえした。彼らの一団は、小孩《シャオハイ》売買の失敗を口々にののしり合いながら去って行った。

いつの間にか、妻は亜子を抱いたまま姿を消していた。

（前掲書）

中国残留孤児は、こうして生まれたのか。読んでいて、暗澹たる気持ちがする。NHK・BSで放送された『芦田伸介・烈風に舞う』では、ここまでくわしく脱出行が語られていない。寺田農のナレーションは、わずか数十秒である。《総勢百三十名、ときには戦火のなかを突破しなければならないこともあった。略奪や病気との闘い、泣き叫ぶ子どもたち。一日の行程は十五キロ、まさに死を覚悟しての脱出行であった》（番組の映像より）。これだけである。人買いのことは、紹介されていない。テレビのドキュメンタリーだけでは語りきれない、活字の重みを読んで痛感した。

ヒゲの老人（屯長）との交渉がまとまり、一行は大車を借りて、奉天へ出発する。老人は、悪い人ではなかった。老人の口から、奉天の治安が安定していることも聞いた。

白く乾いた道がどこまでもつづくなか、四台の大車が動き出す。奉天に着けば、日本に戻ることができる。芦田の希望が開けていく。ところが――

いつも三人の男の子をかかえるようにして歩いている田端という男が、落伍している。私は大車《ダーチョ》を待たせたまま引返した。田端はボンヤリと後を向いて立っていた。三人の真ん中の子どもが見えない。

「あんた、まさか昨日！……」

私の怒声はそこで切れた。田端のほこりだらけの頰に、幾すじもの涙が流れていたからだ。

彼は、牡丹江から安東にたどり着いてまもなく、妻を失っていた。生きる自信を失った彼は、せめて中国人の手によってでも生きてくれることを念じつつ、子どもを手放したにちがいないのだった。

私は切ない気持を押えながら、ただ黙って歩いて行った。

（前掲書）

芦田の自伝を読むと、中国人が血も涙もないように思うかもしれない。それは、一面的な見方ともいえる。話は脱線するけれど、俳優の内田朝雄（一九二〇～一九九六）が児童向けに書いた『のびのび人生論26　悪役の少年時代　ガキ大将がおしえるワンパクの道』（ポプラ社、一九八五年）に、中国残留孤児の話が出てくる。

内田は、朝鮮北部の平壌《ぴょんやん》に生まれ、満洲で少年時代をすごした。それゆえ、ふるさとへの愛着がある。

中国残留孤児の肉親探しのニュースに接したとき、《「目ざわり」な奴》（前掲書）としたうえで、持論を述べた。《育ての親をすてても日本に帰りたいという心は、簡単にそしてはっきりいえば、亡恩の心だ。忘恩は、日本人の心の特徴なのか。》（同）。内田の見方もまた、きわめて一面的なものだ。

20歳の内田朝雄（『悪役の少年時代　ガキ大将がおしえるワンパクの道』）

同時代に生き、活躍した好きな俳優でも、置かれた立場でずいぶんと考えが異なる。

話を芦田伸介に戻す。安東を発って一か月。七月三十一日、一行は奉天に着いた。《あかね雲が空一面に流れていた。その雲の下に、赤黒く染まった奉天の街が際限もなく広がっている。壮麗な「落日の街」であった。》（『ほろにがき日々』）。

奉天に着いたものの、すぐに日本へ戻れ

ない。それどころか、死がすぐそばの暮らしを強いられる。「日僑俘《にっきょうふ》」と呼ばれ、奉天に滞留する日本人疎開者・難民は三十万人といわれた。日本への移送は五月二十六日に始まり、奉天から南に二百四十キロほど離れた葫蘆島《ころとう》が出港地であった。芦田たちは安東からの難民で、中国国民党からすれば敵側（中国共産党）と目されてしまう。そのため、秘密裡に行動しなければならない。

芦田一家の三人が、日本へ向けて出港したのは十一月、その細かい日付を本人は記していない。奉天に着き、日本へ戻るまでの三か月間にも、さまざまな別れ、再会のドラマがあった。文化座の浜村純とも、奉天で再会した。一行が入った収容所（平安小学校）では、「安東で、八路の芝居をやっていた奴が紛れこんでいる」との噂が立った。日本人からの密告である。そうしたなか、わが子を手ばなした田端が、コレラに罹患して命を落とす。ふたりの息子を芦田に託して。

鉄条網で隔離された収容所から、芦田は脱出を試みる。「遼寧芸術協会」の芸術工作隊（ソ連軍の監督・保護下で、在留邦人の民心安定工作に従事する芸能文化人集団）にもぐりこんだ。「伏伸太《ふせしんた》」と偽名を使い、公演にも参加した。ところがある日、安東での活動を知る人物が、楽屋を訪ねてきた。危険を察知した芦田はその日を最後に、舞台から姿を消す。

この直後、大西源太郎と再会した。かつて満洲入りするとき、入国の手助けをしてくれた男性である。大西は部下から「蔡中校（中佐）」と呼ばれていた。この再会がさいわいし、一家三人、葫蘆島からの引き揚げ船に乗ることができた。

『ほろにがき日々』の冒頭には、《開巻から下手な小説風な文体で始まりますから、大変読み辛いかもしれません。》とある。何度も読みかえしたものの、たしかに事実関係や時系列がよくわからないところが多い。大西はなぜ、芦田を探しあてることができたのか（偶然だったのか）。ともに脱出した百三十名のメンバーはどうなったのか。遺された田端の息子ふたりの行く末は……。いずれも、はっきりと書いていない。

そのかわり、そのとき、そのときの出来事が、あざやかに綴られている。俳優の仕事が、その時々で芦田一家の運命を支え、変えたこともわかる。自伝『ほろにがき日々』は、俳優による満洲からの引き揚げ体験記としては、秀でたものだろう。

葫蘆島の東、錦州で貨車を降りたときの光景を、情感をこめてこう記した。朝、錦州の駅から離れた広い野原に、奉天からの列車が停まる。降りようとしたとき芦田は、貨車の隅に置き忘れた荷物に目をとめた。

汚れたボロ包みである。顔を近づけると八歳ほどの少年の屍体であった。からだを折り曲げ、手足を縮めて眠っている姿だった。

少年は何処から来たのか。ともかく、葫蘆島を目差したことに間違いはない。

『満洲支那全土明細地圖』(読売新聞社、1939年)部分拡大(安東、奉天、錦州、葫蘆島付近)

少年は遠い故国へ帰ろうとしたのだ。その葫蘆島を目前にしながら、彼はたった一人ぼっちで餓死を選んでしまったというのだろうか。抱き上げると、細く小さなからだは赤ん坊のように軽かった。

「可哀そうだったなあ……坊や。君がここに眠っていること、おじさんは、決して忘れないからな……」

土をかけながら、私は声を出して言った。妻は黙って頭を下げた。

(前掲書)

錦州で貨車を降り、日本行きの船に乗るまで、まだ一週間あった。そのあいだのことを、芦田は記していない。

一九四六(昭和二十一)年十一月、《最

後の引揚病院船》と芦田が書く船が、葫蘆島から長崎の佐世保へ向けて出港した。船内のスピーカーから流れるメロディーが、日本で大ヒットしていた並木路子の『リンゴの唄』であることを、芦田は知らない。『ほろにがき日々』第一章「柳絮《りゅうじょ》飛ぶ国」は、つぎの一文で締めくくられる。


国は滅び、人は死に、政治も生活も大きく変ってゆくだろう。けれど、あの空の色と、こぼれるような満天の星はいつまでも、そのまま、そこにあるだろう。

私のほおにも、葫蘆島の風が冷たくしみた。

（前掲書）


〝ほろにがき日々〟は、ここから第二章につづく。

帰国してまもなく、「焦土の子どもたちにメルヘンを」と森繁久彌らと劇団「コッコ座」を旗揚げした。しかし、製作担当者に切符代を持ち逃げされ、第一回公演であえなく解散となる。

それからの芦田は、軍の隠匿《いんとく》物資だった地下タビを扱うなど、あやしい仕事に手を染める。舞台への夢は捨てられない。終戦後の身を《流浪の民》（前掲書）と自称したけれど、大連で『伯父ワーニャ』に接して以来、劇団や所属を転々とせざるを得なかった。

それでも妻の明子にとって、引き揚げの辛苦を思えばしあわせである。

まる裸で親子三人引き揚げ、都下の国立《くにたち》にやっと手狭な部屋を見つけたのですが、放浪生活を思えば、ここは天国です。乏しいながらもお茶碗一つ、鍋一つといった工合にふえていくのが楽しみでした。畳の上で何の気兼ねもなく手足を伸ばして寝られることも、こんなしあわせはないと沁々《しみじみ》思ったものです。

(芦田明子「夫・芦田伸介と歩んだ18年・二人で築いたこの喜び」『婦人生活』一九六三年六月号、婦人生活社)

一九五一(昭和二十六)年、芦田は劇団民藝に入団する。それが、俳優としての転機となった。劇団民藝は、その前年に滝沢修、宇野重吉、清水将夫、北林谷栄らが創立し、芦田は創立直後から入団を希望していた。その経緯を北林は、《種々の事情でこの問題は長びき御當人は苛々したろうし、私達周圍の者も落着かない氣持だつた。》(「劇團の四人の新人」『民芸の仲間』第三号、劇団民藝、一九五一年)と明かす。

新京放送劇団での活躍は、民藝内で知られていた。入団前からすでに人気者だった。北林は大陸的で茫洋とした持ち味と、繊細な心の動きを芦田から感じていた。劇団内では、細川ちか子が発起人となり、芦田の入団を求める連判状が廻されたりした。

こうした甲斐があって、一九五一（昭和二十六）年四月、民藝少年劇第一回公演『三太物語』で、芦田は初舞台を踏んだ。九月に正式に入団し、すぐに大きな役をこなしていく。満洲から引き揚げた〝流浪の俳優〟はようやく、安住の地を得た。それから四十八年、つねに現役の第一線で、亡くなるまで俳優をつづけた。

一九九九（平成十一）年一月九日、芦田伸介死去、享年八十一。自伝『ほろにがき日々』と『芸に生きる（2）芦田伸介・烈風に舞う』の映像は、これからも大事に持っていいたい。

劇団民藝公演『十三階段』稽古風景。芦田伸介と小夜福子（右）（『民芸の仲間』第6号、1952年）

ラーゲリの献立

三橋達也

松山善三と井手《いで》俊郎《としろう》が脚本を書き、成瀬巳喜男と川島雄三、名監督ふたりが共同で撮った『夜の流れ』（東宝）は、一九六〇（昭和三十五）年七月に公開された。公開時のプレスシートに、《成瀬さんから御指名を受けて、半分を撮ることになりましたが、一緒にやらせて頂くのは、大変いい勉強になります。》と川島はコメントしている。

主人公は、東京で料亭「藤むら」を切り盛りする母の綾（山田五十鈴）と、女手ひとつで育てられた娘の美也子（司葉子）である。綾は女将として、実業家の園田（志村喬）にやとわれている。この母と娘を中心に、さまざまな人間模様が豪華女優陣（三益《みます》愛子《あいこ》、水谷良重《みずたによしえ》、草笛光子《くさぶえみつこ》、市原悦子《いちはらえつこ》、星由里子《ほしゆりこ》、白川由美《しらかわゆみ》、越路吹雪《こしじふぶき》など）によって描かれる。

「藤むら」で板前をしている五十嵐力は、綾と美也子、それぞれから想いを寄せられ、苦悩する。すこし影のあるこの役を、三橋達也《みはしたつや》（一九二三〜二〇〇四）が演じた。戦後

『夜の流れ』（東宝、１９６０年）プレスシート部分拡大。右に三橋達也、左に山田五十鈴

十五年、『夜の流れ』では、軍人恩給や再軍備の是非が、登場人物によって語られる。五十嵐は左足が不自由で、美也子が園田から「板《いた》さんの足は戦傷かい?」と訊かれるシーンがある。美也子が答える。

「でも、弾に当たったんじゃないの。一か月裸足で歩かされたんですって、シベリアで。凍傷にかかり、化膿して、自分でナイフで切開手術したんです」（映画より）

美也子の話をそばで聞いた芸者の金太郎（水谷）が、「そりゃあ、板さんだもん。切るのには慣れてるのよ」と冗談にならないことを言う。

映画の中盤では、お忍びで旅に出た綾と五十嵐の、こんなやりとりがある。

「あんた、シベリアで一度死んだ人間だって言ったわね」（映画より）

五十嵐は、それに応えない。五十嵐がみずから抑留体験を語るのは、終盤のワンシーンのみ。自宅を訪ねてきた美也子から、母との仲をなじられ、こう語る。

「私はいつも、戦争で死んだ人間だと思って生きてきました。いざとなりゃ、どんなことだってできる、命を捨てることだって。そう思ったら、もっとからっとしなきゃいけなかった。ところが、負け犬みたいにしっぽをまいて、そのくせ意地は汚ねぇんだ。女将さんとあんなことになっていながら……」（映画より）

五十嵐を演じた三橋達也本人にも、シベリアでの抑留体験があった。日活から東宝へ、一九五〇年代に映画スターとして名をなす三橋は、著名なシベリア抑留体験者のひとりである。三橋はたびたび、抑留体験をみずから語っている。『夜の流れ』のスタッフとキャストのなかにも、それを知る人は多かったはずだ。

一九四五（昭和二十）年八月九日未明、百五十万を超すソ連の大軍が、東、西、北の各方面から満洲へ侵攻した。弱体化した関東軍（日本軍）では防ぎきれず、血みどろの混乱が各地で起きる。そのなかで武装解除された兵士、軍関係者が、シベリアやモンゴルに強制連行された。旧満洲、樺太、千島から連行され、シベリアおよびモンゴルに強制抑留されたのは、約五十七万五千人にのぼる。

抑留中に死亡した人数は、厚生労働省が発表している。シベリア地域が三万九〇一三名（二〇二〇年四月末現在）、モンゴル地域が一四三〇名（二〇一九年八月末現在）にのぼる。前者は一九九一（平成三）年以降に旧ソ連などから提供された名簿が、後者はモンゴル政府から提供された名簿がもとになっている。

穂苅《ほかり》甲子男《かしお》著『シベリア俘虜記─兵士の過酷なる抑留体験』（光人社NF文庫、二〇〇九年）に、古舘豊（平和祈念展示資料館専門・学芸員）が解説を寄せている。それによれば、抑留された約五十七万五千人のなかには、満洲国の官吏、警察官、民間人、満蒙開《まんもうかい》拓《たく》青少年義勇軍《ぎゆうぐん》の隊員、従軍看護婦、軍関係の女性事務職員が含まれていた。女性の抑留者については最近、小柳ちひろのノンフィクション『女たちのシベリア抑留』（文藝春秋、二〇一九年）が出て話題になった。また、モスクワのロシア国立軍事公文書館には、最大で約七十六万枚の日本人抑留者の資料が収蔵されている。

厚労省の「シベリア抑留中死亡者に関する資料の調査について」において、《死亡と認められる者》は約五万五千人とある。戦後七十五年たったいまでも、厚労省のホームページ上にて、「旧ソ連邦及びモンゴル抑留中死亡者氏名50音別名簿」が閲覧できる。名簿には「埋葬場所又は死亡場所」「通番」「死亡年月日」「カナ氏名」「地方（抑留先）」「漢字氏名」「出身地」が記され、エクセル形式でダウンロードできる。その一覧を見ながら、シベリア抑留が遠い日の出来事ではないように感じた。

抑留者のなかに、著名人は少なくない。たとえば、歌手の三波春夫《みなみはるお》（一九二三～二〇〇一）がいる。中国残留孤児のニュースを見て、《親を呼ぶ中国孤児の息白し》と詠んだ三波は、終戦を満洲で迎えた。そののち四年間、シベリアで抑留生活を送った。

俳優では三橋達也のほかに、清村耕次《きよむらこうじ》（一九二五～一九六六）がいた。テレビドラマ『事件記者』（ＮＨＫ総合、一九五八～六六年）の荒木記者、通称「アラさん」で、お茶の間に知られた人である。予科練の生徒役で映画『決戦の大空へ』（東宝、一九四三年）に

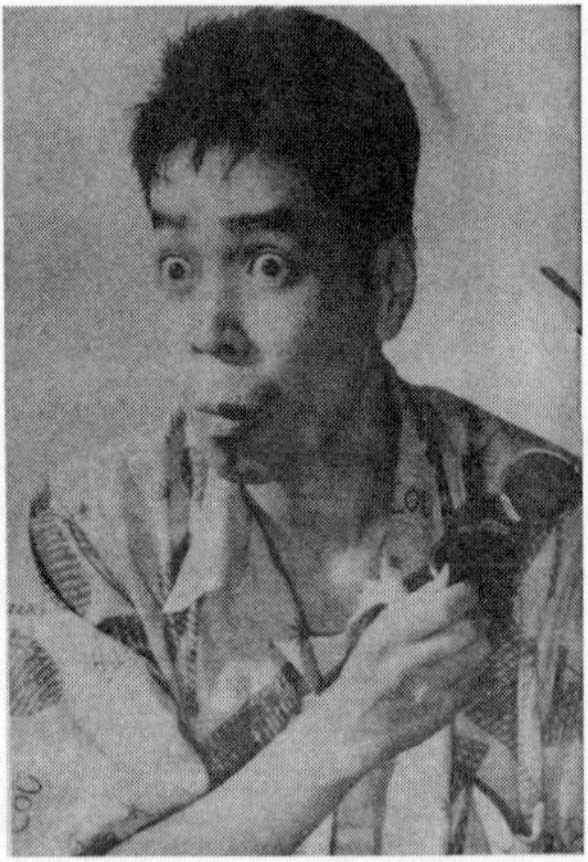

清村耕次（劇団青俳第3回公演『快速船』パンフレット、1955年）

出演するなど、戦前から俳優として活動した。

清村は終戦の年、満洲へ出征する。右目の上、眉の下にあった三センチほどの傷あとは、終戦の直前、ソ連軍と戦ったときに爆弾の破片で受けた。そののちシベリアへ送られ、現地で重労働を強いられる。終戦の翌年に復員し、新協劇団（第二次）をへて、劇団青俳のメンバーとなった。

運よくシベリア抑留をのがれた俳優もいる。おもに時代劇で活躍した近衛十四郎《このえじゅうしろう》（一九一四〜一九七七）は、終戦のおよそ五か月前に出征した。羅南《らなむ》（現在の北朝鮮咸鏡北道清津市）で終戦となり、ソ連軍の捕虜となる。現在の中国吉林省にあった「延吉《えんきつ》捕虜収容所」に収容され、シベリアに送られるはずだった。ところが身体検査のさい、発疹チフスと診断され、シベリア行きをまぬがれる。このエピソードは、二〇一七（平成二十九）年二月二日放送『ファミリーヒストリー』（NHK総合）で紹介された。

三橋達也は、シベリアでどんな抑留生活を送ったのか。知るかぎりにおいて、自叙伝、回想録、エッセイ集、聞き書きの類いを単著で出すことはなかった。たとえばおなじ東宝の俳優では、池部良、小林桂樹、田崎潤、加東大介、土屋嘉男、宝田明、仲代達矢らが戦中・戦後の経験を綴り、語っている。三橋の自伝や聞き書きが、一冊くらいあってもよかったのにと思う。

一九五〇、六〇年代、スター全盛期の三橋に関する新聞・雑誌の記事は、たくさんある。新作映画の告知や近況報告、東宝の女優でのちに結婚する安西郷子《あんざいきょうこ》とのロマンス、家庭生活、プロ級の腕前だったクレー射撃、愛車のことなどなど。ふたりの娘を生後まもなく亡くした、悲しいエピソードを伝えるものもある。

ファン向けの映画雑誌に、シベリア抑留のような体験談はふさわしくなかったのか。シベリアでの日々について、三橋は積極的に語ろうとはしなかった。一九五三（昭和二十八）年、若手俳優として顔を知られるようになったころ、雑誌のインタビューでこう語っている。

「劇団に関係したりしていました。その時が僕の苦闘時代で、ドサ（地方）廻りの経験もしましたし満足に飯《めし》の喰べられないことだつてしばしばでした。いまになつて見れば懐しい思い出ですが、その時の苦しさは、ちよつと経験しない人には、わかつて貰えないでしようね」

此処で「達ちゃん」は、苦しかりし過ぎし日を思い浮べるように、視線をテーブルの上のコーヒーに落した。

（「家それから自動車を―新進スタアの夢は限りなく――三橋達也さん30分間インタビュウ」『近代映画』一九五三年六月号、近代映画社）

ドサ（地方）廻りとは、慰問を兼ねた移動演劇のこと。このあとインタビューは、戦後の映画界入りの話題になる。抑留中のことは、いっさい語られない。

三橋達也は、一九二三（大正十二）年、東京・銀座に生まれた。関東大震災からまもなくである。父は、銀座四丁目交差点の裏で木版の製造業を営み、母は美容院をやっていた。大震災で一時疎開し、一家はふたたび銀座へ戻る。三橋は、地元の京橋小学校から、中央商業学校（現・中央学院大学中央高等学校）へと進む。

大学は、父が旧制東京美術学校（現・東京藝術大学）を勧めたのを逆らって、多摩帝国美術学校（現・多摩美術大学）をえらんだ。関心があったのは美術より演劇で、新劇の研究団体「新制舞台」に参加した。ただ公演にせっかく出演（端役だった）しても、お客さんはまばらにしかいない。

満足できなくなった三橋は、一九四三（昭和十八）年から四四（昭和十九）年にかけて、「劇団たんぽぽ」の青年部に移った（入団の年は、三橋本人の証言でも記事によって異なる）。劇団たんぽぽは、「ターキー」こと元松竹少女歌劇部の水の江《みずえ》瀧子《たきこ》（一九一五～

二〇〇九）が率いる劇団である。たんぽぽでは、数少ない青年俳優となる。二十歳になるか、ならないかのころ。三橋は水の江から「ボーヤ、ボーヤ」と可愛がられた。のちに男優は増え、有島一郎《ありしまいちろう》、堺駿二《さかいしゅんじ》、田中實（のちの田崎潤）らが参加した。

やがて、準幹部に昇格したんですが、ほとんどそれと同時に召集されて戦地へもっていかれてしまいました。戦地へ出発する前に、劇団メンバーとその関係者は壮行会をしてくれましたが、そのとき餞別としてターキーさんにもらった十円はありがたかったですね。

借金で不義理をしていた人たちにそのお金の一部で返済して、ことを果たしたのも忘れられない思い出の一つですが、残った金でぼくの初恋のおとめと二人で旅行に出かけたんですから、これは忘れようったってムリな話じゃあありませんか。

ともかく戦争中のことだったので、あたりは殺ばつとしていたんですよ。そん

三橋達也（1960年代、生写真）

な中で、この女性との旅行はぼくのささやかな甘い青春の一ページでもありました。
（三橋達也「わたしの十代　秀才から悪童へ！転落の青春賦」『近代映画』一九六五年九月号）

右に引用した記事にも、抑留中のエピソードは書かれていない。わずかに《戦後、二十二年にシベリアから復員し》（前掲書）と書いてある。『夜の流れ』で演じた板前のように、苛酷な戦地体験と心身に受けた傷は、そう人前で語りたいことではないだろう。三橋が堅く口を閉ざしたかというと、そうでもない。映画ファン向けの雑誌でなく、大衆向けの週刊誌ではたびたび、抑留体験を口にした。ただし積極的に、ではない。求められたから語った、書いた、との印象を受ける。

漫画家の近藤日出造が連載した訪問記で、三橋が語ったことがある。《「敗戦で捕虜になってシベリアへ持ってかれちゃって……。兵隊は伍長までいきましたが幹候（幹部候補）上がりの伍長ですから、なぐられる方でしてね」》（「日出造訪問　これは失礼・三橋達也の巻」『娯楽よみうり』一九五六年三月二十三日号、読売新聞社）。

この記事から二年後の一九五八（昭和三十三）年、流行語「一億総白痴化」を生んだ評論家、大宅《おおや》壮一《そういち》の連載対談に招かれた。大宅にしてみれば、映画スターのプライベートより、その前段にある戦争体験に興味があったのかもしれない。対談が盛り上がってきたころ、大宅が戦時中の話題を持ち出した。それに応じた三橋は、満洲の独立守備隊にいたときの話を明かす。三橋がいたのは補充兵の部隊で、演習中のほかに鉄砲を撃つことはなかった。

三橋　奉天のこっち側、通化の手前まで部隊が輸送されまして、そこで今まで各部隊ごとに集まっていたのをバラバラにされて、別な編成でシベリアに一年くらいいまして、帰りはポシエットという港から朝鮮へ送られて帰ってきました。

大宅　あなたの階級の最後は。

三橋　兵長だったです。幹候（幹部候補）のほうは入院している間にダメになりましてね。最初シベリアへ行ったときは、なるべく階級を下にしたがったものです。将校がみな一等兵くらいの階級章をつけちゃったりした。

大宅　上だとあぶないと思ったんでしょう。

三橋　それと抑留期間が長くなるといわれたからですね。ところがそうやって将校が一等兵の階級章をつけていると、一等兵なみに作業に出されるし、将校は作業をしなくていいといわれて、その翌日から「おれは将校だ」と居直る者が出たりしましてね。みんな将校ばかりになったんです。（笑声）

大宅　シベリアはどこにおったの。

三橋　バルナウルというところの管轄でした。
（「大宅壮一のおしゃべり道中・道連れは三橋達也」『娯楽よみうり』一九五八年二月二十一日号）

バルナウルは、モンゴルとカザフスタン国境のほうに位置するロシアの都市である。三橋はここで、抑留生活を強いられた。対談を読むかぎり、大宅の問いかけには遠慮がない。「外出は自由?」「町へ女を買いに行ったりはしなかったのね」などと問う。この対談で、もっともリアルに抑留体験を語ったのは、以下のくだりである。大宅から「ジャガイモを植えたりしたの」と訊かれ、こう答えた。

三橋　木材の伐採をやりました。それがすごいんです。向こうのソ連人民でもそうだそうですが、ノルマが一日一人八立米（リューベイ）、立米というのは直径一メートルの木、それを一本倒して、枝を全部払い、生木の材木にしまして、枝を雪の上で全部燃やしちゃって跡形もなくしなければいけないんです。そうしないと春になって虫が来て材木を食っちゃうので、それを燃やし尽す。それが一日一人の作業量なんです。ところがそんな太い木は切るだけで一日かかりますね。それも雪が深いでしょう。その雪を地面が見えるまで掘って、それから仕事にかかるんです。地上三十センチの高さで切るという規定がありますからね。それがみな栄養失調の捕虜でしょう。だから雪を掘るだけでもフウフウいってるんですよ。ひとり岩手県のほうの兵隊できこりをやってたのがいて、その人はハラショ・ラポーター（優秀な労働者）になって、特別なパンか何かもらっちゃって、こんなに（両手をひろげて）太っちゃいましたね。（笑声）

（前掲書）

極寒での木材伐採は、過酷な強制労働とされた。松や樅《もみ》の大木を手作業（のこぎり、マサカリ）で倒していく。大木に引きずられ、命を落とす者もいる（三橋はそれについて語っていない）。三橋の抑留は、それだけでは済まない。すぐに日本へ戻ることはできず、現在の北朝鮮で一度、抑留された経験をしている。

シベリア抑留記の類いは、これまでに数多く出版されてきた。そのひとつに、穂苅甲子男著『シベリア抑留記 付・再びソ連を訪れて』（新信州社、一九六二年）がある。穂《ほ》苅甲子男《かりかしお》（一九二四〜二〇一五）は、信州の松本で有名な木材・建材・建築のメーカー、林友の創業者で、地元の名士であった。

一九四四（昭和十九）年四月、満洲に渡った穂苅は、四平省《しへいしょう》（現在の中国吉林省）梨樹《りじゅ》県《けん》青年訓練所に勤務する。翌年三月には、東安省廟嶺《とうあんしょうびょうれい》八〇三部隊に入営し、終戦とな

穂苅甲子男『シベリア抑留記　付・再びソ連を訪れて』（新信州社、1962年）

った。ソ連軍の捕虜となったのち、シベリア・タイシェット地区に抑留される。

　穂苅はそこで病を得て、シベリアから離れることになる。いよいよ日本へ戻ることができると希望に胸をふくらます。ところが着いたのは、現在の北朝鮮の都市、咸興《はむん》の収容所（ラーゲリ）だった。ここで、糧《りょう》秣庫《まつこ》（兵士用の食糧と軍馬用の秣《まぐさ》）の整理、駅からのトラックによる糧秣の運搬、牛、馬、豚の飼育および殺作業に従事する。ここで出会った上官が、シベリアから移された三橋達也であった。


　糧秣庫の労働は、実に重労働だった。

しかし充分な、文句の云いようのない給食は、われわれの労働能率をそれに比例して増加させていった。この陰には、三橋班長をはじめ炊事勤務者たちの、並々ならぬ苦労があったのである。まず三橋班長は、中隊に巣食う悪を断ちきるために身をもってこれに挺身した。正義感に燃える彼は、身の危険もかえりみず、ついに公平な平等な、搾取のない体制をきずきあげてくれたのである。

彼は、われわれシベリア帰りの食いたいというあこがれのものを、一つ一つ実現させていった。彼は手品師だ。ぜんざいが上る。ビフテキが上る。捕虜生活ではとうてい考えられない珍物が、つぎつぎと上ってきた。足りない材料を苦心して集めては、毎日の食卓をにぎわすのだった。「今晩は何があがるかなあ……」われわれが作業から疲れて帰る道すがら、夕食の献立を楽しみに胸をふくらませるのであった。

（穂苅甲子男『シベリア抑留記』新信州社、一九六二年）

三橋は、炊事班の班長であった。仕事を終えた穂苅は、煙草をふかしながら、暗い夜道を歩いて、幕舎へ帰っていく。そこには、三橋がこしらえたあたたかい料理が待っていた。できたての真っ白な豆腐が出てきたときは、夢かとばかりにおどろいた。物資がそれなりに豊かだったこと以上に、不正・横領が日本人のなかに広がっていたことが、穂苅の文章からうかがえる。

一九四六（昭和二十一）年十二月、穂苅は日本へ戻る。家族と再会した翌日からさっそく、『シベリア抑留記』の執筆を始めた。「記憶が薄れないうちに」と気ばかりが急く。「いまも抑留されている多くの同胞を帰還させたい」「異国の地で亡くなった同胞の家族に、抑留の現実を知らせたい」。その悲願をこめた原稿となる。

抑留記を書き上げたあと、師とも父とも仰ぐ駒井徳三（元・満洲国国務院総務庁長官）を訪ね、出版について相談した。講談社の関係者でもあった駒井は、原稿の意義を認めたうえで、米・ソ関係や戦後まもない日本の状況を考えて、時期尚早だと説いた。それが自費出版として日の目をみたのは十六年後、松本で木材業を起こしてからである。駒井はすでに亡くなっていた。

『シベリア抑留記』の出版記念会は、松本と東京で催された。三橋は仕事で参加できなかった。そのかわり東京での集まりには、妻の安西郷子が代わりに出席している。三橋が出席できなかったことを、穂苅は残念がった。

出版祝いの席では会えなかったものの、それに勝る喜びがあった。『シベリア抑留記』に、三橋が序文を寄せてくれたのだ。

正直云って、決してタイムリイな出版とは思えない。が、然し、既に〝戦後ではない〟と謂われる今日にそれがなされることに、却って意義があるのではないかと思う。

（三橋達也「『シベリア抑留記』に寄せて」『シベリア抑留記』）

三橋は、こうも書く。《シベリアの捕虜……それは、人間の、というより生きものとしての、最低の限界を往来する毎日。》。この序文では、穂苅が書いた逸話の舞台裏を明かした。

飯もろくに炊いた経験のなかった私が、炊事班長に選挙されたのを機に、ほんとにみんなを喜ばせたい一心で、自分でも予想もしなかったものを作った……ぼたもち、天ぷら、刺身、そして豆腐……。その折も折、通訳を兼ねていた現地残存の曹長が、秘かにわれわれの米を売って私腹を肥やした事件が起き、私は――どこで手に入れたのか、赤錆びたゴボウ剣を構えてくる曹長と刺し違えて、百人の戦友の血、何リットルかを守ろうと争ったことがあった。そのときの私は真実、〝みんなの為に〟死んでもいいと思った――。今、省みれば、私なりの〝正義感〟と〝勇気〟であったのだと思うし、何か、胸ふくらむ思いさえするのである。

（前掲書）


あえてこの武勇伝を書いたのは、穂苅の原稿を事前に読んだからだろう。この逸話には、後日談がある。

この一件で三橋は、上官の恨みをかった。一九四六（昭和二十一）年十一月三十日、咸興の収容所から興南《ふんなむ》に向けて、帰国へのトラックが出た。ところが、上官は「三橋伍長降りろ！」と命じた。すかさず同じ隊の梅木上等兵が、「私が降ります！」と申し出た。上等兵を降ろしたまま、トラックは出発してしまう。三橋は、梅木の名前を叫びつづけた。のちに梅木も日本に戻り、関西で鉄工所を営んでいた。それを探し出したのが、三橋だった。この話は晩年に穂苅が、地元タウン紙（『私の半生　第五号』松本タウン情報社、一九九八年）で明かしている。

十二月十六日の夕刻、およそ三千人を乗せた「大瑞丸」が、興南を出港した。その船に、穂苅と三橋がいる。京都府舞鶴への引き揚げ船ではなく、ふたりが下船したのは長崎県佐世保だった。そこから復員列車に乗り、ふたりは名古屋までいっしょだった。三橋はふりかえる。

> ――名古屋についた夜、復員列車の窓越しに固く手を握り、「また、お会いしましょう」そう云って中央線のホームへ降りて行ったときの穂苅君は、明日からの希望に頰を紅潮させていたのが、仄暗い中にもよく分った。……あれからちょうど十六年になる。　（前掲書）

穂苅は松本へ、三橋は東京へ、それぞれ帰途につく。実家のある銀座は、空襲で焦土と化していた。三橋は、母親の実家がある埼玉県の深谷《ふかや》へ向かう。三橋は五人兄弟で、そのうち三人はすでに病死、達也と姉のふたりしかいなかった。ただひとりの息子である三橋は、出征したきり三年も音信不通だった。息子が戻ってきた日のことを、母親のかくが雑誌のインタビューで回想している（インタビュアーは毒蝮《どくまむし》三太夫《さんだゆう》）。

「着のみ着のままでね、なんにも持ってない。夢かと思いましたねえ。あれ（三橋）が死んでたら、私たち、いまごろ乞食になってたでしょう。
それにしても五人きょうだいのいちばん下に、まさかねえ、あの人にやっかいになるとは思ってなかったです」

（「シリーズおふくろ・三橋かくさん」『週刊平凡』一九七三年三月八日号、平凡社）

この記事の最後に、「息子・三橋達也のひとりごと」がついている。三橋は言う。《終戦になって復員して、埼玉の疎開先に行ったときは、おやじもおふくろも年とったなあと思ったけど、おやじはオロオロ、その点、おふくろはしっかりしてたねえ。》。

帰国してから一年ほどは、英気を養った。俳優に復帰してしばらくは、大泉映画（東映の前身）の大部屋にいた。一九五一（昭和二十六）年、『あゝ青春』（松竹大船）における学生役で、注目を集める。『あゝ青春』の監督と主演をつとめ、自分を抜擢してくれた佐分利《さぶり》信《しん》を、三橋は恩人として慕った。佐分利もまた、三橋のことを可愛がった。

それからは大映東京、松竹大船、日活、東宝とスターの道を歩み、映画に、テレビに、二枚目を貫く。東宝時代には、『潜水艦イ-57降伏せず』（東宝、一九五九年）、『ハワイ・ミッドウェイ大海空戦 太平洋の嵐』（東宝、一九六〇年）など戦争映画にも多く出た。奇しくもこの夏、名画座のラピュタ阿佐ヶ谷の特集「GO!GO!GO!東宝戦争ウエスタン 愚連隊大作戦」（二〇二〇年六月二十一日〜八月十五日）では、谷口千吉《たにぐちせんきち》監督『独立機関銃隊未だ射撃中』（宝塚映画、一九六三年）が上映される。終戦のころのソ連・満洲国境を舞台に、戦線を死守する五人の日本軍守備兵の姿を描き、三橋はその束ねとなる山根班長を熱演した。また、テレビ番組の司会、クイズ番組の回答者、バラエティーのゲストとしても顔を出す。三橋達也・安西郷子夫妻が司会するテレビ番組に、穂莉甲子男が招かれたこともあった。

俳優の仕事は、最晩年までやった。二〇〇〇（平成十二）年完成、翌年公開の映画『忘れられぬ人々』（ビータズ・エンド、タキコーポレーション、ベンチャーフィルム、東京テアトル製作）では、大木実《おおきみのる》、青木富夫（かつての名子役、突貫小僧）とともに主演した（三人ともおない年）。大木、青木、風見章子《かざみあきこ》、佐伯秀男《さえきひでお》、星美智子《ほしみちこ》、内海桂子《うつみけいこ》らベテランぞろいのなか、木島等という役を三橋は演じた。

木島は、南方の激戦地から復員し、戦争で家族を亡くした。いまは畑の世話に精をだす、男やもめの老人である。本作の原案・脚本・監督をつとめた篠崎誠は、主演の三人に戦争経験のある俳優をキャスティングした。《三橋さんはロシアで戦後まで抑留経験があり》と篠崎はパンフレットのなかで語っている。

二〇〇四（平成十六）年五月十五日、三橋達也は八十歳で亡くなった。直前まで現役だったこともあり、その死はわりと大きく取り上げられた。多くの訃報が、シベリア抑留についてわずかながら触れている。

それから五年、二〇〇九（平成二十一）年九月、穂苅甲子男の『シベリア抑留記』が、『シベリア俘虜記―兵士の過酷なる抑留体験』として光人社NF文庫（潮書房光人新社）で復刊された。古舘豊は解説のなかで、咸興や興南での体験談が貴重な証言になっていることを指摘する。この地域に抑留された日本人の情報は、ほとんど残っていないという。それだけに、三橋の序文「『シベリア抑留記』に寄せて」が再録されなかったのは惜しまれる。

穂苅による文庫版あとがきにも、古舘の解説にも、本文中の《三橋班長》が誰であるかは、記されていない。

雲ながるる果てに

「戦争と俳優」の視点において、「特攻隊」は無視できない。戦時中は丸山定夫、徳川夢声、薄田研二らが結成した劇団「苦楽座」にかかわり、戦後は劇団民藝、日活映画、テレビ時代劇『水戸黄門』第二十二～二十八部（TBS、一九九三～二〇〇〇年）などで活躍した佐野浅夫《さのあさお》（一九二五～）は、そのひとりだった。

終戦の半年ほど前に佐野は、陸軍の甲府連隊に配属された。そこで「肉迫《にくはく》（肉薄）攻《こう》撃隊《げきたい》」の一員に命じられた。穴を掘り、爆弾を背負って潜み、敵の戦車が上を通ったときに爆撃する。《人間の命と爆弾を一緒にするのですから、とんでもない国でした》（「今、平和を語る」「毎日新聞」二〇一二年六月二十五日付夕刊）と言った。まさに壮絶な「特攻隊」である。

「肉迫攻撃隊」は沖縄への出撃が決まっていた。しかし、すでに船は満足になく、そのまま終戦となる。丸山定夫ら苦楽座にいた俳優の一部は、移動演劇「桜隊」の隊員となり、広島へ。そこで八月六日の朝を迎える（第四章「ヒロシマ・ユモレスク」参照）。佐野はこの体験を、桜隊の追悼会（五百羅漢寺）でも語っている。

「特攻隊」といえば今日、「神風特別攻撃隊《かみかぜとくべつこうげきたい》」を思い浮かべる人がおそらく多い。放送タレントで昭和史研究家の三國一朗は、著書『戦中用語集』（岩波新書、一九八五年）で、昭和十年代を象徴する八十三のキーワードを解説した。「関東軍」「十二月八日」「大本営」「八紘一宇《はっこういちう》」「ぜいたくは敵だ」「学徒出陣」「ひめゆり部隊」といった項目のなかに、「神風《かみかぜ》」がある。

日本海軍が「神風隊《しんぷうたい》」という特攻隊を組織し、レイテ沖海戦に出撃させたのが、サイパン陥落三か月後の昭和一九年一〇月で、その二五日、スルアン島沖での体当たり攻撃が先駆けになった。

特攻機による戦死者は、海軍二五二七名、陸軍一三八八名と記録されている。

（三國一朗『戦中用語集』岩波新書、一九八五年）

海軍航空特攻隊員の多くは、旧制高校・専門学校生のなかから海軍の飛行科を志望した、学徒出陣の若者たちであった。三國は、一九四一（昭和十六）年十月十六日の「大学・専門学校在学年限短縮決定」が、一九四三（昭和十八年）十月に始まる学徒出陣の前兆だったと書く（「学徒出陣」の言葉の起源には諸説ある）。

海軍航空特攻隊員は、「海軍飛行予備学生」第十三期・十四期生（一九四三年入隊）、および「海軍飛行専修予備生徒」第一期・二期生（一九四三、四四年入隊）を主力に編成された。愛知縣護國神社（名古屋市）の「海軍飛行予備学生　飛行科士官　慰霊塔」の銘板には、こう刻まれている。

満洲事変のさなか昭和9年に入隊の1期生から第二次大戦末期昭和19年入隊の15期生まで生徒は同18年入隊の1期生と同19年入隊の2期生で操縦偵察各専修と飛行要務にわかれた 入隊者10932名 うち戦没2437名

（「海軍飛行予備学生の概要」愛知縣護國神社「海軍飛行予備学生　飛行科士官　慰霊塔」）

同慰霊塔には「神風特別攻撃隊」の銘板もある。連合艦隊布告神風特別攻撃隊の士官戦没は七六九名、うち六五一名が予備学生の出身者とある。予備学生のなかでは第十三期生が四四七名でもっとも多く、十四期生が一五八名、一期生徒が三六名であった。社団法人白鷗遺族会編『雲ながるる果てに　戦歿飛行予備学生の手記』（日本出版協同、一九五二年）の巻末には、「神風特別攻撃隊（聯合艦隊布告分）員中士官戰歿者數」として七六九名とある。この人数は、護國神社の慰霊塔に刻まれた人数と同じである。同書には「海軍飛行豫備學生出身豫《よ》備《び》士官（搭乗員）數」も載っている。そこでは総員一〇八四六名、うち戦没者が二一〇一名とある。

永沢道雄著『ひよっこ特攻　ハイテク艦隊vs複葉機特攻』（光人社NF文庫、一九九七年）も読んでみた。その巻末には、「第十四期海軍飛行予備学生戦没者名簿」が掲載されている。総員は三三二三名、このうち名簿にある戦没者は、飛行専修者（操縦、偵察）と飛行要務専修者あわせて四一一名にのぼった。このなかには特攻だけでなく、航空基地などで命を落としたケースも含まれる。第十三期生にくらべると人数こそ少ないが、《もし終戦が遅れて本土決戦の決号作戦が本格的に行われれば、その大半が戦死しただろうと推測》と永沢は書く。

このように「神風特攻隊」といっても、ひとくくりにできるわけではなく、人数も残された資料でまちまちである。特攻出撃によって命を落とすだけでなく、航空基地などで殉職した若者たちもいる。

本書の最後に取り上げる俳優は、特攻隊と深い縁のある江見《えみ》俊太郎《しゅんたろう》（一九二三〜二〇〇三）、鶴田《つるた》浩二《こうじ》（一九二四〜一九八七）、西村《にしむら》晃《こう》（一九二三〜一九九七）の三人である。ともに同世代、それぞれ海軍で日々を送り、終戦となった。江見と西村が第十四期の予備学生で、鶴田には後述する事情がある。また、第四章「門前に佇む母」で書いた木村功は、特攻隊に志願しなかったという意味での縁があった。

江見俊太郎

江見俊太郎は、長寿番組となった『水戸黄門』のほか、『暴れん坊将軍』（テレビ朝日、一九七八〜二〇〇八年）、『長七郎江戸日記《ちょうしちろうえどにっき》』（日本テレビ、一九八三〜一九九一年）などど、テレビ時代劇でよく見かけた常連悪役である。一九五〇年代は新東宝映画の二枚目、それも色悪な役どころで活躍した（新東宝時代には一時、江見渉を名乗った）。昭和三十年代前半のテレビ草創期には、『眠狂四郎《ねむりきょうしろう》無頼控』（日本テレビ、一九五七年）や『新吾十番勝負』（同、一九五八〜六〇年）に主演するなど、〝二のセン〟で売った時代がある。

芸能人の権利獲得に尽力した素顔もある。協同組合日本俳優連合副理事長、社団法人日本芸能実演家団体協議会顧問、東京芸能人国民健康保険組合理事長など、悪役俳優とはまた違った反骨なる一面があった。

一九八七（昭和六十二）年三月二十日、「第百八回国会　予算委員会公聴会」に、江見は公述人として出席した。議題は、同年度の一般会計予算、特別会計予算、政府関係機関予算の三案である。江見の肩書きは「舞台入場税対策連絡会議代表・俳優」で、入場料、助成金、寄付金、俳優の年収と税金、人権問題にいたるまで私見を述べた。その最後の公述で、こう語っている。

早稲田にいるときに学徒出陣になりまして、海軍航空隊に入りまして、私は何の迷いもなく特攻の志願をさせられたときに志願しました。つまり八紘一宇の精神なんということが言われたわけですが、世界をもって一つの家となしというそのこと自体すばらしいことだと私は思ったのですね。世界平和のためだと思ったのです。

しかし、戦争がああ終わりました。つまり最後に原爆みたいな多くの犠牲者の上に立って私の命が、死ぬべきであった私が生き延びた、多くの戦友も失ったりしながら。それで私が帰ってきたときに、一番最初におふくろに会ったときに考えもせず思わず出た言葉があります。門のところで迎えたおふくろに、お母さん済みませんと言ったのです、考えてなかったのですけれども。つまり、おめおめと生きて帰ってきちゃった、おれは死ぬ気で行ったのにということなんですね。

（「第百八回国会　予算委員会公聴会」会議録）

江見俊太郎（1980年代、宣材写真）

江見俊太郎は、一九二三（大正十二）年、

東京の多摩の生まれ。早稲田大学専門部政治経済科を二年生で繰り上げ卒業となり、学徒出陣する。一九四三（昭和十八）年十二月のことだ。海軍航空隊少尉の特攻隊員となり、一九四五（昭和二十）年二月から、福岡県の築城《ついき》海軍航空基地に配属される。そこで特攻隊員としての訓練を受けた。

訓練当初は、「一式陸上攻撃機」などの下部につるされて運ばれ、敵艦の目前で攻撃する「桜花」に乗り込むはずだった。ところが、一式陸上攻撃機がつぎつぎと撃墜され、複葉《ふくよう》の屋根のない練習機、通称「赤とんぼ」が訓練機となる。二百五十キロ爆弾を積み、赤とんぼで訓練に励んだ。江見の日誌によれば、終戦前日の八月十四日夜まで、編隊訓練をしたという。終戦は、出撃の一歩手前であった。

翌年の一九四六（昭和二十一）年、今井正監督『民衆の敵』（東宝）で映画デビューする。昭和二十年代、三十年代と、新東宝映画、テレビ、舞台へと活躍の場を広げていく。新聞記事やイベントのチラシは見つけたものの、戦時中のことをふりかえった自叙伝、回想録、一冊にまとまった聞き書きなど、江見の単著は見つけられなかった。

はっきりしているのは、みずからの体験を、後世に語りつごうとしたことである。元特攻隊員だったことを明かし、それを自主公演の題材にした。舞台『蒼い空』は江見の原作で、各地の学校で上演されるときは、元特攻隊員の老人を江見が演じた。『蒼い空』とともにライフワークとした朗読劇『消えない星』も、江見の作である。国会の公聴会では、こう語っている。

それからは男一匹何をしようかと、これから国のため何をしようかと思って考えたときに、国境を越えて本当に戦えるものは武器ではなくて芸術の世界だというふうに考えまして、その中で一番たくさんの人に接しられる映画というものを選んでいろいろとやったわけでございますが、やっているうちに何か物足りないというか、自分の思いがなかなか燃焼し切れないということを感じます。

そして学校公演というものに取り組むのですが、その学校公演のときに初めて自分はちょっとお役に立っているんじゃないかなと。

（前掲録）

一九九九（平成十一）年六月十二、十三日、「日吉台地下壕保存の会」主催で、第七回「川崎・横浜 平和のための戦争展'99 私の街から戦争が見える」（川崎市平和館）が開かれた。江見は、二日目の講演「戦争体験を語る」ならびに座談会「それぞれの特攻隊」に登壇した。

そのあともたびたび、反戦と平和がテーマのイベントに出ている。二〇〇二（平成十四）年八月二日には、「一九四五〜二〇〇二 夏ふたり」（東京都府中市）に登壇、サクソホン演奏家の中川美保とトークをした。その席で江見は、みずからを「人間爆弾」と称し、実体験をもとにした手記『消えない星』を朗読した。そのうえで、当時の小泉純一郎内閣による「有事法制関連三法」に対し、危惧した。八十歳で亡くなったのは、翌年の二〇〇三（平成十五）年十一月十七日のことである。

二〇〇五（平成十七）年十月十五日には、三回忌にあわせて「語り継ぐ会 第一回・江見俊太郎さんを偲んで」が、東京・新宿で開かれた。会場の「芸能花伝舎」は、江見が生前尽力した日本芸能実演家団体協議会のスペースである。当日は、妻で女優の松風はる美が挨拶し、江見がライフワークとした『蒼い空』と『消えない星』が、後輩たちによって上演された。

いまでも地上波、BS・CSで再放送される時代劇で、江見をよく見かける。黒幕として、いつも最後に斬られる名悪役が、特攻隊の生き残りだと知る人は、きっと少ない。

鶴田浩二

江見俊太郎につづいては、東映任俠映画のスターだった鶴田浩二である。戦後三十年の節目に、鶴田は「海軍航空隊と私」と題した談話を寄せた。

終戦直前に私は特殊潜航艇《とくしゅせんこうてい》乗組要員になっていましたから、そりゃ、いずれ死ぬ身でした。

もう少し、ホント、あと数日も戦争が延びていれば八丈島から出撃していたでしょう。現に、仲間の四分の一を先に送っちゃった。

終戦を迎えたのは八丈島へ出発するために横須賀で待機していたときでした。

（鶴田浩二「海軍航空隊と私」『週刊読売』一九七五年八月十五日号、読売新聞社）

本人は《特殊潜航艇乗組要員》と言っているけれど、鶴田浩二といえば「海軍」「特攻隊の生き残り」という世間のイメージがある。

二〇一九（令和元）年十一月二十九日放送の『武田鉄矢の昭和は輝いていた』（BSテレ東）では、海軍の白い制服を凜と着こなし、『同期の桜』を熱唱する鶴田の姿が流れた。この日の番組テーマは「昭和を盛り上げた宴会ソング」。宴会ソングであって、軍歌ではない。スタジオゲストの大木凡人《おおきぼんど》は、「営業で呼ばれるたびにこれいのセリフを言わされて、参加者が泣き出した」とコメントした。宴会で『同期の桜』を熱唱する人のなかには、鶴田を気取った人もいたのではないか。

この番組で流れた『同期の桜』は、掛け値なしの熱唱だった。それを見ながら、戦争と俳優のひとつのつながりを想う。たまたま、おなじ番組を見ていた知人が言った。

「恥ずかしげもなく、よくこんなかっこうで歌えるなあ」。それもまた素直な受けとめ方である。

「鶴田浩二は、特攻隊の生き残りではない」との指摘もある。軍歴詐称疑惑が取りざたされ、週刊誌でスキャンダルになった。元特攻隊員のなかには、鶴田を快く思わない者がいた。特攻隊員ではないけれど、同志として鶴田に心情を寄せる当事者や遺族もいた。「戦友への想い、死への覚悟はともにおなじ」と考えた鶴田に、心酔する人は少なくなかった。

今年（二〇二〇年）出たムック本『週刊現代プレミアム ビジュアル版 昭和の怪物 闇と光の芸能界編』（講談社）では、「戦争の匂いがする男」と題して紹介された。特攻隊についての言及はあるけれど、「生き残り」とは記されていない。《学徒動員で大井海軍航空隊（静岡県）に入ったものの、担当は整備。飛行を希望したが、かなわなかった。その分、死んでいった仲間たちを敬い、彼らに対する罪の意識を強く持っていた。》と紹介がある。

生き残りかどうかは別として、江見俊太郎、鶴田浩二、西村晃のなかで、一般的に特攻隊のイメージが強いのは鶴田かもしれない。海軍の制帽と制服を、凜々しく着こなすジャケットの軍歌レコードは、中古レコード店やネットオークションでよく見かける。特攻隊の生き残りが、散っていった同期の桜と同化し、歌う映画スターとしてよみがえる。そのように見えてしまう。

『同期の桜』は、歌手・鶴田浩二の代表作である。そのステージは、だいたいこんな感じだった。インストゥルメンタルをバックに、《昭和二十年三月二十一日　陽光うららかな日》と鶴田が語り出す。《海軍少尉小野栄一《おのえいいち》　身長五尺七寸　体重十七貫五百　きわめて健康》。小野栄一は、鶴田の本名だ。万感をこめて語り終えると、ひと呼吸おいて、マイクをにぎる。楽団の生伴奏が盛り上がる。《貴様と俺とは　同期の桜～》。

『同期の桜』は西條八十《さいじょうやそ》の作詞である。ビクターと契約する鶴田は、権利をもっていたコロムビアから歌う許可がおりなかったのだろう。そこで、鶴田と仕事をした脚本家の村尾昭が、戦没学生の手記をもとにセリフを書き、鶴田が何度も赤を加えて、《陽光うららかな日》の語りが完成する。一九七〇（昭和四十五）年発売のＬＰ『あゝ軍歌―戦《と》友《も》よ安らかに―』（ビクター）のＢ面一曲目に、『同期の桜』が収録されている。語りのみのバージョンで、ＬＰの解説書に作詞家の名はない。作曲者は《不詳》で《編曲　吉《よし》田正《ただし》》とある（『同期の桜』の作曲は大村能章《おおむらのうしょう》）。

「鶴田浩二＝特攻隊」のイメージを強めた、テレビドラマがある。『山田太一《やまだたいち》シリーズ男たちの旅路』（ＮＨＫ総合、一九七六～八二年）である。第一回「非常階段」は、一九七六（昭和五十一）年二月二十八日に放送された。このドラマは好評を博し、シリーズ全四部にスペシャル版を加え、十三のエピソードがつくられた。特攻隊の生き残りで、

鶴田浩二『あ、軍歌—戦友（とも）よ安らかに—』（ビクター、1970年）両面縦ジャケット

いまは警備会社のガードマンをしている吉岡晋太郎司令補が、鶴田の役である。

第一回「非常階段」に、警備室で吉岡がひとり語るシーンがある。新人警備士の柴田竜夫（森田健作）と杉本陽平（水谷豊）が、そばで話を聞いている。吉岡は、出撃を翌朝に控えた友が、「降るような星空ってのは、いいもんだったなあ」と語ったことをふりかえる。吉岡が「雲よ晴れてくれ」と願ったにもかかわらず、星は出なかった。

「翌朝《よくちょう》、曇り空の中を、奴は飛んで行った。そして還ってこなかった。甘っちょろい話じゃないかと、今の奴は言う。しかしな、翌朝確実に死ぬとわかっている人間は、星が見たいと言う。たったそれだけの言葉に、百万もの思いがこめられていたのだ」

吉岡のセリフは、ドラマの映像より起こした。公刊された山田太一のシナリオとは、セリフが異なっている。吉岡の切々とした語りを、ミッキー吉野の劇伴が盛り上げる。ドラマが完結したあと山田は、このシーンの舞台裏を明かした。《その日スタジオに入りながら「まいったな。昨夜はのみすぎちゃってね。台詞入ってないよ」といったのだそうである。（中略）あとで聞くと、前夜は酒どころではない打ちこみようだったとのことである。》（『山田太一作品集―3　男たちの旅路①「非常階段」』大和書房、一九八五年）。

第一回のこのシーンが、『男たちの旅路』のイメージと、吉岡司令補のキャラクターを定めた。元特攻隊員がらみの設定は、吉岡だけではない。警備会社の小田社長（池部良）は吉岡のかつての上官、小笠原で漁師をしている森本（ハナ肇《はじめ》）は元特攻隊の整備兵、テロリスト三浦（長塚京三《ながつかきようぞう》）に狙われるフェリーの船長（田崎潤）は元海軍軍人といったキャラクターが、ほかのエピソードに登場する。

『男たちの旅路』DVDチラシ（NHK、2002年）

山田太一の名をタイトルに掲げた、鶴田浩二主演のテレビドラマ。これが、NHK

側の企画だった。NHKプロデューサーの近藤晋《こんどうすすむ》が、山田に執筆を打診した。乗り気になった山田は、鶴田の自宅をさっそく訪ねている。のちに山田が語る。

とにかく、会ってしゃべろうと思ったのだけれども、ほとんど対話にならないくらいに鶴田さんが戦争体験についての独演会をやったわけです。それは私の目からは偏見と思えるところもあったし、ノスタルジーで曇っている部分もないとは言えない。でも、鶴田さんという一人の人間の半生で特攻隊が強烈な体験だったことはひしひしと感じました。それをなんとか生かす方法はないかというのがこのシリーズのベースとなったのです。

（『男たちの旅路・傑作選』日本放送出版協会、一九八二年）

『男たちの旅路』がスタートしたとき、鶴田は五十代の前半だった。特攻隊の生き残りというイメージは、すでに世間にある。海軍時代の軍歴・軍籍詐称が取りざたされたのは、その二年ほど前、昭和四十年代末のことである。

鶴田浩二こと小野栄一は、一九二四（大正十三）年、静岡県浜松に生まれた。家庭環境は複雑だった。鶴田に関する評伝、家族による回想録は出ているものの、鶴田の手による単著（自叙伝、回想録、聞き書き）はおそらくない。以下の文章は、鶴田関連の雑誌記事と、書棚にある本を参考に書いた。

十四歳のとき、高田《たかだ》浩吉《こうきち》の内弟子となり、芸能界入りする。そののち此花《このはな》商業高校（現・大阪偕星《かいせい》学園高等学校）、旧制の関西大学専門部商科（のちの関西大学短期大学部）をへて、学徒出陣となる。LP『あゝ軍歌—戦友《とも》よ安らかに—』（ビクター、一九七〇年）の解説書には、鶴田の軍歴が紹介されている。

> 昭和十九年五月十五日、小野栄一（後の鶴田浩二）は、学窓に別れを告げ、海軍飛行予備学生第十四期生の一員として、武山の横須賀第二海兵団に入団、翌昭和二十年二月、大井海軍航空隊に配属になり、帝国海軍の予備士官たるべき厳しい教育を受けました。昭和二十年三月に海軍少尉に任官、戦闘機搭乗員として日に日に苛烈を極めていた日米空の決戦に参加する日を待っていたのです。
> （八巻明彦「戦いぬいた戦中派 鶴田浩二」『あゝ軍歌—戦友《とも》よ安らかに—』ビクター、一九七〇年）

横須賀で終戦を迎え、故郷の浜松へ戻った。俳優として本格的にデビューするのは、一九四八（昭和二十三）年のこと。松竹京都の時代劇を皮切りに、そのあとは松竹大船の若手二枚目として台頭していく。

鶴田浩二（1950年代、生写真）

新人時代は、特攻隊の生き残りというキャリアを強く出していない。それでも後年のイメージの萌芽、大空への憧れはすでに感じさせる。俳優として注目を集めた一九五〇（昭和二十五）年、映画雑誌にみずからの生い立ちを寄せた。鶴田自身が書いたものか、ゴーストライターの文章か、はっきりしないが、おおやけにされた前半生ではある。以下に引用する。


　父は浜松の陸軍航空工廠《こうしょう》に勤務する技官だつた。家中、どの部屋も飛行機の機体模型や設計図や、航空関係の本で一杯で、さうした雰囲気に育つた僕は、子供の頃から大変な飛行機マニヤだつた。

「栄ちやん、大きくなつたら何んになる?」そう聞かれると、きまつて
「飛行機乗りになるヨーッ」

と答えた僕だつたのである。

浜松は日本でも有名な陸軍の航空基地があつた処である。文字通り、朝から夜まで

四六時中飛行機がとんでいた。（中略）
空を仰いで居りさえすれば、飛んでいる飛行機の姿を眺めて居りさえすれば、僕等の一日は退屈もせず暮せた。
爆音は子守歌であり、両翼をピンと張つて、大空をたち切るように上昇する機影《きえい》は、少年時代の僕等の希望の使者であつた。
（鶴田浩二「吾が道を往く」『近代映画』一九五〇年九月号、近代映画社）

全二ページの半生記のなかで、海軍時代の記述は、以下のわずかしかない。
僕は、学業をなげうつて戦列に自ら進んでこの身を投じた。海軍予備学生として横須賀海兵団付きとなり、祖国の運命を直視していた。
（前掲書）

鶴田が、特攻隊員に心情を寄せるきっかけとなった映画がある。一九五三（昭和二十八）年六月封切りの『雲ながるる果てに』（新世紀映画・重宗プロ製作、松竹・北星映画配給）である。白鷗遺族会による遺稿集『雲ながるる果てに―戦歿飛行予備学生の手記―』（日本出版協同、一九五二年）を原作に、八木保太郎《やぎやすたろう》、家城巳代治《いえきみよじ》、元特攻隊員の直

『シナリオ文庫第10集　雲ながるる果てに』（映画タイムス社、1953年）。鶴田浩二（左）、木村功（右）

居欽哉の三人がシナリオ化、家城がメガホンをとった。

映画では、基地で稼働する全機が沖縄へ特攻出撃するまでの数日間を、出撃する特攻隊員たちの姿を通して描く。木村功、金子信雄、沼田《ぬまた》曜一《よういち》、高原駿雄《たかはらとしお》、西村晃らが特攻隊員役で、鶴田は「神風特別攻撃隊第三御楯隊《みたてたい》」の海軍中尉、大瀧正男《おおたきまさお》を演じた。この大瀧と対になるのが、木村ふんする深見中尉である。特攻（死）に対して前向きな大瀧と、ケガをして後ろ向きになった深見の対立と和解、それぞれの葛藤が、物語の重要なテーマとなった。

『雲ながるる果てに』は当時盛り上がりをみせた独立プロの作品で、松竹の俳優である鶴田には縁がない。鶴田は、レッドパージで松竹大船を追われた田岡敬一から台本を渡され、この企画を知る。そして、松竹に楯ついてまで、出演することを決意した。そのことをのちに鶴田は語っている。

その頃は夜中まで飲んでたから横須賀線の最終電車の吊り皮《原文ママ》につかまって、その生原稿を読んだわけですよ。そうしたら読んでるうちに泣けてきて……。その頃は忘れようとしている最中だけど、泣けてきて泣けてきて忘れるどころか思い出されて号泣しましたよ。ワァワァ声出して泣きました。

あの時死んでいった奴、この時死んだ奴、走馬灯のように浮かんで腹が立って腹が立ってしようがなかった。それで二日間ぐらいで決心して返事しました。

（座談会「大東亜戦争を語り継ぐために」『レコンキスタ』一九八三年十一月一日号、一水会）

筆者が『雲ながるる果てに』を初めて観たとき、「これが海軍少尉・小野栄一の原点だったのか」と納得した。基地にやってきた両親と恋人が遠くで見送るなか、大瀧を載せた編隊が雲のなかへ消えていく。そこへ、三人に宛てた手紙（遺書）が、大瀧によって語られる。その声とともに、スクリーンの画面中央に手紙の一部が映し出される。《昭和二十年四月十六日　神風特別攻撃隊第三御楯隊　海軍中尉　大瀧正男　身長五尺六寸　体重十七貫五百　きわめて健康》。この文言が、鶴田が得意とする『同期の桜』の語りへつながっていく。

『雲ながるる果てに』は、ＤＶＤ化されている。二〇一九（令和元）年の夏には、名画座のラピュタ阿佐ヶ谷で上映された（特集「戦後独立プロ映画のあゆみ――力強くPART Ⅱ」七月二十八〜九月二十八日）。あらためて観ると、特攻隊賛美が過ぎず、反戦思想も過ぎず、よくできた作品だと感じた。松井中尉（高原駿雄）と芸者・富代（利根《とね》はる恵《え》）の束の間のやりとり、特攻隊員を駒のように扱う倉石参謀（岡田英次）と戸田飛行長（神田隆《かんだたかし》）の非人間性、ふたりの言動に顔を曇らせる金子司令（加藤嘉）の苦悩など、新劇の俳優たちがいい芝居を見せる。

子どものころから大空へ夢を抱いた鶴田が、大瀧正男に同化したのは、必然だったかもしれない。劇中、特攻隊員のシンボルといえる白いマフラーが、印象的に登場する場面がいくつかある。のちに鶴田は回想した。《大井航空隊では、岩見少佐という人が隊長でした。大柄な人でね、マフラーの巻き方がカッコよかったんだ。それをマネしただけで、上官から「貴様らナマイキだッ」と往復ビンタですわ。》（「海軍航空隊と私」）。小道具の白いマフラーひとつとっても、鶴田のこころを刺激したのではないか。

ノンフィクション作家で評論家の保阪正康《ほさかまさやす》は、大瀧役の鶴田と深見役の木村功とのあいだに、意見の相違が生じたことに注目する。保阪は、共演した金子信雄の口から、鶴田と木村の関係が険悪だったことを聞かされる。脚本の八木保太郎が仲介するかたちで、金子を含む七、八人の出演者が話し合い、ふたりのわだかまりはなくなった。

鶴田の没後に書かれた「『特攻神話』を生きた男――鶴田浩二・小伝」（『別冊文藝春

秋』一九八七年十月号、文藝春秋）に、保阪はこう書く。《この時期はちょうど特攻隊員の死は犬死であったという論が左翼論壇にでまわっていて、特攻隊個人の置かれた位置はわかるが、結果としてそれは意味はなかったという論を木村などが主張したのではなかったろうか――。》。保阪は木村功を《左翼的反戦主義》、鶴田浩二を《愛国的反戦主義》とした。ただ木村については、そう単純なものではなかった。

第四章「門前に佇む母」で触れたように、木村は広島の出身で、最愛の両親を原爆で亡くした。海軍の通信隊に配属された下士官で、特攻隊基地付きで終戦を迎えている。その翌日には、兵器受領の命令を受け、呉（海軍の呉鎮守府）へ向かった。その途中、停車した列車からなかば脱走のかたちで、広島の自宅に戻った。

その木村が、深見中尉の役に複雑なものを抱いたことを、撮影中に語っている。出演者の鶴田、木村、沼田曜一、高原駿雄、監督の家城らによる座談会である。

木村（鶴田に）こんなことを感じないかね。自分に最もはまった役らしいと自分でかんじたとき、かえって、ちょっと、かんたんにはできなくなる。

鶴田 それは神経質に感じちゃうからじゃない。自分の場合は、気分の出ないのが一番いやだね。士官というのは、自分にはまっているのかどうか知らないが、やっぱりむづかしいな。

沼田 (木村に) いまのはなしは、そう感じ過ぎちゃうからじゃない。
木村 どうもむづかしいんだ。すかっとふっきれないんだ。とってもいけねえや。俺の場合、配役がきまってからホン(脚本)を読んだんだが、しまったと思った。逆地をいったわけだが、それが、いままでたたっちゃった。しょっぱなからケガをする役だから、変に滅入っちゃったんだ。
(座談会「思い出すキサマ、オレの氣分」『日本映画』一九五三年七月号、世界映画社)

鶴田と木村の仲は、木村の妻である梢が著書『功、大好き 俳優木村功の愛と死と』で触れている。梢は、『雲ながるる果てに』の現場で、木村が鶴田に対してあまりなじんでいないことを知り、心配した。ただ撮影が進むにつれて、ふたりは仲良くなっていく。本作をきっかけに、夫婦でお互いの家を行き来するほどの仲となる。《それはちょうど『雲ながるる果てに』の役そのままを受け継いだ形で、晩年会う機会がなくなってからも、元戦友としての友情は消えることがなかった》(『功、大好き』)。
『雲ながるる果てに』公開の翌年、一九五四(昭和二十九)年十一月、俳優の高田稔《たかだみのる》が監修する『芸能入門選書 映画俳優篇』(新灯社)が刊行された。その巻末に鶴田が、こんな一文を寄せている。

昭和十八《原文ママ》年八月十五日、僕もまた、その日を茫然《ぼうぜん》と諦観《ていかん》のうちにむかえた一人です。関西大学の学窓から学徒出陣として海軍に入り、人間魚雷と呼ばれた特攻隊員として教育さ《原文ママ》ました。過去も、未来も、考える事さえ許されぬ、魂を奪われた状態の僕が、敗戦に直面して、どうして光明を見出し得たでしょうか。あの当時の、誰もが味わつた、どうにもやり切れない虚無感……。

故郷の浜松に帰つた僕は、然し、次第に、そうした一時の虚無感から脱して、「俺にだつて、青春の喜びがあつていい筈だ」と、そんな覇気《はき》を持つ様になつて、自分の道を、自分自身で開拓するための喜びというようなものを感じて来ました。

（鶴田浩二「僕は幸運児なのだろうか」『芸能入門選書　映画俳優篇』新灯社、一九五四年）

昭和二十年を昭和十八年と間違えるあたり、鶴田本人の文章か怪しいけれど、ここに「特攻隊員」の文言がある。保阪正康は、その鶴田の軍歴を追う。厚生労働省援護局業務第二課にある軍歴票に保阪は注目する。小野栄一の名はなかった。海軍飛行予備学生第十三期・十四期の名簿にも、第一期・二期予備生徒の名簿にもない。そのうえで保阪は《海軍予備学生の間では、鶴田は、学徒出陣で大井航空隊の整備兵だった、というのが定説になっている。》（『「特攻神話」を生きた男』）と結論づけた。

鶴田が書いたり、語ったりした記事を、あらためて読みくらべてみた。《海軍予備学生として横須賀海兵団付き》《人間魚雷と呼ばれた特攻隊員》《特殊潜航艇乗組要員》といろいろである。なぜ、こんなことになったのか。

昭和三十年代は、日本映画の全盛時代である。『街のサンドイッチマン』（ビクター、一九五三年）がヒットするなど、鶴田は歌う映画スターとして活躍した。松竹京都、松竹大船、大映京都、大映東京、東宝と各社の作品に出演し、人気が低迷することもあるなか、スター街道をのぼりつめていく。一九六〇年代には東映東京へ移り、ギャング映画で片岡千恵蔵の相手役をつとめたり、主演、準主演を担う。このころはまだ、特攻隊の生き残りとの印象は薄い。

一九六三（昭和三十八）年から、東映の任俠映画に出るようになった。高倉健との二枚看板で、おおいにその顔を売る。海軍の制服を着こなし、〝海軍少尉 小野栄一〟として軍歌を歌い始めるのは、それから数年のちのこと。出演映画をふりかえると、『あゝ同期の桜』（東映京都、一九六七年）、『人間魚雷 あゝ回天特別攻撃隊』（東映京都、一九六八年）、『あゝ予科練』（東映東京、同）と戦争、軍人がテーマの作品が増えていく。『あゝ同期の桜』では、陣之内大尉役の鶴田と、監督の中島貞夫が仲たがいした。中島がのちにインタビューで語っている。《ま、鶴田さんは十四期飛行予備生徒としての体験と、それへの思い……散華《さんげ》の思想がある。僕には、戦争で虚しく死んだ父親のことや、もろもろあって、どうしてもぶつかってしまったですね。》（『遊撃の美学　映画監督中島貞夫』ワイズ出版、二〇〇四年)。

一九六九(昭和四十四)年十一月には、戦中派のひとりとして、拓殖大学で講演した。同年発売のアルバム『名もない男の詩《うた》』(ビクター)には、吉田正が鶴田をイメージして作曲した『名もない男の詩』が入っている。男の夢、望みを壊した戦争への憎しみを、バックコーラスとともに鶴田が謳い上げる。戦後二十五年を迎える一九七〇(昭和四十五)年には、アルバム『あゝ軍歌―戦友《とも》よ安らかに―』(ビクター)を発売した。作曲家の吉田正、軍歌研究家の八巻明彦《やまきあきひこ》の監修で、A面には『戦友《とも》よ安らかに』『ラバウル海軍航空隊』など六曲、B面には『同期の桜』『加藤部隊歌(隼戦斗隊の歌)』など七曲をおさめた。

先述した権利関係から、『同期の桜』はインストゥルメンタルにのせた語りのみで、西條八十が作詞した歌の部分は入っていない。A面の一曲目に収録され、アルバムのタイトルになった『戦友よ安らかに』も、鶴田の語りが冒頭に入る。こちらは、小野栄一(鶴田浩二)作詞、吉田正作曲である。

彼、鶴田浩二は、幸いにも生き残りました。生き残り、生き抜いて来た戦後のこの二十五年間、世はあげて、平和な、すべてを投じて楽しむために生きる、レジャーの時代です。しかも、その一方で、七十年安保改訂に対する、大きな、無気味な反対のエネルギーを内蔵している現在――。鶴田浩二は、いまここに、〝戦い抜いた戦中派〟の姿を、軍歌をかりて表現したのです。

（八巻明彦「戦いぬいた戦中派 鶴田浩二」）

『あゝ軍歌―戦友よ安らかに―』は、大ヒットした。このあたりから、テレビ番組やコンサートで軍歌を歌い、レコードも出て、特攻隊の生き残りとの印象ができていく。ステージ上では、散っていった仲間たちへの惜別の情を切々と語り、客席の涙をさそう。一九七四（昭和四十九）年二月十四日、『帰ってきた歌謡曲 鶴田浩二・戦友よ安らかに』（よみうりテレビ）が放送された。番組には鶴田とともに、六人の元特攻隊員が出演した。鶴田と仲のいい十四期予備学生四人と、一期若い予備生徒二人である。この番組で紹介された「第一期海軍飛行専修予備生徒」の肩書きが、番組を見ていた当の第一期生の知るところとなる。放送当日の番組欄（「読売新聞」夕刊）には、《海軍飛行予備生第一期生だった鶴田浩二》とはっきり紹介されている。この肩書きが「英霊を冒瀆《ぼうとく》している」と怒りを招き、軍歴詐称疑惑に発展する。

放送からまもなく出た『週刊サンケイ』（一九七四年三月八日号）には、「『自称元海軍飛行予備生徒』鶴田浩二への抗議人たち プライド高き『同期の桜』たちが騒ぎはじめた『特攻生き残り』俳優への疑問」と見出しにある。記事には、軍歴詐称のからくり、関係者の怒り、それを面白がる雑誌ジャーナリズムに満ち溢れている。

〽貴様とオレとは……実はカンケイないんだ、と怒っているのである。怒りのマトになっているのは、散華した〝同期の桜〟に思いをはせて歌ったり、スクリーンで悲しみの表情を見せる、ご存じ「特攻生き残りの俳優」鶴田浩二。彼は同期でないというわけである。戦後――というのも、もうはるかな二十九年を経て、怒っているのは、今はシラガ頭、まごうことなきホンモノの元海軍予備生徒たち。さて……。

（「『自称元海軍飛行予備生徒』鶴田浩二への抗議人たち」『週刊サンケイ』一九七四年三月八日号、産経新聞社）

鶴田は当初「第十四期海軍飛行科予備学生」と称していたが、これが元第十四期生のなかで問題となった。「第一期海軍飛行専修予備生徒」で身柄を預かるよう、関係者のあいだに働きかけがあったと記事にはある。記事内には、《鶴田は大井航空隊の整備兵、いわゆる水兵、といわれてますな》との元第一期生のコメントがある。いっぽうで、鶴田を断ずる声ばかりではない。海軍の仲間として受け入れるべき、との擁護する声も記事にはある。

ちなみに、保阪正康の「『特攻神話』を生きた男――鶴田浩二・小伝」を読むと、この『週刊サンケイ』の記事との類似点にも気づく。保阪もこの記事を、ひとつの手がかりにしたのだろう。

須藤久著『鶴田浩二が哭《な》いている　野坂昭如《のさかあきゆき》氏への決闘状』（二十一世紀書院、一九八八年）は、故人を哀悼し、擁護した一冊である。野坂昭如が、鶴田の追悼を兼ねた小伝「一片のメロドラマ」を『オール讀物《よみもの》』（文藝春秋）一九八八（昭和六十三）年一月号に寄稿した。『鶴田浩二が哭いている』は、鶴田の生い立ちを憶測で暴露し、侮辱した野坂への告発の書である。

この本で、よみうりテレビの『鶴田浩二・戦友よ安らかに』に出演した六人のひとり、江口望洋（第十四期生、陶芸家）が証言をしている。番組の司会者（江口は「有名な音楽評論家」と明記）が、六人に失礼な態度をとったことに、鶴田が激怒した。顔をつぶされたと思った評論家が、その仕返しをたくらむ。評論家は、鶴田があたかも特攻隊の生き残りのようにふるまったことを、流布した。それが軍歴詐称騒動のきっかけだったと。以上は江口の推測であり、真相は定かではない。

特攻隊の生き残りかどうかの議論を、鶴田本人は好まなかった。言い訳をしなかった。それでも軍歌は歌う。レコードやコンサートの売り上げを寄付し、遺骨収集の活動にあてた。一九七二（昭和四十七）年には、海上自衛隊のフライトに同乗し、硫黄島《いおうとう》へ出かけている。元十四期生で、当時は焼き芋屋を営んでいた友人が彫った観音像十五体を、硫黄島に持っていった。その後も遺骨収集のため、フィリピンなどを訪ねている。

鶴田の遺骨収集は、美談として語られた。二〇二〇(令和二)年に出たムック本『週刊現代プレミアム ビジュアル版』にも、そのことが紹介されている。自由民主党の機関誌『自由民主』(一九七四年五月号)では、原田憲(郵政大臣)、足立利昭(政治評論家)と語りあい、硫黄島への旅の思い出を語った。「日本人の心」と題されたこの座談会では、教育勅語の意義、若者の礼儀作法と秩序、ナショナリズム、靖国神社法案、自由と節度と礼節、日本の母など、鶴田がおおいに持論を展開した。最後に「日本人の心は」と足立に問われ、こう即答した。「祖国愛」と「愛国心」。

NHKドラマ『男たちの旅路』が始まった一九七六(昭和五十一)年には、作家の森《もり》敦《あつし》が聞き手の連載対談に招かれた。《せいぜい生きたって、二十年生きられるかなあ。わたしは四分の一、仲間失ってます。》と語り、こうつづける。

鶴田 そうですね。彼らは事業に失敗して、自殺した男たちじゃないんですよ。女とうまくいかなくなって心中した片割れじゃないんですよ。好むと好まざるとにかかわらず、自分がそうすることによって、たとえひと月でもふた月でも、半年でも、親に、兄弟に、友人に、後輩に、愛する人たちに、多少でも長生きしてもらおう、多少でも生きていてもらおうと死んでいった。二十歳前後の若い男たちが、少なくとも腹の中で血の涙を流しているかもしれませんけれども、一応、莞爾《かんじ》と笑っていきました。

私はこの男たちをこの手で送ったんです。死ぬまで背中に背負っていかなければならないので、そこからはみ出すわけにいかんのですよ、何をやっても。

森　それが演劇に対する要求にもなっている。

鶴田　なっています。ですからわたしは、その範囲以外のことはやりません。それのみをわたしは追っかけてきました。

（「森敦の問答縦横」『サンデー毎日』一九七六年四月十八日号、毎日新聞社）

森の言う《演劇に対する要求》の答えが、『男たちの旅路』の吉岡司令補だったのか。そのうえで筆者は、あの吉岡司令補にいまひとつ共感できないところがある。おなじ山田太一のドラマでも、『ドラマ人間模様　シャツの店』（NHK総合、一九八六年）のほうが、ずっと魅力的で好きだった。鶴田は亭主関白すぎて、愛する妻（八千草薫）に家出され、右往左往する頑固で腕のいいオーダーシャツ職人、磯島周吉を好演した。

森敦との対談を読んで、ひとつ腑に落ちた。昔ながらの男の価値観をもつ鶴田が、自殺や心中にいたる男たちに寄り添うことはない。生きたくても生きられなかったという戦争の不条理を、ぶつけずにはいられない。筆者がそうした鶴田の価値観に正直ついていけないのは、世代間ギャップなのだろうか。

草柳大蔵《くさやなぎだいぞう》著『特攻の思想　大西瀧治郎伝』は、「特攻生みの親」と呼ばれた海軍中将、大西瀧治郎《おおにしたきじろう》のノンフィクションである。その文庫版（文春文庫、一九八三年）解説を、鶴田が書いた。鶴田は戦時中、千葉の舘山航空隊で大西を見かけ、『特攻の思想』が原作の映画『あゝ決戦航空隊』（東映京都、一九七四年）ではみずから大西を演じた。

この解説は、鶴田の思想をさぐるうえでヒントになる。終戦時に保身を図った軍指導者を批判し、刀折れ矢尽きて自死した大西に深い共感を寄せる。太平洋戦争に対しては、民族国家が飛躍するための《陣痛》に敗れたと捉え、《国の災難を救うために私たちはそれに足る精神を持ちあわせているのか、を論じたい》とした。

一九八七（昭和六十二）年六月十六日死去、享年六十二。告別式は、テレビのワイドショー番組が生中継した。出棺のさい、海軍帽をかぶった何人かの参列者が、『同期の桜』を歌いながら、鶴田を送った。

西村晃

映画『雲ながるる果てに』は、観る人によっては泣いてしまうシーンも多いけれど、湿《しめ》っぽいだけではない。ほのぼのとした描写がある。下士官上がりのパイロット峰島《みねしま》は、そのとぼけた人柄で観る者をなごませる。

松井中尉（高原駿雄）が、夜の街へくり出そうとするとき、「行きた〜し。私も女を知りません。連れてってください」と甘い口調でねだる。「ひとりで行け」と松井に言われて、「残念であります」とポツリ。峰島を演じるのは西村晃、彼もまた特攻出撃を控えるひとりである。

倉石参謀（岡田英次）からの命令で、夜中に慌ただしく、翌朝の稼働全機による特攻出撃が決まる。家族と話そうと大瀧（鶴田浩二）が電話室に向かうと、峰島がいる。同作シナリオ（シーン104「当直室」）では、深見中尉（木村功）とのやりとりになっているが、映画では大瀧に変えられている。「今度の出撃はほんとだよ。だますもんか。は？　ああ〜、お前、可愛かったな。これもうそじゃねえぞ。は？　ああ〜、早く堅気になれよな。じゃ、あばよ」（映画より活字化）。受話器をおく峰島の顔は、屈託がない。

迎えた朝、峰島は鼻歌を口ずさみながら、飛行機に向かっていく。そのとぼけたキャラクターは、感情をはっきりさせる大瀧とは対照的で、おいしい役どころである。

一九七〇（昭和四十五）年八月、戦後二十五年の夏に出た『週刊読売』（読売新聞社）八月二十一日号「特別企画　海軍予備学生」に、「予備学生出身名士一覧」が載っている。作家の阿川弘之《あがわひろゆき》、庄野潤三《しょうのじゅんぞう》、島尾敏雄《しまおとしお》、キノトール、同志社大学教授の矢内原伊作《やないはらいさく》、NHKアナウンサーの北出清五郎《きたでせいごろう》、野村泰治《のむらたいじ》、映画監督の松林宗恵《まつばやししゅうえ》、番匠義彰《ばんしょうよしあき》、茶道裏千家家元の千宗室《せんそうしつ》（現・千玄室《せんげんしつ》）、大洋ホエールズ監督の別当薫《べっとうかおる》らおよそ九十人の名がある。そのなかに《西村晃　俳優　14期飛行科　日大》とある。西村は、海軍飛行科予備学生の第十四期生であった（同一覧に鶴田浩二の名はない）。

江見俊太郎と鶴田浩二とおなじく、西村晃にも単著がない。そのかわり、新聞・雑誌ではかなりの数のエッセイ、インタビュー、対談・座談記事がある。特攻隊員としての体験が多く語られ、当時のエピソードを知ることができる。軍歴・軍籍がはっきりしており、当時の写真も残されていることから、鶴田のように批判されることはなかった。

西村晃（『あゝ同期の桜』東映京都、1967年、撮影風景）

この『週刊読売』の特集では、文芸評論家の佐伯彰一《さえきしょういち》、TBS調査部長でキャスターとして活躍した田英夫《でんひでお》と、当時の思い出を語りあった。

西村　ひどい話なんですけれども、徳島が大空襲を受けた夜、たまたま遊郭へ泊まりにいったヤツがいる。それが、焼け出されて出てきたとき、下はいてないんです。ワイシャツの上から、短剣しめて、帽子を手に持って、あとから女がくっついてきた（笑声）これはやっぱり、学生出身の士官でないと、できない。

（座談会「特攻『回天』志願にもんもんの夜」『週刊読売』一九七〇年八月二十一日号「特別企画　海軍予備学生」、読売新聞社）

『雲ながるる果てに』の峰島を地でいくエピソードである。

西村晃は、一九二三（大正十二）年、札幌の出身。鶴田浩二のひとつ上にあたる。北海道帝国大学（現・北海道大学）教授で、日本初のロボットといわれる「學天則《がくてんそく》」の作者、西村真琴を父にもつ。映画『帝都物語』（東宝、一九八八年）では、西村が父の役を演じ、劇中には再現された學天則が登場した。

父の仕事の都合で大阪の箕面《みのお》へ移り、旧制の関西学院《かんせいがくいん》中学部（現・関西学院中学部・高等部）を卒業し、上京する。中学四年のとき一度、父の勧めで満洲へ渡ったことがある。子どものころから芝居好きで、榎本健一《えのもとけんいち》率いる「エノケン一座」のひいきだった。日本大学専門部芸術科（現・日本大学芸術学部）に入学してからは、新劇にのめりこみ、早稲田の学生とともに劇団「万葉座」を結成した。

一九四三（昭和十八）年秋、真山青果の『江戸城総攻』を、松竹国民移動劇団が国民新劇場（旧築地小劇場）で上演した。同公演では西郷隆盛にふんし、名優の井上正夫がその演技を褒めた。その公演の楽屋に、赤紙（第一回の学徒出陣）が届く。西村は、『江戸城総攻』の台本を手に、海軍へ入る（日大は繰り上げ卒業した）。

この直前の十一月、川尻則子と学生結婚した。則子は「瑞穂劇団」（第三章「特急三時間半」参照）の女優だった。新婚生活も満足におくれぬまま、十二月には舞鶴海兵団に臨時召集で入団し、訓練の毎日をおくる。思い出ぶかい『江戸城総攻』の台本を、訓練機の操縦室の片隅に置いたことを、西村はのちに明かす。

舞鶴で訓練を終えたあと、茨城県の土浦《つちうら》海軍航空隊に属し、そののち徳島海軍航空隊に移る。このあいだ舞鶴からずっといっしょだったのが、第十四期生として同じ釜のめしを食った裏千家第十五代家元の千宗室（一九二三〜、現・千玄室）である。ふたりは、同い年であった。一九四五（昭和二十）年三月には、ともにいる徳島の航空隊に、特攻隊（徳島白菊特別攻撃隊）編成の下命があった。

昭和十九年は飛行訓練で暮れ、つぎの年、ついに特攻要員にされちゃうんですね。そのとき家元も一緒だったんです。ところが一緒に死のう、と言っていたのに僕だけ先になっちゃったんです。

「おい、いっしょに行くはずなのに俺だけ先に死なせるか」と僕が言ったら、「わかった」と言って彼はわざわざ司令のところまで行って、「西村小尉《原文ママ》だけを行かせたくありません。ペアを組ませてください」と言ったんですよ。まるで映画もどきの話だけど、まったくそのとおりなんです。「死に急ぐな。西村はそう決まったんだから」と言われて帰ってきて、僕も納得しました。

（ビッグマン・インタビュー「役者を夢見た若き日々・俳優 西村晃」『財界ニッポン』一九八八年十月号、財界にっぽん社）

このエピソードを、千宗室も書いている。西村と千は、「死ぬのもいっしょ」と誓いあう。ところが、第一次特攻隊編成では西村が選ばれ、長男である千は隊員からはずされてしまう。

西村は当時、すでに結婚していて長女が生まれていた。航空隊近くのお寺に妻子を招いて、休日のたびに会いにいっていたのである。

その西村が、

「どうしてオレひとりなんだ。千よ、約束どおりいっしょにいってくれ」

きびしい表情で私に迫った。

「もちろんだッ！ いっしょに死のう」

私は隊長の田中大尉の部屋にかけこみ、特攻選抜を懇願した。

（連載⑪わが太平洋戦記・千宗室「戦友、西村晃と特攻で死を凝視した日々」『週刊ポスト』一九七二年三月三日号、小学館）

当時の西村について、元文学座代表で親交の深かった加藤武が語っている（市川安紀《いちかわあき》著『加藤武　芝居語り――因果と丈夫なこの身体』筑摩書房、二〇一九年）。加藤は、西村と小沢昭一の三人で、京都にある千の家を訪ねたことがあった。千と西村はうれしそうに、特攻隊時代の思い出を語った。

西村が舞台に出るときは、第十四期のメンバーが揃って観劇に訪れた。総見のあとの食事会に招かれた加藤は、同期生たちがしきりに「KA《ケーエー》」と言うことを不思議に思う。KA、すなわち「かあちゃん（妻）」の略である。

『週刊ポスト』に千が寄せた手記に、ある深夜の飛行場での出来事がある。特攻隊員たちはそれぞれ故郷の方角を向き、「おかあさーん」と叫ぶ。そこで西村が歌い出し、それにつられて「おかあさーん、ぼくら死ににいくぞォ」と大声でどなる隊員がいた。

一九四五（昭和二十）年四月一日には、米軍の沖縄本島上陸が始まっていた。千は松山航空隊に転任し、西村は鹿児島県の鹿屋《かのや》基地（現・海上自衛隊鹿屋航空基地）へ移り、沖縄を侵攻する米軍への特攻攻撃「菊水作戦」に参加した。ふたりはここで別れる。映画『雲ながるる果てに』で描かれた、沖縄への出撃が始まっていた。

特攻隊に志願した西村には、幼いひとり娘の朋子がいた。特攻隊のことは口外できないけれど、妻の則子は勘づく。そばにいてほしい気持ちとは裏腹に、娘を連れて東京へ帰ることを西村は勧める。ふたりは喧嘩になる。西村は当時、『折々の記』と題して日記をつけていた。その一部を戦後二十五年以上経ってから、雑誌に初めて公開した。終戦の前の月（七月二十四日）に書かれたもので、文中の「ノン」は則子のことである。

色々と話した、そして色々と説いた。どうして女っていざという時にまではっきりとした返事をしてくれぬのだろう。ノンは一言も言おうとせん。私は何度も繰返した同じ事ばかり。ノンをなぐった時はすこしこわかった。ノンの眼が！　あの時ノンは、はっきり云ったねえ。私は絶対に帰らぬ、どんな事があっても帰らぬと。すまなかったなあ！　私の気持はどちらでも良かったのだ。然し現在の私の決定された日々の生活とノンとの生活はどうしてもリレーしてくれないのだ。

私は最後の涙を見たくなかった。よりよく想像して見たかった。それがお互にどれだけ美しいだろうか。現在の私達は幸福だと思う。今までの人達がこの様な決定付けられた生活の中で生きたろうか。私は現在の生活を愛している。ノンをなじった時のあの眼、私は安心した。私は堂々と死ぬ事が出来るだろう。

朋子はなにも知らないで眠っている。大きくなったらどんな娘になるだろう。

（「男の旅路」『主婦と生活』一九七一年十二月号、主婦と生活社）

この日記の二か月前、出撃の四時間前にしたためた遺言がある。題は「不要になった遺言」。《昭和二十年五月二十六日　出撃を前に父母への記。光栄かな、白菊特攻隊の一員として、沖縄に往《ゆ》かんとす。》で始まり、同日の午前十時から十一時のあいだに書かれた。遺言には《五月二十四日、第一次進発せる戦友を想い出す》の一節がある。遺言の全文は、海軍飛行予備学生第十四期会編『続・あゝ同期の桜　若き戦没学生の手記』（光人社、一九九五年）におさめられている。「不要になった遺言」の題は、西村があとからつけたものだろうか。

鹿屋基地からは九〇八名、隣町にある串良《くしら》基地からは三六三名の特別攻撃隊員が出撃した。西村にも出撃命令が出たものの、一度はエンジンの故障、もう一度は天候悪化で引き返してしまう。そのことは則子が、先述した千宗室の記事のなかで証言している。

八月十五日の玉音放送は、徳島の松茂《まつしげ》基地で聴いた。敗けを受け入れることのできない西村は、敵艦が日本に近づいたら、飛行機で体当たりする決意を秘める。その直後のことを後年、青少年向け雑誌の小さなコラムで明かした。

そして八月十七日、私は最後の別れを告げに、基地の近く、妻子の住んでいた寺に帰った。学生結婚して二年めの妻に、私はすべてを語った。すると、いきなり平手打ちを私はくらわされた。妻の細いからだからは、信じられないほどの強烈さで。私は呆然として妻を見つめた。

妻の目には、私の愚かさを嘆く涙が光り、怒りが燃えていた。一言も語らず、私と妻としばし見つめあっていた。そして、私は悟った、いかに私が愚かしかったかを。

妻の愛の一撃が、私に人間らしさをよみがえらせたのだった。

（西村晃「愛妻のビンタで救われた特攻隊員」『ジュニア文芸』一九六七年九月号、小学館）

則子に諫《いさ》められ、西村は生きることをえらぶ。そこに、「特攻隊員は米兵が上陸してきたら必ず殺される。姿をかくせ」との内々の命令が下った。八月十六日のことだ。同十八日、上官の中尉が操縦する特攻機「白菊」で親子三人、徳島から兵庫県の鳴尾へ飛ぶ。身元が怪しまれないように、則子は西村の飛行服を着て、ゴーグルをはめ、短剣を吊った。ひとり娘の朋子には耳栓をつけ、落下傘袋のなかにその身を隠した。

ここまでのエピソードは、西村も、則子も、機会があると語り、書いている。こうして駆け足でふりかえっても、壮絶かつドラマチックな日々だったことがわかる。

ただし、西村はあくまで俳優である。役者の道をまっとうした。戦後しばらくは疎開先の信州で一家三人で暮らし、ふたたび上京する。戦後まもなく創立された東京藝術劇場の研究生となる。ところが、劇作家で演出家の久保栄の指導に嫌気がさし、みずから「青年劇場」を旗揚げした。それも長くはつづかず、新協劇団（第二次）に入った。

わが家の押し入れに突っ込んである、雑誌『日本演劇』（日本演劇社）のバックナンバーを出してみた。一九四八（昭和二十三）年三月号「劇團特集（二）新協」に西村が、「自覺」と題した文章を寄せている。

西村晃（劇団青俳第3回公演『快速船』パンフレット、1955年）

僕わ役者として、舞臺《ぶたい》の色々な約束に拘束されないでやりたいと思うが、それにわ先ずその舞臺の約束お完全に知りつくさねばならないと思つている。なるほど終戰後の日本にわ新らしい現實が展開されて來たし藝術それ自身の内容も新らしい題材おとらえて來ている。だがそれが卽ち形式お生むということにわならない。卽ちその新しい内容に卽した形式お生み出してゆかねばならない。それにわ過去に於《おい》て新劇が色々な時代に特徴づけられ進化して、今日或る段階にまで發展《はってん》し來たつた演劇的遺産に對する正しい批判的攝取《せっしゅ》の裏付なくして生れて來るものでわないと思う。
（西村晃「自覺」『日本演劇』一九四八年三月号、日本演劇社）

海軍での日々について、ここではまったく触れていない。あるのは芝居への熱情のみで、俳優としての戦後の原点を知った気がした。

特攻体験については後年、さまざまな場で語り、当時の心境を吐露した。それでも、俳優として再出発したときの西村を知るとき、この文章に勝るものはないような気がする。海上自衛隊鹿屋航空基地の「鹿屋航空基地史料館」には、西村に関する展示があるときく。正直なところ、訪ねることに躊躇する。それよりも、この人の芝居が見たい。

特攻隊の生き残りということで、それにあてこんだ役柄もあった。『あゝ同期の桜』（NETテレビ［現・テレビ朝日］、一九六七年）は、第十四期生の遺稿集をもとにしたドラマで、同期生の西村がナレーションをつとめた。同年公開の映画版『あゝ同期の桜』（東映京都）にも出演し、特攻隊員をさびしげに見送る一等水兵の花田を演じた。

異色作としては、早坂暁《はやさかあきら》脚本、森﨑東《もりさきあずま》監督の土曜ワイド劇場『田舎刑事　まぼろしの特攻隊』（テレビ朝日、一九七九年七月七日放送）がある。大分市郊外で女学生の死体が見つかり、自称「元特攻隊員」の深沢寛一（西村晃）が容疑者として浮上する。深沢は、「マリアもの」と呼ばれる8ミリエロ映画を数年に一度撮っていた。マリアとは、特攻を見出す。

出撃前夜の隊員たちにその身を捧げた少女で、モデルとおぼしき少女は華道家（高峰三枝子）として成功している。県警の杉山刑事（渥美清）は、ふたりの関係に事件の真相を見出す。

早坂暁のシナリオは、鹿児島の知覧飛行場から沖縄への特攻出撃をモチーフにしている。戦災孤児の杉山は、知覧の「特攻観音」を見守る老女（南美江）から、当時のことを聞かされる。早坂と演出した森﨑東の目線は、特攻神話に対して冷めている。なかば突発的に殺人を犯した深沢は、特攻隊へのあこがれをこじらせ、自滅する。屈折したこの役を、西村はどんな気持ちで演じたのか。

一九九七（平成九）年四月十五日、西村晃は七十四歳で亡くなった。亡くなる直前までテレビドラマに出演し、訃報は小さくなかった。特攻隊の生き残りだったことに、新聞やワイドショーがどこまで言及していたのか、よくおぼえていない。

書棚にある戦場体験放映保存の会、中田順子、田所智子《たどころさとこ》の編著『戦場体験キャラバン――元兵士2500人の証言から』（彩流社、二〇一四年）を最近読んだ。証言者のひとりに、『昭和は遠く　生き残った特攻隊員の遺書』（径書房、一九九四年）の著者である松浦喜一（一九二三年生まれ）がいる。

学徒出陣で、陸軍第百四十四振武隊に配属された松浦は、鹿児島県の万世《ばんせい》飛行場から沖縄へ出撃するものの、悪天候のために引き返す。それからまもなく終戦になる。

特攻隊ということを口にする人と、特攻隊で戦死した人、実際に特攻して死んだ人、生き残った人、これは全然違うんですよ。そのはっきりと線の両側に分かれるわけですよ。それで特攻隊で生き残った人が、どんなふうに特攻隊で死んだ人のことを考えてもね、絶対に特攻隊で死んだ人の気持ちを理解することは出来ないわけですよ。

（「学徒兵、特攻出撃」『戦場体験キャラバン――元兵士2500人の証言から』彩流社、二〇一四年）

戦場体験放映保存の会が、二〇〇六（平成十八）年九月に取材したとき、松浦はそう語った。立場と所属に違いこそあれ、ここに挙げた三人の俳優たちも、その気持ちに変わりがなかったと思う。生き残った者、それぞれの戦後がある。

江見俊太郎、鶴田浩二、西村晃。三者はみな、亡くなるまで俳優の仕事をした。西村と江見は、『水戸黄門』のテレビ版と舞台版で共演した。鶴田と西村の共演作も、『雲ながるる果てに』のほかにいろいろとある。ともに俳優だからこその、皮肉なめぐりあわせ。亡き戦友への、なによりの餞《はなむけ》になったのではないか。

あとがき

執筆のあいまに、三省堂書店 池袋本店「古本まつり」（二〇二〇年二月四～十一日）に出かけた。劇団青俳第三回公演『快速船』（一九五五年）のパンフレットがあった。安部公房作、倉橋健演出で、同公演に出演した木村功が表紙のデザインを、西村晃と清村耕次が編集を手がけている。三千円。安くはないけれど、迷わず買った。

広島の原爆で最愛の両親をうしなった木村、特攻隊の生き残りである西村、シベリアに抑留されたのち復員した清村。それぞれ戦争の傷を抱えながら、誠実に、みずからの芝居に没頭した三人である。パンフレットだけ読んでも、そうした過去はわからない。こうして書くことがなければ、気づくことはなかった。

戦後七十年の夏に、徳川夢声『夢声戦中日記』（中公文庫、二〇一五年）を編集した。二年前の春には、『脇役本 増補文庫版』（ちくま文庫、二〇一八年）を出した。この二冊につらなるものとして、本文庫を書き下ろした。

戦時下を知るスター、名優たちの言葉を手がかりに、戦争を読む。戦後七十五年、それが自分なりの、あの時代への向きあい方だった。東京を舞台にしたスポーツの国家的祭典に、七十五年の節目がかき消されるのが嫌だった（その祭典は、未曾有の世界的な感染症拡大により延期となる）。

出征、従軍、戦死、帰還、家族、友人、恋人、結婚、出産、移動演劇、慰問、国策映画、空襲、疎開、原爆、特攻隊、終戦、抑留、引き揚げ……。ひとくちに戦争といっても、さまざまである。南方戦、沖縄戦、学童疎開、映画・演劇界の国策協力と戦争責任論など、触れられなかったこと、俳優たちは多い。戦後八十年に向けての宿題か。

刊行にあたっては、前著の『脇役本』にひきつづき、筑摩書房の青木真次さんにご尽力いただいた。「三橋達也はシベリア帰りですよね」。青木さんが、東京・飯田橋のコーヒーショップで言ったひとことが、そもそもの始まりである。装幀の南伸坊さんにも、ふたたびお世話になりました。重くなってしまったこの本を、南さんの絵があたたかくつつんでくれた。

仕事柄、年輩の方から戦争体験をうかがう機会はある。でも、あの時代にここまで没頭することはなかった。有意義な時間を与えてくれた俳優のみなさんに、感謝します。

二〇二〇年五月二十日

濵田研吾

参考・引用文献

書籍関係（著者・編者五十音順。地図、事典・年表類は省く）
浅丘ルリ子『私は女優』（日本経済新聞出版社、二〇一六年）
芦田伸介『ほろにがき日々』（勁文社、一九七七年）
渥美清『渥美清　わがフーテン人生』新装版（毎日新聞出版、二〇一九年）
有馬稲子、樋口尚文『有馬稲子　わが愛と残酷の映画史』（筑摩書房、二〇一八年）
飯島正『戦中映画史・私記』（エムジー出版、一九八四年）
池上司、鈴木佳子編『山沢栄子　私の現代』（赤々舎、二〇一九年）
池部良『オレとボク』（小山書店、一九五八年）
池部良『そして夢にはじまった〈木蓮の巻〉』（毎日新聞社、一九九四年）
石津謙介『いつもゼロからの出発だった』（PHP研究所、一九九八年）
市川安紀『加藤武　芝居語り　因果と丈夫なこの身体』（筑摩書房、二〇一九年）
伊藤雄之助『大根役者　初代文句いうの助』（朝日書院、一九六八年）
稲垣浩『ひげとちょんまげ　生きている映画史』（中公文庫、一九八一年）
稲垣浩『日本映画の若き日々』（中公文庫、一九八三年）
戌井市郎『芝居の道　文学座とともに六十年』（芸団協出版部、一九九九年）
入江たか子『映画女優』（学風書院、一九五七年）
岩下一郎編『東寶映畫十年史抄』（東寶映畫、一九四二年）
内田朝雄『のびのび人生論26　悪役の少年時代　ガキ大将がおしえるワンパクの道』（ポプラ社、一

九八五年）
宇野重吉『光と幕』（村山書店、一九五七年）
宇野重吉『新劇・愉し哀し』（理論社、一九七七年）
映画配給社編『「ハワイ・マレー沖海戰」宣傳参考資料』（社団法人映画配給社、一九四二年）
大木豊『あの舞台この舞台—大劇場閉鎖から東宝カブキまで—』（劇評社、一九五五年）
大村彦次郎『荷風 百閒 夏彦がいた——昭和の文人あの日この日』（筑摩書房、二〇一〇年）
小河原正己『ヒロシマはどう記録されたか 上・下』（朝日文庫、二〇一四年）
尾崎宏次『蝶蘭の花が咲いたよ 演劇ジャーナリストの回想』（影書房、一九八八年）
小澤栄太郎、松本克平、嵯峨善兵、信欣三『四人でしゃべった』（早川書房、一九八七年）
押田信子『兵士のアイドル 幻の慰問雑誌に見るもうひとつの戦争』（旬報社、二〇一六年）
小津安二郎・人と仕事刊行会編『小津安二郎・人と仕事』（蛮友社、一九七二年）
小津安二郎著、田中眞澄編纂『全日記 小津安二郎』（フィルムアート社、一九九三年）
海軍飛行予備学生第十四期会編『続・あゝ同期の桜 若き戦没学生の手記』（光人社、一九九五年）
香川京子、立花珠樹『凜たる人生 映画女優 香川京子』（ワイズ出版、二〇一八年）
加東大介『南の島に雪が降る』（文藝春秋新社、一九六一年）
加藤武『昭和悪友伝』（話の特集、一九七六年）
加藤武『新・のびのび人生論5 悪ガキ少年の俳優志願 芝居大好き』（ポプラ社、一九九五年）
金田龍之介『四十四年目の役者』（レオ企画、一九七七年）
カワシマクラブ編『監督 川島雄三 松竹時代』（ワイズ出版、二〇一四年）
カワシマクラブ編『偽善への挑戦 映画監督川島雄三』（ワイズ出版、二〇一八年）
キネマ旬報社編『シネマ個性派ランド』（キネマ旬報社、一九八一年）
木下順二編『山本安英舞臺寫眞集』（未來社、一九六〇年）

木村梢『功、大好き　俳優木村功の愛と死と』(講談社、一九八二年)
木村梢『功、手紙ありがとう』(三笠書房、一九八五年)
協同組合日本俳優連合編『故 佐々木孝丸氏略年譜』(協同組合日本俳優連合、一九八七年)
清川虹子『恋して泣いて芝居して』(主婦の友社、一九八三年)
銀座並木座ウィークリー編集委員会編『[復刻版] 銀座並木座ウィークリー』(三交社、二〇〇七年)
草柳大蔵『特攻の思想　大西瀧治郎伝』(文春文庫、一九八三年)
久保亨『社会主義への挑戦1945-1971　シリーズ中国近現代史④』(岩波新書、二〇一一年)
久米明『僕の戦後舞台・テレビ・映画史70年』(河出書房新社、二〇一八年)
黒古一夫『原爆文学論――核時代と想像力――』(彩流社、一九九三年)
劇団新派編『新派　百年への前進』(大手町出版社、一九七八年)
劇団中芸編『還暦記念　薄田研二写真集』(劇団中芸、一九五八年)
劇団俳優座編『俳優座最初の五年間1949』(俳優座、一九四九年)
劇団俳優座編『俳優座史』(劇団俳優座、一九六五年)
劇団文化座編『劇団文化座五十年史』(劇団文化座、一九九二年)
劇団民芸編『劇団民芸の記録1947~1960』(劇団民芸、一九六〇年)
劇団民藝編『劇団民藝の記録1950~2000』(劇団民藝、二〇〇二年)
国立劇場調査養成部調査記録課編『歌舞伎俳優名跡便覧[第五次修訂版]』(日本芸術文化振興会、二〇二〇年)
児玉清『負けるのは美しく』(集英社、二〇〇五年)
近藤康男編『農文協五十五年略史』(農山漁村文化協会、一九九〇年)
斉藤とも子『きのこ雲の下から、明日へ』(ゆいぽおと、二〇〇五年)
砂古口早苗『起て、飢えたる者よ〈インターナショナル〉を訳詞した怪優・佐々木孝丸』(現代書館、

二〇一六年）
佐々木孝丸『風雪新劇志――わが半生の記――』（現代社、一九五九年）
佐野周二『佐野周二戦地通信』（淡海堂出版部、一九三九年）
佐山一郎『VANから遠く離れて　評伝石津謙介』（岩波書店、二〇一二年）
シナリオ作家協會編『年鑑代表シナリオ集　1953年版』（三笠書房、一九五四年）
週刊現代編『ビジュアル版 昭和の怪物 闇と光の芸能界編』（講談社、二〇二〇年）
出版企画センター編『別冊一億人の昭和史　昭和舞台俳優史』（毎日新聞社、一九七八年）
新協劇團編『新協劇團五周年記念出版』（新協劇團、一九三九年）
新協劇団編『新協劇団二十年』（新協劇団、一九五四年）
新藤謙『フィギュール彩69　体感する戦争文学』（彩流社、二〇一六年）
杉井輝応『鶴田浩二』（セイント・マークス、一九九七年）
薄田研二『暗転　わが演劇自伝』（東峰書院、一九六〇年）
須藤久『鶴田浩二が哭いている　野坂昭如氏への決闘状』（二十一世紀書院、一九八八年）
関口宏『テレビ屋独白』（文藝春秋、二〇一二年）
戦後日本映画研究会編『日本映画戦後黄金時代』（日本ブックライブラリー、一九七八年）
戦場体験放映保存の会、中田順子、田所智子編『戦場体験キャラバン――元兵士2500人の証言から』（彩流社、二〇一四年）
戦没画学生慰霊美術館「無言館」編『新版　戦没画学生人名録』（戦没画学生慰霊美術館「無言館」、二〇〇九年）
高田稔監修『芸能入門選書　映画俳優篇』（新灯社、一九五四年）
高峰秀子『わたしの渡世日記（上）』（文春文庫、一九九八年）
髙本勝彦『髙本勝彦遺稿集　柝《き》の鳴る世界』（あーと企画、一九九五年）

宝田明著、のむみち構成『銀幕に愛をこめて ぼくはゴジラの同期生』（筑摩書房、二〇一八年）
滝沢修『俳優の創造』（麦秋社、一九八二年）
武田泰淳「戦争と平和」『年刊ラジオドラマ 第三集』（宝文館、一九五五年）
竹中労『鞍馬天狗のおじさんは　聞書アラカン一代』（ちくま文庫、一九九二年）
田崎潤『ズウズウ弁の初舞台　悔いなし、役者人生』（サイマル出版会、一九八三年）
田村秋子、小山祐士『一人の女優の歩んだ道』（白水社、一九六二年）
千秋実、佐々木踏絵『わが青春の薔薇座』（リヨン社、一九八九年）
月形哲之介監修『月形龍之介』（ワイズ出版、二〇〇〇年）
辻田真佐憲『古関裕而の昭和史　国民を背負った作曲家』（文春新書、二〇二〇年）
土屋嘉男『思い出株式会社』（清水書院、一九九三年）
戸板康二『新劇史の人々』（角川新書、一九五三年）
戸板康二『役者の伝説』（駸々堂出版、一九七四年）
東映太秦映画村映画資料館編『千恵蔵映画』（東映京都スタジオ、一九八〇年）
東京12チャンネル報道部編『証言　私の昭和史3』（學藝書林、一九六九年）
東宝事業・開発部出版編『東宝創立35周年記念映画 日本のいちばん長い日』（東宝事業・開発部出版、一九六七年）
徳川夢声『VAN叢書　柳緑花紅録』（イヴニング・スター社、一九四六年）
徳川夢声『徳川夢声対談集　同行二人』（養徳社、一九五〇年）
徳川夢声『負るも愉し』（二十世紀日本社、一九五一年）
徳川夢声『放送話術二十七年』（白揚社、一九五一年）
徳川夢声『ユーモア小説全集6・連鎖反應　ヒロシマ・ユモレスク』（東成社、一九五二年）

徳川夢声『徳川夢聲代表作品集 小説篇（上）』（六興出版社、一九五三年）
徳川夢声『河出新書 夢声随筆』（河出書房、一九五五年）
徳川夢声『夢声戦争日記』（中央公論社、一九六〇年）
徳川夢声『徳川夢声の小説と漫談これ一冊で』（清流出版、二〇〇九年）
富沢有為男『白い壁画』（講談社、一九五七年）
内外タイムス文化部編『ゴシップ10年史 日本人の〝好奇心10年〟』（三一新書、一九六四年）
永井隆『長崎の鐘』（日比谷出版社、一九四九年）
永井智雄『ぼくの俳優手帖』（光和堂、一九七七年）
永沢道雄『ひよっこ特攻 ハイテク艦隊vs複葉機特攻』（光人社NF文庫、一九九七年）
中島貞夫『遊撃の美学 映画監督中島貞夫』（ワイズ出版、二〇〇四年）
永山武臣編『歌舞伎座百年史 本文篇』（松竹、歌舞伎座、一九九三・九八年）
浪花千栄子『水のように』（六芸書房、一九六五年）
西村晋一編『東寶十年史』（東京寶塚劇場、一九四三年）
日活多摩川編『日活多摩川誌』（日活多摩川、一九四二年）
野々村潔『新劇運動回想』（芸団協出版部、二〇〇一年）
白鷗遺族会編『雲ながるる果てに―戦歿飛行予備学生の手記―』（日本出版協同、一九五二年）
花柳章太郎『雪下駄』（開明社、一九四七年）
浜村米蔵『河出新書写真篇8 新劇50年』（河出新書、一九五五年）
半藤一利『日本のいちばん長い日 決定版』（文春文庫、二〇〇六年）
悲劇喜劇編集部編『女優の証言 一九四五年八月十五日』（ハヤカワ文庫、一九八三年）
広島市編『広島新史 資料編Ⅲ（地図編）』（広島市、一九八四年）
藤木宏幸、源五郎、今村忠純編『「戦争と平和」戯曲全集』（日本図書センター、一九九八年）

古川緑波『古川ロッパ昭和日記〈戦中篇〉新装版』（晶文社、二〇〇七年）
文学座編『文学座五十年史』（文学座、一九八七年）
穂苅甲子男『シベリア抑留記　付・再びソ連を訪れて』（新信州社、一九六二年）
堀川惠子『戦禍に生きた演劇人たち　演出家・八田元夫と「桜隊」の悲劇』（講談社、二〇一七年）
丸山定夫遺稿集刊行委員会編『丸山定夫・役者の一生』（ルポ出版、一九七〇年）
三國一朗『青蛙選書58　徳川夢聲の世界』（青蛙房、一九七九年）
三國一朗『戦中用語集』（岩波新書、一九八五年）
御園京平編『月形龍之介全作品総目録　龍之介抄』（活動資料研究会、一九六七年）
南満洲鐵道編『満洲ト満鐵』（南満洲鐵道、一九三八年）
宮城千賀子『むしっちゃった男』（サンケイ新聞社出版局、一九七〇年）
三宅周太郎『羽左衛門評話』（冨山房、一九四六年）
宮崎義信、神田時枝『宮崎義信・神田時枝戯曲集　二人の世界』（光陽出版社、一九九三年）
美馬勇作『女優 山田五十鈴』（集英社インターナショナル、二〇一八年）
武蔵野美術大学 美術館・図書館編『大辻清司アーカイブフィルムコレクション1　舞台芸術』（武蔵野美術大学 美術館・図書館、二〇一七年）
森繁久彌『森繁自伝』（中央公論社、一九六二年）
柳永二郎『木戸哀楽——新派九十年の歩み』（読売新聞社、一九七七年）
山川静夫『歌右衛門の疎開』（文藝春秋、一九八〇年）
山沢栄子『山澤榮子寫眞集 探究』（商業寫眞山澤スタヂオ、一九五三年）
山沢栄子『対話講座・なにわ塾叢書10　私は女流写真家　山沢栄子の芸術と自立』（ブレーンセンター、一九八三年）

山下文男『戦時報道管制下 隠された大地震・津波』（新日本出版社、一九八六年）
山田五十鈴『映画とともに』（三一書房、一九五三年）
山田太一『男たちの旅路・傑作選』（日本放送出版協会、一九八二年）
山田太一『山田太一作品集―3 男たちの旅路①「非常階段」』（大和書房、一九八五年）
山本嘉次郎『カツドウヤ水路』（筑摩書房、一九六五年）
山本安英『鶴によせる日々』（未來社、一九五八年）
洋泉社ＭＯＯＫ『カメラがとらえた昭和巨人伝』（洋泉社、二〇一四年）
早稲田大學演劇博物館編纂『演劇年鑑１９４７』（北光書房、一九四七年）
渡辺美佐子『ひとり旅一人芝居』（講談社、一九八七年）

雑誌関係（媒体五十音順。主要文献のみ。特集および記事タイトルは本文中に明記）

『アサヒグラフ』（朝日新聞社）一九九四年六月十七日号
『映画朝日』（東京朝日新聞社、大阪朝日新聞社）一九三八年九月号
『映画旬報』（映画出版社）第十四号（一九四一年）
『映画之友』（映画日本社）一九四一年四月号
『映画評論』（映画出版社）一九七一年十二月号
『演劇界』（日本演劇社）一九四四年四月号／四五年九・十月合併号
『オール讀物』（文藝春秋新社）一九四九年十二月号／五〇年三月特別号／五〇年四月号
『科學ペン』（科學ペンクラブ）一九三七年十二月号
『歌舞伎 研究と批評25』（歌舞伎学会、二〇〇〇年）
『機関誌 薔薇座 東京哀詩號』（劇團薔薇座、一九四七年）
『近代映画』（近代映画社）一九五〇年九月号／五三年六月号／六五年九月号

『暮しの手帖』（暮しの手帖社）一九七一年初夏号
『子どものしあわせ』（草土文化）一九七六年十二月号
『娯楽よみうり』（読売新聞社）一九五六年三月二十三日号／五八年二月二十一日号
『財界ニッポン』（財界にっぽん社）一九八八年十月号
『茶道月報』（茶道月報社）一九四一年八月号
『サンデー毎日』（毎日新聞社）一九五七年十一月二十四日号／七六年四月十八日号
『週刊サンケイ』（産経新聞社）一九七四年三月八日号
『週刊平凡』（平凡社）一九七三年三月八日号／七八年四月六日号
『週刊ポスト』（小学館）一九七二年三月三日号
『週刊読売』（読売新聞社）一九七〇年八月二十一日号／七五年八月十五日号
『自由民主』（自由民主党）一九七四年七月号
『ジュニア文芸』（小学館）一九六七年九月号
『主婦と生活』（主婦と生活社）一九七一年十二月号
『主婦之友（主婦の友）』（主婦之友社・主婦の友社）一九四一年四月号／五四年五月号
『新映画』（新映画社）一九四四年八月号
『たぁくらたぁ』（青人草）第四十九号（二〇一九年）
『太陽』（平凡社）一九六八年十月号
『調査情報』（TBSメディア総合研究所）二〇一五年一・二月号／一五年三・四月号
『東宝映画』（東宝）一九三九年八月下旬号／三九年九月上旬号／同下旬号
『東宝産報會報』（東宝）第一号（一九四四年）
『同盟ニュース』（同盟通信社）一九三八年八月十日号
「ノーサイド」（文藝春秋）一九九五年二月号／九五年九月号

『のんびる』（パルシステム生活協同組合連合会）二〇一九年七月号
『日本映画』（世界映画社）一九五三年七月号
『日本演劇』（日本演劇社）一九四四年新年号／四五年六・七月合併号／四五年十・十一月合併号／四八年三月号／四八年五月号／四九年四月号／四九年十月号
『日本演劇学会紀要』四十七巻（日本演劇学会、二〇〇九年）
『農村文化』（農山漁村文化協會）一九四二年十月号
『俳優館』（俳優館）創刊号（一九七〇年）／第十七号（一九七五年）／第三十七号（一九八二年）
『悲劇喜劇』（早川書房）一九七五年五月号／八〇年八月号／八一年一月号／八三年四月号／八三年五月号／八三年七月号／八四年九月号／八五年八月号／八九年三月号／九二年六月号／九四年二月号
『冨士』（大日本雄辯會講談社）一九三七年十二月号
『婦女界』（婦女界社）一九三八年九月号／四一年七月号
『婦人倶楽部』（大日本雄辯會講談社）一九三七年十二月号／三九年十月号
『ぶどうの会会誌』（ぶどうの会）第一号（一九五〇年）
『文學座』（文学座）第二十一号（一九四二年）
『文藝讀物』（日比谷出版社）一九四九年五月号
『別冊文藝春秋』（文藝春秋）一九八七年十月号／八八年一月号
『民藝の仲間』（民芸の仲間）』（劇団民藝）第三号（一九五一年）／第六号（一九五二年）／第二十九号（一九五六年）／第四十二号（一九五九年）／第二百七十三号（一九九二年）
『レコンキスタ』（一水会）一九八三年十一月一日号
（本書の執筆にあたってはほかに、多くの新聞、雑誌、論文、パンフレット、広告、チラシ、レコード・CD・DVDの解説書、映像、録音を参考にした。引用出典は本文中に適宜明記した）

本文人名索引

あ
愛川欽也　11
青木富夫（突貫小僧）　80、410
赤木春恵（赤木春生）　11、263、369
赤木蘭子（信千代）　172、179、182、183
赤坂小梅　270
阿川弘之　302、444
阿木翁助　175
秋田雨雀　104、105
秋元憲　306、307
芥川比呂志　58
朝丘雪路　11
浅丘ルリ子　11、368
浅野道夫　174、175
芦田亜子　372、373、377、378、381-383
芦田明子（石川明子）　375-379、382、383、388、390
芦田伸介　34、35、52、182、371-391
葦原邦子　38
東天晴　107
足立利昭　441
渥美清（アツミキヨシ）　62-64、455
阿南惟幾　46、49
阿部九州男　258
安部公房　457
荒木道子　38
嵐寛寿郎　38-40、257、258、262、268
新珠三千代　46
有島一郎　399
有馬稲子　11、38、368
有馬頼寧　172
淡島千景　11、62
安西郷子　397、406、410
い
飯島正　75、83
飯田信夫　65
家城巳代治　359、429、430、433
伊賀山正徳　107
生稲晃子　254
池田生二　160、161
池永浩久　236
池部良　11、80-85、90、141、339、397、425
石井眞一　85-90
石川明子→芦田明子
石黒達也　285
石津謙介　179、180、182、190
磯村千花子　228
伊丹十三　256
伊丹万作　236
市川安紀　449
市川莚司→加東大介
市川猿之助（三代目、二代目市川猿翁）　22
市川崑　359
市川左團次（二代目）　96、217
市川扇升　26
市川團十郎（九代目）　194
市川中車（八代目）　234
一の宮あつ子　61、65、234
市原悦子　392
市村羽左衛門（十五代目、坂東竹松、二代目坂東家橘、十代目市村家橘）　169、191-206、214
市村俊幸　141
井手俊郎　392
伊東薫　76-90、95、96、118
伊藤貞助　178
伊藤寿章→澤村昌之助

伊藤大輔　262
伊藤雄之助　18、62、118、142-162、164、170、172、176、234
稲垣浩　209、258、262、272、274、282
戌井市郎　67、68、108
乾信一郎　317
井上淳一　346
井上ひさし　366
井上正夫　169、446
イプセン、ヘンリック　228
今井正　10、360、418
伊馬春部　317
今村實士　296
入江たか子　26、272
岩下志麻　71、72
岩下俊作　287
岩田豊雄（獅子文六）　101、102
岩本多代345
う
上杉龍　256
上原謙　119-122、127、128、140
上原敏　136、137
植村謙二郎　339
浮田左武郎　178
内田朝雄　341、384、385
内田吐夢　236
内村直也　100、101
内海桂子　410
宇野重吉　31-35、52、172、173、176-178、182、189、251、345、390
生方明　90
梅本重信　218
宇留木浩　286
え
江口望洋　440
江戸家猫八（三代目）　341、342
榎本健一　446
江見俊太郎（江見渉）　415-420、422、456
お
汪洋　242
大木凡人　421
大木実　410
大木豊　197-199、330
大河内傳次郎　90
大佐古一郎　355
大辻清司　254
大西源太郎　374、386、387
大西瀧治郎　443
大野忠　312、313
大橋芳枝　345
大庭秀雄　323、340
大林宣彦　283
大原ますみ　345
大村能章　423
大宅壮一　45、400-402
岡譲二　84、131、132、134、151
岡倉士朗　20、22、228
小笠原明峰　261、262
岡田英次　182、359、360、432、444
岡田眞澄　11
岡田嘉子　38、66
小河原正己　356-358、362
岡本喜八　45、142、143
岡本尚一　143
小川宏　346
小倉武志　131
尾崎純　262
尾崎宏次　38、104、105、108、183、184、187
小山内薫　96、99、217
長内美那子　345

小沢栄太郎（小沢栄）　109、179、182、189、281
小沢昭一　141、449
織田作之助　137
落合三郎→佐々木孝丸
小津安二郎　28、36、107、124-126、136、137
オニール、ユージン　246
小野栄一→鶴田浩二
小野芙美子　134
尾上菊五郎（五代目）　194
尾上菊五郎（六代目）　169、197、198、201
尾上九朗右衛門　140
尾上松緑（二代目）　254
尾上松之助　208
小野田嘉幹　54
小尾十三　317
大日方傳　244
織本順吉　11
恩田清二郎　18、61、157-164
か
香川京子　10、11
香川良介　262
夔麦　185
風見章子　410
片岡栄二郎→島田照夫
片岡千恵蔵　258-269、271-275、436
片岡鐵兵　122
片岡仁左衛門（十一代目）　261
加藤進　55
加東大介（市川莚司）　47、50-52、139、141、397
加藤武　11、40、41、58、196、449
加藤道子　38
加藤嘉　245、432
門馬隆　337
カナガ、コンシエロ　215
金子信雄　67、430、432
金田龍之介　11、22-25、27、29、35
賀原夏子　38、67、112
紙智子　308
上山草人　117
カミュ、アルベール　57
亀井文夫　310、311、314、315
亀屋原徳　68
加山雄三　47
河上肇　344
川口松太郎　192、201
川路夏子　256
川島雄三　137、392
川尻則子→西村則子
川瀬杏助　177
河村久子　38、369
神田隆　432
神田時枝　342
上林暁　183
き
魏明珠　125
菊田一夫　237、238、296、330、338
岸松雄　240
岸田國士　99、101、108、169
北龍二　107
北岡文雄　378
北出清五郎　444
北林谷栄　34、38、172、182、228、232、233、390
北村和夫　11
北村昌子　38
喜多村緑郎（初代）　227
城戸四郎　122
衣笠貞之助　250、251
キノトール　444
木下恵介　28

木下順二　22、218、225-228、231
ギブソン、ウイリアム　361
木村功　182、342、350-364、415、430、432-434、444、457
木村毅　122
木村光一　346
木村梢　351-356、359、361-364、434
木村荘八　256、257
京唄子　11
清川虹子　249、250
清瀬一郎　318
清村耕次　140、395、396、457
く
久我美子　139、141、359、360
草笛光子　392
草村公宣　175、176
草柳大蔵　443
楠山正雄　194、195、197
久藤達郎　327
邦枝完二　351、359
クーパー、ゲーリー　364
久保栄　237、453
久保田万太郎　99、101、102、108、227
久保山愛吉　308
久米明　11、20-22、29、35、228
久米正雄　122
倉橋健　457
栗島すみ子　66
久里原一登　68
クレール、ルネ　137
黒川弥太郎　262
黒古一夫　302
黒澤明　5、208、212
黒沢年男（黒沢年雄）　54、55
桑山正一　36、228
こ
呉清源　295、296
小泉純一郎　420
兒井英雄（児井英生）　89
小唄勝太郎　260
幸田宗丸　369
河野秋武　207、208
河野国夫　317
神山繁　55-58
越路吹雪　392
小島英人　114
五所平之助　122
小杉勇　117
小杉義男　9
古関裕而　123、322、323
児玉清　11、185
小西綾　218
小西康裕　207、208
近衛十四郎　262、396
近衛敏明　120、121
小林一茶　314
小林桂樹　11、48、140、397
駒井徳三　406
小松方正　341
小室喜代　282、291
小柳ちひろ　395
小山源喜　60、64
小山祐士　108
ゴーリキー、マクシム　221、232
近藤晋　426
近藤日出造　135、400
さ
西條八十　423、437
斎藤隆夫　318
斉藤とも子　366-369
斎藤寅次郎　80
斎藤美和　38

佐伯彰一　445
佐伯秀男　410
嵯峨善兵　35、109、179
嵯峨三智子　243
堺駿二　399
坂上二郎　11
砂古口早苗　321
佐々木愛　369
佐々木すみ江　38
佐佐木隆　369
佐々木孝丸（落合三郎）　35、119、317-340、342
佐々木諦薫　319、332
佐々木踏絵（佐々木文枝）　318-321、327、329、330、337、339
佐々木康　119
笹本寅　117
山茶花究　234
佐治敬三　225
サトウハチロー　122、322
佐藤春夫　257
佐藤英夫　141
里見藍子　80
里見弴　99、113、178
佐野浅夫　140、412、413
佐野周二（関口正三郎）　84、115-128、130-138、141、153
佐分利信　49、119-121、409
小夜福子　38、62、151、155、160、171、172、391
サルトル、ジャン＝ポール　57、58
澤村昌之助（伊藤寿章）　78、79、145
澤村宗之助（初代）　144、145
澤村宗之助（二代目）　145
し
椎崎二郎　48
シェイクスピア、ウィリアム　57
式場俊三　322
式場隆三郎　322、331、335
獅子文六→岩田豊雄
宍戸錠　11
実相寺昭雄　372
篠崎誠　410、411
渋沢秀雄　151
渋谷天外（二代目）　66
渋谷実　251
島尾敏雄　444
島木つや子　282、283、289、291
島田正吾　48、119、169
島田照夫（片岡栄二郎）　263
島津保次郎　80、81
清水将夫　8、9、34、390
清水みのる　137
清水霊山　286
志村喬　48、160、392
下村定　4
下村宏　48
周恩来　164
シラー、フリードリヒ・フォン　237
宿谷禮一　93、94
蔣介石　30
庄野潤三　444
昭和天皇　20、24、27、30、33、35-37、40、42-44、52、54、60、61、69、140、141、227
白井喬二　122
白川由美　392
信欣三（藤ノ木七郎）　109、168、169、172-190、217、246、251
信大蔵　173
信千代→赤木蘭子
新藤兼人　310
新藤謙　316

す
末木利文　361
菅井きん　38、160
菅佐原英一　141
菅原卓　182
菅原英雄　49
杉村春子　38、67、109、112、183、253、308
杉山とく子　38
鈴木貫太郎　49
鈴木聡司　90
鈴木徳子　144
鈴木瑞穂　11、342-345、350
鈴木光枝　368、369
薄田研二（高山徳右衛門）　22、157、168、169、217、273-275、283、285、290、292、412
寿々喜多呂九平　209
スターリン、ヨシフ　212
須藤健　159
須藤久　440
せ
関川秀雄　10、310
関口正三郎→佐野周二
関口宏　116、138
瀬良明　172
千宗室（千玄室）　445、447-449、451
千田是也　182、252、253、359
千田哲也　278
そ
園井恵子　170、282-284、288、291-293
た
田岡敬一　430
高木彬光　296
高木一臣　144
高倉健　119、436
高杉早苗　122
高田浩吉　140、427
高田保　294
高田敏江　345
高田稔　434
高橋とよ（高橋豊子）　36-38
高林由紀子　361
高原駿雄　141、430、432、433、444
高見順　301
高峰秀子　25-29、34、35
高峰三枝子　126-128、138、296、270、455
高本勝彦　156、157
高山象三　275、282、288、290-292
高山徳右衛門→薄田研二
宝田明　11、368、397
滝沢英輔　240
滝沢修　7-9、22、34、168、183、189、228、237-239、245-254、308、390
滝沢一　266、272、273
滝沢文子　7-9、246、247
滝村和男　245
竹井一男　174
武田泰淳　91-94
武田鉄矢　421
竹中労　39
田崎潤（田中實）　29-31、35、369-371、397、399、425
多々良純　285
橘公子　263
立花潤子　81
立原博　140
龍岡晋　67
辰巳柳太郎　169、234、259
館野守男　47
田所智子　455
田中絹代　183

田中實→田崎潤
田中亮吉　237
谷口千吉　410
田端義夫　137
田武謙三　285
玉川一郎　317
田村秋子　91、93-104、107-109、111-114、203、204、308
田村栄造　103、104
田村泰次郎　301
田村高廣　4-7
田村西男　98
丹阿弥谷津子　38
丹波哲郎　11
ち
千秋実　285、318、320、321、327-332、337、338
チェーホフ、アントン　218、249、344、375
チェソンエ（崔善愛）　368
千葉泰樹　80、81
茶木弥四郎　149、150
張継青　186
陳少芳　125
つ
司葉子　392
月形哲之介　206、209
月形龍之介　81、117、206-214、257、258、267、269、271
月田一郎　243、245
土屋嘉男　5、6、11、177、178、397
都築文男　62
椿澄枝　89、90
円谷英二　74-76、90
坪内逍遥　96
鶴田浩二　139、141、415、420-446、456
て
ディートリヒ、マレーネ（デイトリッヒ、マルレーネ）　364
寺田路恵　345
寺田農　143、372、383
田漢　252
田英夫　445
と
戸板康二　38、96、97、100、104、111、120、193、197、204、205、249、281
東郷茂徳　58、59
東野英治郎　182、232
頭山秀三　293
頭山満　293
戸上城太郎　258
徳川夢声　34、36、41-44、46、80、84、85、89、90、101、109、202、203、259、260、269-271、283-316、319、332、342、412、457
徳川義寛　48
徳大寺伸　120、121
徳永直　90
毒蝮三太夫　409
突貫小僧→青木富夫
轟夕起子　269、270
トニー谷　141
利根はる恵　432
富沢有為男　80
友田恭助（伴田五郎）　77、84、95-114、117-120、136、203、281
豊田正子　218
な
内藤武敏　11
直居欽哉　429、430
仲みどり　282、288、291、292、332
永井隆　317、318、320-324、326、

327、330-338、340
永井智雄　172、175、180
永井緑　321、333
中江良夫　68
長岡輝子　38
中川美保　420
長沢勝俊　314
永沢道雄　415
中島貞夫　436、437
中田弘二　84、128-131、134、135
中田順子　455
永田靖　280、281、285
仲代達矢　11、48、397
長塚京三　425
長野洋　143
中原ひとみ　360
中丸忠雄　48、49
中村彰　76、77
中村歌右衛門（六代目）　199、252
中村魁車（初代）　194、220
中村翫右衛門（三代目）　234
中村鴈治郎（初代）　194
中村吉右衛門（初代）　198
中村錦之助（萬屋錦之介）　139
中村敏　355
中村積　207、208、210
中村伸郎　67、68、100、109
中村みほ子　62
中村美代子　38
夏川かほる　65
夏川静江（夏川静枝）　61、65、66、285
夏川大二郎　117、120、121
七尾怜子　38
浪花千栄子　62、65、66
並木路子　389
波平暁男　270
奈良岡朋子　11、38
成瀬巳喜男　28、80、89、90、236、240、242-244、392
成山英一　240
南部彰三　263
に
西村晃　141、172、359、415、422、430、444-457
西村朋子　450、452
西村則子（川尻則子）　172、447、450-452
西村真琴　446
西本雅実　307
ぬ
沼田曜一　430、433、434
ね
根岸進　95
の
野上照代　212
野口元夫（吉野昇雄）　256
野坂昭如　440
野澤實　95
野尻徹　256
野々村潔　70-72
野村昭子　38
野村胡堂　296
野村泰治　444
は
灰田勝彦　270
橋本忍　45
長谷川一夫　139、140、169、236、238-241、250、252
畑中健二　54
畑中蓼坡　98
初井言榮　38
八田尚之　285
八田元夫　283

八波むと志　141
ハナ肇　425
英百合子　286
花柳小菊　269
花柳章太郎　169、191-193、195、200、249
羽原京子　282、291
浜田寅彦　172
浜地和子　220、224、225、230
浜村純　369、375、386
早川清　38
早坂暁　454、455
林䕃（木々高太郎）　309
林敏夫　77、95
林幸雄　256
林与一　95
原泉　38
原健作（原健策）　263
原聖四郎　263
原節子　76
原田憲　441
原田眞人　46
春田武（東震太郎）　301
番匠義彰　444
伴田英司　96、99、101-104、108、111、112
伴田五郎→友田恭助
坂東家橘（初代）　195
半藤一利　45、47
阪東妻三郎　4、5、261
坂東簑助（八代目坂東三津五郎）　115-118、145
ひ
日色ともゑ　345
樋口一葉　256、257
土方与志　97、228
ヒトラー、アドルフ　202、203
平田昭彦　49、52-54、57、58、139、141
平田武　90
広沢虎造（二代目）　270
ふ
深尾須磨子　257
福田恆存　20
福原静枝　293
藤岡琢也　11
藤岡由夫　294
藤田進　77、208、212、213
藤田まこと　11
藤ノ木七郎→信欣三
藤間紫　11
藤森成吉　257、279、280
藤山一郎　323、340
藤山寛美　60、62、369
藤原釜足（藤原鶏太）　283、285
二葉かほる　262
淵田美津雄　4
舟橋聖一　257
文野朋子　38
フランク、アンネ　182
フランク、オットー　182
古川緑波（古川ロッパ）　41、84、85、169、202、287、316
古舘豊　394、411
古谷敏郎　254
へ
別所忠男　256
別当薫　445
ほ
北條秀司　338
穂苅甲子男　394、403-408、410、411
保阪正康　432、433、435、439、440
星美智子　410
星由里子　392

細川ちか子　390
細川俊夫　61、62、65、159、160
穂高のり子　38
堀川惠子　282、292
本郷新　279
本間敦子（本間文子）　90
ま
マキノ省三（牧野省三）208、262
松井須磨子　96
松浦喜一　455、456
松尾文人　78
松風はる美　420
松重美人　355
松下誠　171
松林宗恵　444
松村達雄　63
松本克平　109、168、179、189
松元ヒロ　346
松山善三　392
真山青果　249、256、446
黛敏郎　91
マルクス、カール　320
丸山定夫　80、96、109-111、157、169、170、217、275、278-293、306、308、320、332、342、412
丸山常次　279
丸山不二夫　198
マーレイ、ニコラス　215
み
三木のり平　172、173
三國一朗　74-77、413
三国道雄　269
岬夏夫　107
三島雅夫　189
水谷八重子（初代）　169
水谷豊　424
水谷良重　392、393
水永龍男　346-348、352、355
水野浩　263
水の江瀧子　398、399
溝口健二　236
御園京平　209
三井弘次　49、50
三井美奈　182
ミッキー吉野　425
三津田健　67、109
三戸部スエ　38、176、180
南風洋子　38
三波春夫　395
南道郎　141
南美江　38、360、361、455
三橋かく　409
三橋達也　139、141、392-411、458
三船敏郎　46、49
美馬勇作　234、235
三益愛子　392
宮川晟　252
宮城千賀子　155、156、260
宮口精二　58-60、67-70、109、159、161、234
三宅周太郎　201
宮島一歩　269
三好十郎　369、378
三好久子　172、176
む
向田邦子　350
武者小路実篤　248、285
村尾昭　423
村瀬幸子　38
村田知栄子　107
村野藤吾　215
村山知義　287、327
も
毛利菊枝　327

望月優子　285
森敦　441、442
森岩雄　77
森鷗外　227
森赳　48
森雅之　109、353
森光子　11
森崎東　454、455
森繁久彌　369、375、389
森下彰子　282、283、291
森田健作　424
森田たま　182
や
八木保太郎　429、432
八千草薫　442
八橋卓　183、184、186、187
矢内原伊作　444
柳永二郎　170、171
柳川慶子　345
柳原白蓮　284
柳家三亀松　269、270
藪内喜一郎　123
矢部謙次郎　47
山形勲　170、251、369
山形三郎　369
山形雄策　240
山川静夫　199、201、204
八巻明彦　427、437、438
山口果林　345
山口正太郎　77、95、96
山沢栄子　215-227、229-233、248
山下文男　7
山田五十鈴（山田美津子、山田美津）234-254、311、392、393
山田九州男　235、238
山田太一　423-426、442
山田風太郎　296
山中貞雄　118
山本五十六　265、266
山本嘉次郎　26、28、74-79、104、105、294
山本薩夫　338
山本安英　22、38、112、157、216-233、246、248、253、308
山本有三　218
よ
横山隆一　294
吉井勇　296
吉川英治　258、259、262、306
吉田正　423、437
吉田二三男　188-190
吉野舜雄→野口元夫
吉屋信子　175、199
吉行和子　182
米倉斉加年　11
米山正夫　137
万代峰子　62、256
り
笠絅子　282、289、291
笠智衆　49、50
ろ
ロラン、ロマン　180
わ
若原雅夫　323
渡辺邦男　236
渡邊慧　294
渡辺広士　302
渡辺美佐子　11、342、345-350、352、355

ちくま文庫

俳優《はいゆう》と戦争《せんそう》と活字《かつじ》と

二〇二〇年七月十日　第一刷発行

著　者　濵田研吾（はまだ・けんご）

発行者　喜入冬子

発行所　株式会社 筑摩書房
東京都台東区蔵前二―五―三　〒一一一―八七五五
電話番号　〇三―五六八七―二六〇一（代表）

装幀者　安野光雅

印刷所　三松堂印刷株式会社

製本所　三松堂印刷株式会社

ISBN978-4-480-43683-2　C0195